江 苏 新 农 村 发 展 系 列 报 告

南京农业大学人文社科重大招标项目

江苏乡村治理发展报告 2013

刘祖云 等 著

科 学 出 版 社

北 京

内 容 简 介

本书为《江苏新农村发展系列报告》之一。近年来，乡村治理议题受到中国社会各界的大力关注，而经济发达地区的乡村治理研究很不充分。为了进一步推进相关研究工作，本书定位于“理论思考、实证调研、个案收集与数据积累”为特征的“年度性”系列学术著作出版。本书着重以“人——治理主体”为研究对象，主要从“乡镇政府：乡村治理中的政府职能与政府角色”、“村级正式组织：乡村治理的主导性主体”、“村级非正式组织(宗教组织)：乡村社会稳定的调节阀”、“大学生村官：乡村治理中‘嵌入性制度’的作用”等方面，动态地考察江苏省乡村治理过程中各个不同的主体参与乡村治理的功能、作用及其对江苏省乡村治理的影响等基本概况与发展动向。

本书可以为地方政府相关部门提供决策参考，又可为学界后续研究奠定前期基础，也是关注中国乡村治理发展的各界人士的良好读物。

图书在版编目(CIP)数据

江苏乡村治理发展报告. 2013 / 刘祖云等著. —北京：科学出版社，2014.3

(江苏新农村发展系列报告)

ISBN 978-7-03-040198-4

I. ①江… II. ①刘… III. ①农村－群众自治－研究报告－江苏省－2013 IV. ①D638

中国版本图书馆 CIP 数据核字(2014)第 048850 号

责任编辑：黄　海　曾佳佳/责任校对：张凤琴

责任印制：徐晓晨/封面设计：许　瑞

科学出版社 出版

北京东黄城根北街 16 号

邮政编码: 100717

http://www.sciencep.com

北京京华虎彩印刷有限公司 印刷

科学出版社发行　各地新华书店经销

*

2014 年 3 月第　一　版　开本：787×1092　1/16

2014 年 3 月第一次印刷　印张：17 1/2

字数：250 000

定价：89.00 元

(如有印装质量问题，我社负责调换)

《江苏乡村治理发展报告 2013》
主要撰写人员

刘祖云　刘述良　向玉琼　韩鹏云

谭　涛　杨建国　姚志友　叶绪江

总　序

为了深入贯彻落实党的十七届六中全会精神和国家中长期科技与教育发展规划纲要，繁荣我校人文社会科学，强化我校新农村发展研究院的政策咨询功能，从 2012 年起，南京农业大学在中央高校基本科研业务费中增设人文社会科学重大专项。人文社会科学重大专项通过招标方式，主要资助我校人文社科专家、教授针对我国农业现代化和社会主义新农村建设中遇到的具有全局性、战略性、前瞻性的重大理论和实践挑战，以解决复杂性、前沿性、综合性的重大现实问题为重点，以人文社会科学为基础、具有明显文理交叉特征的跨学科研究。其中，为江苏“三农”服务的发展报告是首批重点资助的项目，项目实施一期三年，每年提交一份年度发展报告，并向社会公布。

江苏地处中国经济发展最快速、最具活力的长三角地区，肩负“两个率先”的光荣使命，正处于率先实现小康社会奋斗目标、全面开启现代化建设征程的新的历史起点。其经济社会发展的现状为南京农业大学发挥学科特点和综合优势，服务社会需求和发展大局，提出了新的挑战，提供了新的机遇。我校设立校人文社会科学重大招标项目主要基于四个方面的出发点。第一，随着我国整体改革的进一步深入，农业现代化进程的不断加快，农业现代化过程中凸显的难点和重点问题，使得人文社科研究的整体性、系统性、迫切性更加突出。我校通过顶层设计设置的人文社科重大招标项目——江苏“三农”相关领域发展报告，就是希望我校农业相关的人文社科领域专家、教授发挥团队力量，通过系统设计、周密调研和深入剖析，实现集体“发声”，冀求研究成果为江苏“两个率先”的实现做出应有的贡献，并对全国的农业现代化、对将来起示范和引领作用，从而扩大南京农业大学人文社科研究整体的社会影响力。第二，通过项目的实施，希望进一步引导我校人文社科领域专家、教授更加注重实际、实例与实体研究，更加关注传统与现实的结合，更加注重研究的定点和定位，更加重视科学研究资料和素材的积累。第三，通过项目实施，一个报告针对一个问题、围绕一个主题，使人文社科老师的科研活动多与社会、多与政府对接，使得研究成果的社会影响力和政府影响力都能得到充分发挥。第四，希望我校人文社科的老师与自然科学的老师形成交叉，培育新的人文社科学科发展增长点，推动学校创新团队培养和学科交叉融合。通过项目的实施，人才、团队、成果、学科、学术都能得到同步成长。

《江苏新农村发展系列报告》(2013)共分为十三个分册，分别为《江苏农村经济社会发展报告 2013》、《江苏农民专业合作组织发展报告 2013》、《江苏农村金融发展报告 2013》、《江苏乡村治理发展报告 2013》、《江苏农村社会保障发展报告 2013》、《江苏休闲农业发展报告 2013》、《江苏农业信息化发展报告 2013》、《江苏农村政治文明发展报告 2013》、《江苏农村生态文明发展报告 2013》、《江苏农村公共服务发展报告 2013》、《江苏农村文化建设发展报告 2013》、《江苏农村工业和城镇化发展报告 2013》、《江苏农村农业生产经营发展报告 2013》。各报告包括了 2013 年江苏全省农业相关领域的发展现状、总体评价、趋势分析及对策建议等；分别针对苏南、苏北、苏中专题进行评述并提出了相关建议；评析了 2013 年全省农业相关领域发展的典型案例；并附有 2013 年全省农业相关领域发展统计数据、政策文件以及发展大事记等。项目通过实证研究和探索，获得来自于农民生活、农业生产和农村社会实际的第一手资料，以期为政府决策提供真实的信息。项目实施过程中充分发挥了青年教师与研究生等有生力量的作用，既扩大了工作的影响面，又培养了人才。

总之，我校从专家集体发声、鲜明的导向、与社会及政府部门的对接、团队和学科交叉的发展这四个方面设计资助人文社会科学重大招标项目，希望对我校的人文社科发展起到积极的推动作用，能真正达到“弘扬南农传统和优势、对接古典和现实、破解农业现代化难题、振兴南农人文社科”的目的，同时为我国“三农”事业、经济社会发展，为江苏省农业科技进步、农业现代化和新农村建设作出新的贡献。

在项目的实施和发展报告的编写过程中，农业相关领域省级主管部门及各级各单位、各项目负责人及课题组成员给予了大力支持和密切配合，相关领域的领导和专家给予了指导，在此一并致以谢忱。

《江苏新农村发展系列报告》是一个全新的尝试，不足甚至谬误在所难免，还望社会各界倾力指教，以利更真实地记录江苏农业现代化进程的印迹，为美好江苏建设留下一组侧影。

南京农业大学副校长　丁艳锋

二〇一三年十二月

前　　言

《江苏乡村治理发展报告》得到了中央高校基本科研业务费专项资金、南京农业大学人文社会科学重大招标项目资助(项目编号：SKZD201205)。

本项目的研究期限为三年，旨在通过调研，以了解经济发达的江苏省在乡村治理方面的基本状况，总结相关实践经验。

本项目的研究得到了江苏省委组织部、各市县组织部门及其相关工作人员的大力支持，特此致谢！

项目主持人刘祖云教授负责项目的整体策划、统筹与相关协调工作，并负责稿件的审定与修改等工作。

江苏省委组织部叶绪江博士、南京农业大学学工处姚志友博士主要负责调研工作的组织、协调及相关联系事宜。这一工作对于发展报告的顺利完成具有极其重要的价值；同时，他们还在发展报告的整体策划、构思及报告的写作中，给主持人提出了相当有价值的意见与建议。

具体调研与写作任务的担当者如下：

导　言　刘祖云

第一章　刘述良

第二章　向玉琼

第三章　韩鹏云

第四章　谭涛

第五章　杨建国　姚志友

诚挚感谢南京农业大学副校长丁艳锋教授对发展报告的大力支持；诚挚感谢南京农业大学科学研究院社会科学处处长刘志民教授对发展报告的支持

与指导；诚挚感谢南京农业大学科学研究院社会科学处副处长钱宝英老师及邓丽群老师为发展报告所付出的辛劳。

最后，感谢关心与支持发展报告的每一个人！

目　录

总序
前言
导言　调研与写作思路……1
　　一、本发展报告的研究框架与思路……1
　　二、本发展报告的调研与写作框架……2
第一章　2013 年江苏乡村治理发展总报告……6
　第一节　乡村治理“实践状况”……6
　　一、政治实践……6
　　二、媒体关注……9
　第二节　2013 年“乡村治理”研究进展……11
　　一、乡村治理研究成果呈现——论文、专著与学术会议……11
　　二、乡村治理研究力量分布——研究基地、博士点与课题……14
　　三、研究轨迹……16
　第三节　江苏乡村治理新趋势……18
　　一、2012 年全省乡村治理再总结……18
　　二、2013 年全省乡村治理总体部署……21
　　三、2013 年全省乡村治理实践新趋势……22
　第四节　年度关注焦点：乡村治理主体理论进展……34
　　一、既有研究成果概述……34
　　二、研究趋势……36
第二章　乡镇政府：乡村治理中的政府职能与政府角色……37
　第一节　乡镇政府在乡村治理中的职能及其法律规范……38
　　一、乡村关系模式中乡镇政府的职能定位……38
　　二、乡镇政府关于乡村治理职能的“法律定位”……41
　第二节　江苏省乡镇政府乡村治理职能运行的现实状况……46
　第三节　江苏省乡镇政府乡村治理职能运行的个案考察……55
　　一、个案之一：对比鲜明的村委会换届选举……55
　　二、个案之二：乡镇政府在乡村治理中的不同角色……64

三、案例小结……72
第四节 江苏省乡镇政府乡村治理职能的偏差、原因及其优化对策……72
一、江苏省乡镇政府乡村治理的职能偏差及原因分析……72
二、江苏省乡镇政府乡村治理职能优化的对策……77
第三章 村级正式组织：乡村治理的主导性主体……82
第一节 村级正式组织在乡村治理中的功能定位……82
第二节 江苏省村级正式组织参与乡村治理的政策状况……86
第三节 江苏省村级正式组织参与乡村治理的实践状况……90
第四节 个案之一：苏北新民村正式组织参与乡村治理的调研……95
一、调研地点简介……95
二、调研过程和调研发现……96
三、新民村村级组织的治理实践和治理特征……96
四、新民村村级正式组织参与乡村治理的思考：发展主义与强人治村……113
第五节 个案之二：苏南花园村正式组织参与乡村治理的调研……115
一、调研地点简介……115
二、调研过程和调研发现……116
三、花园村村级组织的治理实践和治理特征……117
四、花园村村级正式组织参与乡村治理的思考："率先基本实现现代化"与富人治村……132
第六节 优化江苏省村级正式组织参与乡村治理的对策与建议……134
第四章 村级非正式组织(宗教组织)：乡村社会稳定的调节阀……141
第一节 乡村非正式组织的"发展状况"描述……141
一、基本状况概述……141
二、政策决策状况概述(以宗教组织为例)……149
三、研究进展概述……152
第二节 我省农村非正式组织(宗教组织)发展状况的实证分析——基于东台市的调研……154
第三节 乡村宗教组织管理的进展、评价与对策建议……171
一、进展概况与总体评价……171
二、成就、经验及困难与问题……172
三、进一步发展的思路、政策建议及工作重点……175
第五章 大学生村官：乡村治理中"嵌入性制度"的作用……181
第一节 大学生村官在乡村治理中的功能定位……183
第二节 江苏省大学生村官的发展历程……187
第三节 江苏省大学生村官的政策实施状况……191

第四节　江苏省大学生村官发挥作用的个案展示……197
第五节　江苏省大学生村官现状分析——基于常熟、宝应、盱眙的调研……204
第六节　江苏大学生村官参与乡村治理的困境、对策与建议……210
参考文献……221
附录……225
附录一　2013年江苏省乡村治理发展统计数据……225
附录二　2013年江苏省乡村治理发展政策文件……229
附录三　2013年江苏省乡村治理发展大事记……244
附录四　调查问卷与访谈提纲……246

导言　调研与写作思路

一、本发展报告的研究框架与思路

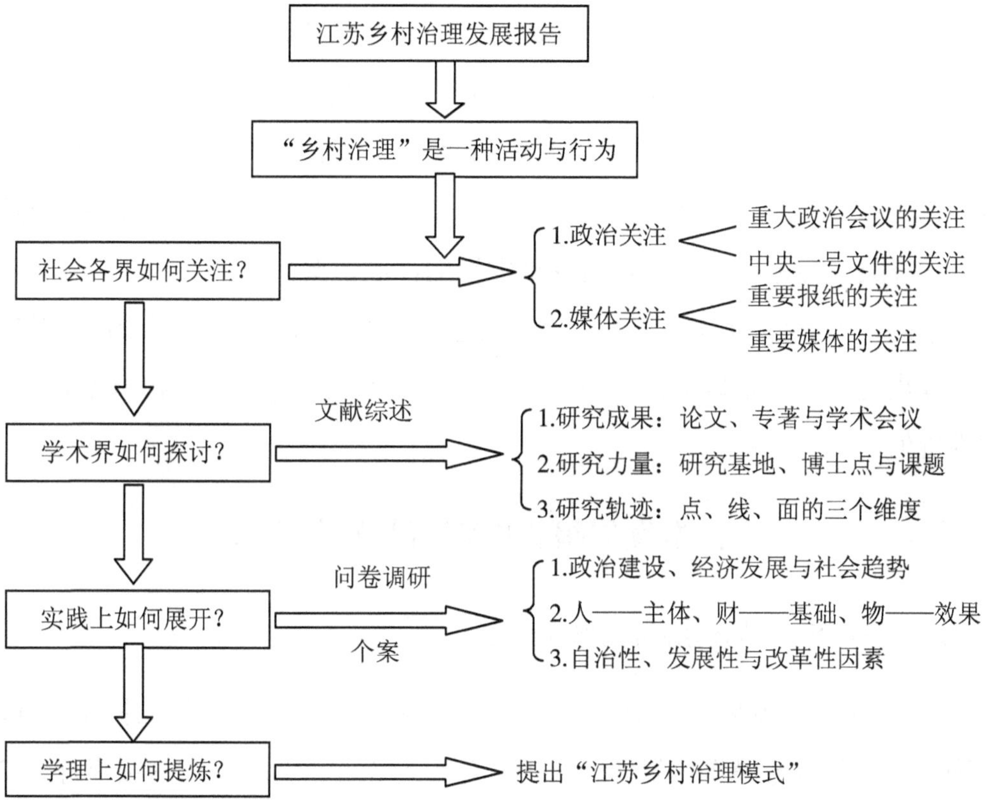

第一，“社会各界如何关注？”本报告主要从“政治关注”与“媒体关注”的两个角度梳理了社会对于乡村治理这一现象或问题的高度关注度，旨在说明从学术角度研究“乡村治理”的必要性与重要性。

这一内容在《江苏乡村治理发展报告 2012》中，已有详细的梳理与论述。对于 2013 年的情况，参见本报告的第一章。

第二，“学术界如何探讨？”属于文献综述的内容，本报告从三个方面对乡村治理的研究进行了综述，即研究成果、研究力量与研究轨迹。

这一内容在《江苏乡村治理发展报告 2012》中，已有详细梳理与论述。对于 2013 年的情况，参见本报告的第一章。

第三，“实践上如何展开？”这属于调研要解决的问题，即通过“面上的问卷调研”与“点上的个案研究”，拟全景式地呈现江苏乡村治理在实践中“是如何展开的”。

这一层面是发展报告最核心的内容，我们研究与调研的思路是：①在 2012 年的发展报告中，我们提出对“乡村治理”这一概念的理解与分解指标，并就这一指标进行一次综合性的调研，这样就形成了 2012 年发展报告的主要内容。②2013 年以后，我们的“年度发展报告”将集中在一个指标的研究与调研上，以集中性地反映江苏乡村治理发展的深度情况。

第四，“学理上如何提炼？”旨在通过三年以上系列发展报告的研究与调研，提出经济发达地区的江苏乡村治理的理论模式，从学理上提升本报告的学术价值。

二、本发展报告的调研与写作框架

1. 对“乡村治理”的理解与操作化处理

在 2012 年的发展报告中，我们对“乡村治理”这一整体性的概念，进行了理论上的分解与操作化处理，即把它分解为 3 个主题、9 个一级指标与 29 个二级指标。参见表 0-1。

表 0-1 “乡村治理”的分解指标

主题	一级指标	二级指标
乡村政治、经济与社会建设的状况	政治建设	乡镇政府与村两委的关系
		村两委班子成员之间的关系

续表

主题	一级指标	二级指标
乡村政治、经济与社会建设的状况	政治建设	村民代表大会的召开与职责
		村庄事务决策
		两委工作重点
	经济发展	惠农政策 城镇化及其影响
	社会趋势	群体性事件产生原因 集体行动能力 新农村建设
乡村“人、财、物”的发展状况	人——治理主体	村组干部构成及其行为 村党支书公推直选情况 后备干部选拔问题
	财——治理基础	财务收支状况 集体经济收入来源 集体资产状况 资产管理四个维度 重大经济事项的决定
	物——治理效果	主要村级公益事业 主要资金来源 公共产品建设方式 农村公共产品建设监督
乡村自治性、发展性与改革性因素的状况	自治性因素	村庄自治 多元治理主体
	发展性因素	村庄文化建设 大学生村官
	改革性因素	村务公开 土地流转 土地征用

2. 2013 年江苏乡村治理发展报告的结构安排

《江苏乡村治理发展报告 2013》从总体结构上看，共分为两个部分：

(1) 第一部分，即第一章“2013 年江苏乡村治理发展总报告”。这一部分，旨在 2012 年发展报告的基础上，从“乡村治理”9 个一级指标的角度，来研究与概括江苏乡村治理发展的总体情况，从内容上看，它正好构成发展报告 20%的工作量。

这一部分，我们主要是动态地考察江苏省乡村治理发展的基本情况与重要的发展动向，这一写作与研究思路将在以后的发展报告中得以连续性地贯彻与实施，其目的是每年的发展报告都将关注江苏省乡村治理的基本概况与重要动向。

(2) 第二部分，即从第二章至第五章，共四章，主要是以“人——治理主体”为研究对象，去关注在江苏省乡村治理过程中，各个不同的主体参与乡村治理的功能、作用及其对江苏省乡村治理的影响等基本概况与发展动向。

3. 如何理解乡村治理中的“人——治理主体”？

“人——治理主体”是我们对乡村治理学术分解后的一个重要的指标，从乡村治理行为与活动的角度来理解，它也是乡村治理的核心要素之一，因为所有的乡村治理活动与行为都是从它那儿发出的。但是，在 2012 年的发展报告中，我们对于这一主体的理解还很不到位，那时，我们主要把它分解为三个子指标，这一分解还属于对“治理主体”的微观理解。在研究中，我们进一步意识到：在现实的乡村治理活动中，其治理主体是多维的，所涉及的面也比较广泛，即它不仅仅局限于“村支部”与“村委会”这一个主体。因此，在 2013 年发展报告中，我们主张涵盖一个面域广泛的主体范围。

第一，乡村治理主体之一——乡镇政府。在乡村治理行为与活动的分析中，我们常常将视线集中在村庄治理上，这一思路是对的。但是，在现实中，对于村庄治理产生重要影响与干预的一个力量，就是基层的乡镇政权组织。这是一个事实，那么，如何理解乡镇政府在乡村治理中的政府职能、政策功能以及管理角色，这是本报告需要关注的一个主体，这就形成了本报告的第二章。

第二，乡村治理主体之二——村级正式组织(村党支部与村民委员会)。在我们的理解中，村党支部与村民委员会都属于村级正式组织，也就是说，它拥有乡村治理的话语权，这样，它就形成了乡村治理的主力军与主导性力量。因此，如何理解村级正式组织在乡村治理活动中的主导性力量，以及如何理解作为村级正式组织主要构成人员的“乡村精英”在乡村治理活动中的地位、作用等，就构成了本报告的第三章。

第三，乡村治理主体之三——村庄非正式组织(宗教组织)。如果说，村党支部与村民委员会承担着乡村治理的主导性责任，它们是乡村治理中的正式组织的话，那么，活跃在中国乡村大地上的各种类型的宗教组织就是非正式组织，它们在乡村治理中承担的责任就是非主导性。在我们看来，乡村宗教组织在乡村治理中起的作用就是一个调节阀与缓冲带的功能。那么，事实真的是这样吗？在本报告的第四章，我们作了回答。

第四，乡村治理主体之四——大学生村官。在中国乡村治理的发展动向中，最值得我们关注的是大学生村官这一新型的制度设计。在乡村治理的制度变迁中，大学生村官的出现显然是一个嵌入性的顶层制度设计。在乡村治理的各主体中，他们的地位与作用非常特殊，因为他们既存在于乡村治理的行为与活动中，处于乡村治理的时空境遇之中，同时，他们也游离于乡村治理这一活动之外，因为，他们也可能会远离这一特殊的社会治理活动。因此，如何认识与理解大学生村官在乡村治理中的作用以及存在的问题，本报告的第五章进行了有针对性的调研。

第一章　2013年江苏乡村治理发展总报告

第一节　乡村治理“实践状况”

一、政 治 实 践

2013年是中国乡村治理的关键之年。也就是说，在有了过去十年来的乡村治理基础和乡村治理经验之后(中共中央、国务院有关农村发展的文件见表1-1，中共中央、国务院下发的其他重要乡村治理文件已在2012年报告中列出，此处省去)，当前，我国正处于乡村经济、社会与政治转型的攻坚阶段。在“城乡二元结构”没有彻底扭转、城乡政策尚不能统一的情况下，乡村治理仍然是中央及地方政府工作的重要内容。作为中央新任领导班子的开局之年，2013年中央召开了若干重大会议，其中，对乡村发展和治理有着重大影响的会议主要有中国共产党十八届三中全会、中央经济工作会议和中央城镇化工作会议。2013年召开的这三次会议，为今后一段时间内，我国经济发展、乡村治理及城乡发展确定了方向。比如在乡村治理问题上，十八届三中全会作为当前改革的重要纲要，强调要建立城乡统一的建设用地市场，加快构建新型农业经营体系，赋予农民更多财产权利，2013年12月10日至13日召开的中央经济工作会议，把2014年我国经济工作的主要任务勾画了出来，其间召开的中央城镇化工作会议，则是改革开放以来中央召开的第一次城镇化工作会议，会议科学分析我国城镇化发展形势，明确了推进城镇化的指导思想、主要目标、基本原则、重点任务。城镇化会议当然绕不开有关乡村治理问题，因此，如何变城镇化为“三农”发展的新引擎，会议对在推进新型城镇化过程中保护农民利益、保护耕地数量质量、改善农村条件都作了严格要求。有关这三次重要会议的相关情况详见表 1-2。

此外，2012 年和 2013 年的中央一号文件，仍然延续过去优先解决农村发展及治理问题的传统，将议题锁定在发展农业科技和进一步增强农村发展活力问题上。详见表 1-3。

除了中央召开的有关乡村治理的重要会议及发布的相关公告和文件外，2013 年，农业部于 2013 年 2 月 22 日启动了"美丽乡村"创建试点申报工作，并下发《农业部办公厅关于开展"美丽乡村"创建活动的意见》(农办科〔2013〕10 号)，拟在全国遴选 1000 个"美丽乡村"创建试点乡村。

表 1-1　近十年来党中央、国务院下发事关乡村发展的重要文件

发布时间	发布机构	文件名称	涉及乡村发展的核心要点
2003 年 12 月	中共中央、国务院	关于促进农民增加收入若干政策的意见	要求各级党委和政府要认真贯彻十六大和十六届三中全会精神，牢固树立科学发展观，按照统筹城乡经济社会发展的要求，坚持"多予、少取、放活"的方针，调整农业结构，扩大农民就业，加快科技进步，深化农村改革，增加农业投入，强化对农业支持保护，力争实现农民收入较快增长，尽快扭转城乡居民收入差距不断扩大的趋势
2004 年 6 月	中共中央办公厅、国务院办公厅	关于健全和完善村务公开和民主管理制度的意见	旨在贯彻落实党的十六大提出的"健全基层自治组织和民主管理制度，完善公开办事制度，保证人民群众依法直接行使民主权利，管理基层公共事务和公益事业，对干部实行民主监督 "的要求，适应农村发展的新形势，进一步推进农村社会主义物质文明、政治文明、精神文明协调发展
2004 年 12 月	中共中央、国务院	关于进一步加强农村工作提高农业综合生产能力若干政策的意见	全面落实科学发展观，坚持统筹城乡发展的方略，坚持"多予、少取、放活"的方针，稳定、完善和强化各项支农政策，切实加强农业综合生产能力建设，继续调整农业和农村经济结构，进一步深化农村改革，努力实现粮食稳定增产、农民持续增收，促进农村经济社会全面发展
2005 年 11 月	中共中央办公厅、国务院办公厅	关于进一步加强农村文化建设的意见	强调要充分认识加强农村文化建设的重要性和紧迫性，明确了农村文化建设的指导思想和目标任务，努力加强农村公共文化建设，丰富农民群众精神文化生活，创新农村文化建设的体制和机制，动员社会力量支持农村文化建设及加强对农村文化建设的组织领导
2005 年 12 月	中共中央、国务院	关于推进社会主义新农村建设的若干意见	统筹城乡经济社会发展，扎实推进社会主义新农村建设；加强农村民主政治建设，完善建设社会主义新农村的乡村治理机制

续表

发布时间	发布机构	文件名称	涉及乡村发展的核心要点
2006 年 9 月	中共中央办公厅、国务院办公厅	关于加强农村基层党风廉政建设的意见	大力开展农村基层反腐倡廉教育；进一步加强农村基层党风廉政制度建设；全面推进乡镇政务公开、村务公开和党务公开；切实解决损害农民群众利益的突出问题；加强对农村基层党风廉政建设的组织领导等
2006 年 12 月	中共中央、国务院	关于积极发展现代农业扎实推进社会主义新农村建设的若干意见	坚持把解决好“三农”问题作为全党工作的重中之重，统筹城乡经济社会发展，实行工业反哺农业、城市支持农村和多予少取放活的方针，巩固、完善、加强支农惠农政策，切实加大农业投入，积极推进现代农业建设，强化农村公共服务，深化农村综合改革，促进粮食稳定发展、农民持续增收、农村更加和谐，确保新农村建设取得新的进展，巩固和发展农业农村的好形势
2007 年 12 月	中共中央、国务院	关于切实加强农业基础建设进一步促进农业发展农民增收的若干意见	按照形成城乡经济社会发展一体化新格局的要求，突出加强农业基础建设，积极促进农业稳定发展、农民持续增收，努力保障主要农产品基本供给，切实解决农村民生问题，扎实推进社会主义新农村建设
2008 年 6 月	中共中央、国务院	关于全面推进集体林权制度改革的意见	确立集体林权制度改革的指导思想、基本原则和总体目标；明确集体林权制度改革的主要任务；完善集体林权制度改革的政策措施；加强对集体林权制度改革的组织领导
2008 年 12 月	中共中央、国务院	关于 2009 年促进农业稳定发展农民持续增收的若干意见	深入贯彻落实科学发展观，把保持农业农村经济平稳较快发展作为首要任务，围绕稳粮、增收、强基础、重民生，进一步强化惠农政策，增强科技支撑，加大投入力度，优化产业结构，推进改革创新，千方百计保证国家粮食安全和主要农产品有效供给，千方百计促进农民收入持续增长，为经济社会又好又快发展继续提供有力保障
2009 年 4 月	中共中央办公厅、国务院办公厅	关于加强和改进村民委员会选举工作的通知	强调要切实加强村民委员会选举前的各项准备工作；依法规范村民委员会选举程序；扎实做好村民委员会选举后续工作；坚决查处村民委员会选举中的贿选等违法违纪行为及加强对村民委员会选举工作的组织领导等
2011 年 5 月	中共中央办公厅、国务院办公厅	关于印发《农村基层干部廉洁履行职责若干规定(试行)》的通知	加强反腐倡廉法规制度建设、完善农村基层干部行为规范、促进农村基层干部廉洁履行职责
2011 年 12 月	中共中央、国务院	印发《中国农村扶贫开发纲要(2011—2020 年)》	要求各级党委和政府要进一步提高对扶贫开发工作的认识，切实增强做好扶贫开发工作的紧迫感和自觉性，加强领导，强化责任，坚持开发式扶贫方针，加大投入力度，强化政策措施，坚决打好新一轮扶贫开发攻坚战

资料来源：根据中央人民政府官网、百度、谷歌等搜索引擎以及中国期刊网相关文献整理所得。

表 1-2　2013 年党中央涉及“乡村发展”的重大会议

会议时间	会议地点	会议名称	涉及乡村发展的核心要点
2013 年 11 月	北京	中国共产党十八届三中全会	提出要建立城乡统一的建设用地市场，加快构建新型农业经营体系，赋予农民更多财产权利，同时推进城乡要素平等交换和公共资源均衡配置，完善城镇化健康发展体制机制，以及健全自然资源资产产权制度和用途管制制度等
2013 年 12 月	北京	中央经济工作会议	本次中央经济工作会议提出粮食安全战略，上升到国家安全的高度，并不仅仅着眼于口粮安全，更提出了注重永续发展、转变农业发展方式、发展循环农业等带有可持续发展意味的新思路
2013 年 12 月	北京	中央城镇化工作会议	会议对在推进新型城镇化过程中保护农民利益、保护耕地数量质量、改善农村条件都作了严格要求。推进新型城镇化，为“三农”发展增添了新引擎。曾经有人担心所谓“城镇化就是占用农民土地”、“城镇化就是减少村庄”等问题，这次会议都给出了明确的回应

资料来源：根据百度、谷歌等搜索引擎以及中国期刊网相关文献整理所得。

表 1-3　2012 年、2013 年中央一号文件

发布时间	发布机构	文件名称	涉及乡村发展的核心要点
2011 年 12 月	中共中央、国务院	关于加快推进农业科技创新持续增强农产品供给保障能力的若干意见	首次全面部署农业科技，重点强调抓好种业科技创新
2012 年 12 月	中共中央、国务院	关于加快发展现代农业进一步增强农村发展活力的若干意见	创新农业经营体制，要做到现有土地承包关系保持稳定并长久不变。新增补贴要向主产区和优势产区集中，向专业大户、家庭农场、农民合作社等新型经营主体倾斜。农业土地经营规模扩大必须与农村劳动力非农转移同步，必须与农业科技装备改进同步

资料来源：根据百度、谷歌等搜索引擎以及中国期刊网相关文献整理所得。

二、媒 体 关 注

2013 年中央有关乡村治理的工作部署及政策调整，引起了各类媒体和学术界的广泛关注。课题组借助《中国重要报纸全文数据库》，以“哲学与人文科学”、“社会科学 I”、“社会科学 II”、“经济与管理科学”四个子目录为具体检索范围，以年度为进程，辅之以“乡村治理”、“乡村发展”以及“乡村建设”、“农村改革”、“农村发展”、“农村建设”为主题词(后三个主题词是 2013

年新加的)，对国内重要报纸的相关报道与文章进行精确检索(2012 年为全年，即从 2012 年 1 月 1 日到 2012 年 12 月 31 日，2013 年为 1 月 1 日到 12 月 24 日)，发现，与 2012 年相比，媒体对于乡村治理的关注热情有增无减。2013 年媒体依然表现出对“三农”问题及乡村治理很高的关注度(其相关报道与文章数量统计见表 1-4)。从实践来看，媒体在引导政治舆论和推动政策实施方面，确实是一把利器。

表 1-4　2012 年与 2013 年重要报纸关于“乡村治理”的文章数量对比 (单位：篇)

类别	2012 年	2013 年
乡村治理	34	27
乡村发展	120	108
乡村建设	496	1164
农村改革	325	367
农村发展	1134	1036
农村建设	968	587

资料来源：2013 年 12 月根据中国知网检索而得。

虽然 2012 年和 2013 年这两年，媒体都对乡村治理和农村改革等问题给予关注，但深入比较这两年的报道，不难发现，媒体关注的焦点还是出现了一些变化，比如，在上述六大主题上，2013 年媒体报道中，有关“乡村建设”的文章迅速增加，由 2012 年的 496 篇上升到 2013 年的 1164 篇，文章数量超过有关以“农村发展”(1036 篇)为主题的报道，可见，“乡村建设”逐渐与“农村发展”一起成为 2013 年媒体的首要关注点。可以预见，“乡村建设”将成为今后媒体报道使用最频繁的关键词。

从报纸文章的内容来看，2013 年大众媒体对“乡村治理”的关注焦点主要集中在如下主题上：①乡村民主治理；②美丽乡村建设面临的难题、路径与模式选择(农村生态环境)；③村官激励；④乡村病的治理；⑤乡村治理顶层设计；⑥深化农村改革与释放农村红利；⑦农业科技创新与现代农业；⑧农村信息化；⑨农村发展动力与挑战；⑩土地改革与城镇化。

下面用表格(表 1-5)将 2013 年涉及“乡村治理”主题的媒体报道具体呈现出来，以便鲜明地表达新闻界对乡村治理问题的“高度关注”。

表 1-5　2013 年重要媒体对“乡村治理”的新闻报道整理

报道时间	报道机构	报道人物及栏目	报道主题	核心内容
2013 年 11 月	CCTV 新闻频道	郑连凯 新闻联播	十八届三中全会(专访中央农村工作领导小组办公室主任陈锡文)	解读党的十八届三中全会中，关于“三农”的新提法、新部署
2013 年 11 月	CCTV 军事、农业频道	李威 聚焦三农	十八届三中全会对专业合作社的影响(国务院发展研究中心农村经济部谢扬)	十八届三中全会：对农民专业合作社有什么利好
2013 年 11 月	CCTV 军事、农业频道	李威 聚焦三农	十八届三中全会：农民的更多财产权利包括什么？(国务院发展研究中心农村经济部谢扬)	十八届三中全会中农民的更多财产权利包括什么，征地制度有什么变化
2013 年 12 月	CCTV 财经频道	王小丫 经济半小时	学界泰斗谈改革(吴敬琏)	解读十八届三中全会；农村土地如何入市

资料来源：根据百度、谷歌等搜索引擎以及中国期刊网相关报纸文献整理所得。

第二节　2013 年“乡村治理”研究进展

一、乡村治理研究成果呈现——论文、专著与学术会议

2013 年学术界对“乡村治理”、“乡村发展”、“乡村建设”、“农村改革”、“农村发展”、“农村建设”的关注和研究情况一方面可以从中国知网上公开发表的论文数量得到体现，另一方面也可从有关上述六大主题的公开出版物中得到反映。

课题组基于中国知网，以“哲学与人文科学”、“社会科学 I”、“社会科学 II”、“经济与管理科学”四个子目录为具体检索范围，以 2012 年、2013 年为时间跨度，辅之以“乡村治理”等上述六大主题为篇名，对国内相关文献进行模糊检索，得到相关论文数量统计(表 1-6)。从中国知网的数据来看，与乡村治理有关的期刊论文、学位论文数量仍然相当可观，并没有下降的趋势。

可见，乡村治理以及与乡村治理相关的议题，在当前以及今后的一段时间内，会被学者持续关注。

表 1-6　2013 年以“乡村治理”等为议题的期刊论文数量 (单位：篇)

议题	乡村治理	乡村发展	乡村建设	农村改革	农村发展	农村建设
学术论文	91	281	227	463	1860	2034
硕士论文	11	14	11	16	106	119
博士论文	1	0	1	0	9	8

资料来源：2013 年 12 月根据中国知网检索而得。

此外，课题组借助于读秀图书网对相关著作进行搜索，分别以“乡村治理”、“乡村发展”、“乡村建设”、“农村改革”、“农村发展”、“农村建设”为标题，时间限定为 2013 年，分别搜索到相关著作 5 本、1 本、6 本、2 本、9 本、19 本，在此仅列出其中具代表性的著作(表 1-7)。另外，借助于中国学术会议网进行搜索，得到关于乡村治理学术会议召开的大致情况(表 1-8)。

表 1-7　2013 年出版与“乡村治理”有关的代表性著作

作者	出版社	出版时间	著作名称
邓大才编	中国社会科学出版社	2013.06	小农政治社会化小农与乡村治理：小农社会化对乡村治理的冲击与治理转型
刘祖云编	科学出版社	2013.02	江苏乡村治理发展报告 2012
李汉文编	科学出版社	2013.01	新形势下县乡村治理研究 基于对贵州省普安县的实地调研
阎占定著	世界图书出版广东有限公司	2013.01	新型农民合作经济组织参与乡村治理研究
周挺著	知识产权出版社	2013.06	乡村治理与农村基层党组织建设
王景新，鲁可荣，刘重来编著	中国社会科学出版社	2013.06	民国乡村建设思想研究
田静著	中央编译出版社	2013.01	教育与乡村建设：云南一个贫困民族乡的发展人类学探究
魏本权，柳敏著	山东人民出版社	2013.03	青岛模式与邹平模式：民国山东乡村建设模式的比较研究
吴星云著	南开大学出版社	2013.01	乡村建设思潮与民国社会改造

续表

作者	出版社	出版时间	著作名称
董献华，张文德著	中国农业出版社	2013.09	农村改革人物
农业部农村经济研究中心编	中国农业出版社	2013.11	农村改革发展与全面建成小康社会
张晓山，李周主编	经济管理出版社	2013.06	中国农村发展道路
朱俊峰，郭庆海主编	中国农业出版社	2013.07	东北亚农业农村发展与区域合作：东北亚农业与农村发展国际学术研讨会论文集 2004~2012
李忠云主编	中国农业科学技术出版社	2013.08	农业经济与农村发展
黄承伟，陆汉文编	华中师范大学出版社	2013.07	灾害应对与农村发展：灾害风险管理与减贫的理论及实践国际研讨会论文集 英文版
陆益龙著	中国人民大学出版社	2013.03	制度、市场与中国农村发展
李江涛，汤锦华主编	社会科学文献出版社	2013.08	广州蓝皮书：广州农村发展报告 2013
谷继建，张磊，吴安新著	中国商业出版社	2013.03	统筹城乡与新农村发展

表 1-8　2013 年与“乡村治理”相关的主要学术会议

会议时间	会议地点	会议名称	主办单位
2013-05-25	贵州贵阳	第十五届中国科协年会第 24 分会场：贵州发展战略性新兴产业中的生态环境保护研讨会	中国科学技术协会、贵州省人民政府
2013-11-23	浙江杭州	浙江省中国乡村社会史研究会 2013 学术年会	浙江省中国乡村社会史研究会、浙江省地方政府与社会治理研究中心主办
2013-7-22~23	青海西宁	2013 全国土地资源开发利用与生态文明建设学术研讨会	中国自然资源学会土地资源研究专业委员会、中国地理学会农业地理与乡村发展专业委员会主办
2013-11-05	海南海口、海南三亚	海南省首届社会科学学术年会(2013年)	海南省社会科学界联合会
2013-11-16	山东青岛	城市时代，协同规划——2013 中国城市规划年会	中国城市规划学会
2013-03	北京	第九届北京大学史学论坛	北京大学历史学系
2013-09-15	辽宁本溪	本溪市县区统战理论研究联合体第二十四次研讨会	中国统一战线理论研究会本溪研究基地、本溪市统一战线理论研究会

续表

会议时间	会议地点	会议名称	主办单位
2013-05-01	河北廊坊	民生建设与公共事业发展研究——基于公共事业发展的保障和改善民生途径专题研讨会	廊坊市应用经济学会
2013-08-20	四川巴中	2013 第六届中青年专家学术大会	四川省科协、四川省社会科学院、巴中市人民政府

资料来源：2013 年 12 月根据中国学术会议网检索而得。

二、乡村治理研究力量分布——研究基地、博士点与课题

从前述研究成果来看，2013 年学术界对于“乡村治理”所作的相关研究成果极为丰富。那么，与 2012 年相比，做出这些成果的团队有没有发生重大变化呢？

相关资料表明，2013 年中国乡村治理研究团队的力量虽然依然在持续增大，但有关乡村治理研究力量分布的地域不均衡性仍然十分突出，即我国乡村治理研究的主要力量仍然集中于以武汉为中心的华中地区，而江苏等华东地区在这一方面研究力量薄弱的情况虽然有所改善，但仍无法与武汉抗衡。不过，总体来看，乡村治理研究团队已经开始从过去武汉“单极突进”向当下“多元推进”的态势转变。我们可从研究基地、博士点的研究方向、重大与重点课题研究以及理论层面等加以说明。

第一，在研究基地方面，目前国内关于“乡村治理”问题研究最具影响力的两大研究基地主要集中于武汉地区，即华中科技大学的“乡村治理研究中心”与华中师范大学的“中国农村问题研究中心”。并且这两大基地分别聚集着以贺雪峰教授和徐勇教授为中心的研究团队。他们所推崇的田野调查法是研究乡村问题的主流方法，以便在乡村问题研究中寻求“田野的灵感”。不过，有些新的研究力量需要给予关注，比如江苏南京农业大学以刘祖云教授为中心的乡村治理研究团队正在崛起，南京农业大学农村发展学院的成立(2012 年 9 月)亦是江苏乡村治理未来可能的重要研究力量。此外，江西师范

大学乡村治理与发展研究中心也可能成为未来乡村治理研究的重要分支。

第二，在学科点设置上，与 2012 年一样，2013 年“乡村治理”研究方向仍主要归为社会学或行政管理专业，但具备这一博士点研究方向的，也主要集中于华中科技大学和华中师范大学等华中地区高校。虽然江苏地区有多所高校设置了社会学和行政管理专业，却均无关于“乡村治理”或“农村社会”之类的博士研究方向，大都为“公共政策”、“公共财政”、“公共治理”等，这也是江苏地区乡村治理研究薄弱的原因所在。

第三，从 2013 年有关乡村治理的国家社会科学基金分布上看，有关“乡村治理”的研究课题开始告别以往华中地区独占的局面，东、中、西部的院校都有关于乡村的课题。在重大课题资助方面，2013 年江苏地区有了重大的突破(具体基金项目分布可见表 1-9)。这也在一定程度上揭示了江苏地区乡村治理研究力量的崛起。

表 1-9　2013 年涉及“乡村治理”的国家社会科学基金资助项目

项目类型	项目主持人单位	项目
一般项目	中南民族大学	少数民族乡村“文化网络”与社会管理创新研究
一般项目	贵州大学	后撤点并校时代西部乡村文化传承问题研究
一般项目	贵州省社会科学院	少数民族传统乡村社区文化环境的保护与发展研究
一般项目	青海大学	柴达木地区移民乡村社会研究
一般项目	江西省社会科学院	新型农民合作经济组织与乡村治理结构创新研究
一般项目	西北师范大学	城镇化推进与少数民族乡村体育文化发展研究
青年项目	江西省社会科学院	苏区乡村社会改造及历史经验研究
青年项目	赣南师范学院	改革开放以来乡村伦理的变迁与重建研究
一般项目	国家行政学院	乡村治理中民主监督的法理基础与运作机制研究
青年项目	北京第二外国语学院	环城市乡村地区多途径城镇化的发展模式、动力机制与质量评估研究
重点项目	江苏省哲学社会科学界联合会	城市化进程与乡村叙事的文化互动研究
一般项目	南京大学	新民主主义革命时期根据地乡村政权建设研究
一般项目	南京师范大学	乡村重建与新世纪乡村文学新变

续表

项目类型	项目主持人单位	项目
一般项目	广西大学	生态文明视角下民族地区乡村旅游微型企业发展研究
一般项目	玉林师范学院	乡村社会传播结构变迁与重构研究
一般项目	浙江工商大学	当代乡村小说六家比较研究
青年项目	浙江大学	我国乡村旅游业发展的就业特性、影响与效应研究
青年项目	浙江大学	城市化背景下朝鲜族乡村社区重构研究
青年项目	宿州学院	基于城乡统筹的乡村旅游可持续发展战略研究
一般项目	太原理工大学	民国时期的乡村游民问题与乡村社会研究
青年项目	太原理工大学	乡村留守家庭的社会支持研究
青年项目	山西大学	16 世纪以来汾河流域的水利、宗族与乡村社会研究
西部项目	内蒙古民族大学	改革开放以来我国乡村社会基层组织创新及发展研究
西部项目	西藏大学	西藏乡村旅游地农牧民幸福指数对经济效益影响的测评研究
青年项目	湖南省社会科学院	国家治理转型中的乡村社会发展变化研究
青年项目	琼州学院	从黎族村落看城镇化背景下的少数民族乡村文化的发展和传承

资料来源：2013 年 12 月根据国家社科基金项目数据库检索而得。

三、研 究 轨 迹

2013 年中国乡村治理的相关研究主要集中在如下几方面。

首先，有研究深入分析了村(居)推进“四权”，即规范和落实“村党组织决策权、村代会决定权、村委会执行权、群众监督权”，着力从制度和机制上破解“做什么、做不做、谁来做、做得怎么样”四方面问题(周学勤，2013)。其次，有学者以“道德与权力”的关系为主线，从人伦关系的大背景研究乡村治理问题，认为乡村基层政治运作需要一定的道德资源作为补充(包心鉴，2013)。最后，有人分析了合村并组对乡村治理的影响(韩庆龄，2013)。

1) 乡村治理困境

有研究指出，传统行政控制的惯性与对自治的期盼之间便发生了矛盾，这也给村庄治理结构转型造成一定的困难(罗大蒙，2013)。综合当前乡村治理实践，我国乡村治理的主要困境归结为法制悬浮、功利下沉和信任流失三方面(张丽琴，2013)。同时，也有研究者从传播学角度分析了农民意见表达中的四种困境(刘婷和邱新有，2013)。最后，有研究指出，在城郊村等具有大量利益流动的村庄，村庄内生规范失效导致一些边缘力量起来争取利益，引致村庄社会失序(曾红萍，2013)。

2) 乡村治理影响因素

关于乡村治理的影响因素，有研究指出，基于乡村居民之间信任、合作、互惠基础上的社会网络形成的社会资本既是乡村治理的重要基础，也是乡村治理未来发展的新方向(王生，2013)。此外，民间信仰成为乡村治理的重要“一极”。民间信仰起到社会教化、促进社会整合的作用(王四小，2013)。有研究者从社会结构变迁的角度，审视乡村社会的治理模式、治理理念和治理目标等的变化(董颖鑫，2013)。

在乡村治理的影响因素分析中，另一个值得注意的特点就是，研究者们开始使用量化分析的方法，对农村社区公共品提供中社会资本、村庄特征对于农户参与程度的影响进行分析(李冰冰和王曙光，2013)。

另外，熟人社会对乡村治理的影响(姜裕富，2013)、宗族在中国传统乡村自治中所起的作用(张露露，2013)等也成为研究者们主要探讨的议题。

3) 其他相关研究

2013 年，学术界出现了有关镇村关系的研究，乡与村的关系得到重视。该研究指出，应以强化乡镇的导向作用、夯实村组的责任主体地位以及提升农民参与的效果等建议和对策来构建“乡镇导向、村组负责、农民参与”的乡村协同治理格局(吴晓军，2013)。

4) 简要评价

从课题组掌握的文献来看，2013 年中国乡村治理学术研究主要呈现如下特点。

一是有关乡村治理的研究，由点到面，即进入 2013 年，学术界关于乡村治理的研究不再局限于某几个议题，而是对乡村治理的各个方面展开研究。

二是由浅入深，既有研究不再满足于对浅层问题的简单思考，而是向着体制、机制及文化等深层方向迈进。

三是研究方法多样，不再局限于原有的说理方法，而是采用定性分析方法或者定性与定量相结合的分析方法，分析手段日益多样化。

第三节　江苏乡村治理新趋势

一、2012 年全省乡村治理再总结

2012 年度，江苏省乡村治理坚持贯彻落实 2012 年中央一号文件加快推进农业科技创新的精神，围绕强科技保发展、强生产保供给、强民生保稳定的思路，圆满完成了“三个确保实现、三个确保不发生”的重大任务，实现粮食九连增、农民收入增一成、农业现代化按时序进度推进，未发生重大农产品质量安全事件、区域性重大动物疫情、重大涉农信访事件，农业农村经济保持良好态势，成为全省经济社会发展的一大突出亮点。2012 年江苏乡村治理取得的突出成就是，农民收入增幅连续三年超市民，预计全年农民人均纯收入达 1.2 万元以上，同比增长 13%，实现“九连快”。农民增收的方式和途径加快转变，农业内部增收潜力进一步释放，农民创业就业增收主渠道作用凸显，财产性、转移性收入同比增幅超过 20%。农业现代化进程超时序，农业基本现代化总体进程和主要指标进度均超过时序、超过预期，现代农业发展水平全国领先。高效设施农业面积占比 13.9%，农业科技进步贡献率 62.3%，“三品”有效数超过 1.6 万个，农户参加合作组织比重 61.4%，农业适度规模经营比重 61%，均居全国首位。生猪大中型规模养殖比重 45%，林业总产值 3099 亿元，持证农业劳动力占比 12%以上，农业信息化覆盖率达 80%，

农业综合机械化水平达 76%，均位居全国前列。[①]

总体来看，2012 年江苏乡村治理的成功经验和做法是以下几点。

政府主导，超前谋划、部门联动。2012 年，江苏全省农经农业系统开展“三解三促”活动，并以此为契机，深入开展调查研究，了解基层和农民所想所盼所求，委领导班子成员每人牵头一个课题，委各处室(单位)和市县部门上下联动，针对农业农村经济发展新形势、新情况，研究提出“组织开展一项活动、牢牢把握三大任务”工作思路，以及“三个确保实现、三个确保不发生”工作目标。

政策引导，狠抓工作落实。2012 年，江苏省出台了一批政策文件，着力推动调研成果转化为政策、实化为举措，省委、省政府出台了扶持农业龙头企业、推进现代种业发展、“菜篮子”工程蔬菜生产基地建设、十项富民行动推进计划、中长期动物疫病防治规划、农民负担监管工作等一批重要文件，赢得了项目支持，推动了工作开展，为未来发展奠定了基础。同时，江苏也非常注重政策的落实。2012 年，有关江苏省委常委会工作要点、省政府“十大重点工作、百项考核指标”和农业部有关工作任务，都得到了层层分解，将各项重点工作细化到各市县和委各处室(单位)，并组织开展现代农业目标考核、系统工作效能考评和文明处室创建工作。

坚持示范带动。2012 年，江苏围绕率先实现农业现代化目标任务，着力推进示范载体建设，组织开展“亩产吨粮县”认定、设施园艺高效创建、畜牧业转型升级“六项创建”、“五好”农民专业合作社示范社、龙头企业“五个一”示范创建、秸秆综合利用示范推进县、太湖流域面源污染治理示范工程建设等活动，全省“亩产吨粮县”达到 8 个，认定省园艺作物标准园 78 家，新增部级畜禽养殖标准化示范场 42 个，建设出口农产品示范基地(区)82 家，

① 数据来源：江苏省农业委员会主任吴沛良，《江苏省农业委员会主任吴沛良在 2013 年全省农业工作会议上的讲话》，中国农经信息网，2013 年 1 月 16 日。

苏台农业合作园区 12 家。全省 94%的涉农县(市、区)成立农村土地承包经营纠纷仲裁委员会，全省村均集体收入达到 130 万元，同比增长 10%以上。着力培育和推广先进典型，创建国家级现代农业示范区 10 个，在 13 个县(市、区)开展农业现代化建设试点，省级现代农(渔)业产业园区总数达 93 个，实现涉农县(市、区)全覆盖。新认定省级现代特色产业基地 20 个和现代农业示范村 77 个。新增全国农民专业合作社示范社 30 家、全国农村集体“三资”管理示范县 9 个、全国“一村一品”示范村镇 17 个、全国休闲农业与乡村旅游示范县 2 个。①

强化风险管控，着力在农产品质量、动物疫病、农业防灾减灾、农民负担、村级债务化解、农地流转等方面，加大风险排查和防控力度，确保农业安全、促进农村稳定。

加强服务能力建设。按照“一个衔接、两个覆盖”要求，全面加强基层服务条件建设，全省所有乡镇均建成“五有”乡镇农技推广综合服务中心，挂牌成立了经地方编委批准的农产品质量安全监管公共服务站，同时加强“12316”三农热线工作站等新型信息服务平台建设，扩大农业信息服务覆盖面。

重视经验推广与报道。注重在全国现代农业建设现场交流会、全国农业工作会议、全国种植业工作会议、全国农业产业化工作会议、全国农民专业合作社经验交流会、全省创先争优理论研讨会、省级机关深入开展“三解三促”活动座谈会等重要会议上经验交流，一些“三农”领域的“江苏经验”，通过人民日报、中央电视台、农民日报等新闻媒体对江苏农业现代化、农民增收等工作进行了大量宣传报道，备受全国同行关注和肯定。

① 数据来源：江苏省农业委员会主任吴沛良，《江苏省农业委员会主任吴沛良在 2013 年全省农业工作会议上的讲话》，中国农经信息网，2013 年 1 月 16 日。

二、2013 年全省乡村治理总体部署

党的十八大召开后，江苏根据中央关于“三农”工作新部署、新要求，谋划 2013 年和今后一个时期工作思路，特别是在粮食产能、蔬菜基地、种业发展、农产品直供直销、农民增收等方面提出了新举措。

在 2013 年 1 月 20 日召开的江苏省第十二届人民代表大会第一次会议上，省长李学勇强调要更大力度统筹城乡发展，毫不放松抓好“三农”工作。具体体现为：

(1) 大力实施农业现代化工程十项行动计划，加大强农惠农富农政策力度，巩固和发展粮食增产、农业增效、农民增收、农村发展好势头。新增农业适度规模经营面积 300 万亩，扩大设施农业、设施渔业面积。

(2) 加快农业科技创新与推广，加强农田水利建设，提升农业机械化水平，增强农业综合开发生产能力。

(3) 创新农业生产经营体制，发展农民专业合作和股份合作，加快农产品流通体系建设。加强绿色生产，从源头上确保农产品质量安全。

(4) 深化农村土地使用制度改革，完善农村土地承包经营权流转机制，充分尊重群众意愿，严格执行各项政策。严守耕地保护红线，严格土地用途管制，依法推进农村土地综合整治。

(5) 启动实施新一轮农村实事工程。

(6) 积极推进城乡发展一体化。坚持以工促农、以城带乡，大力推进城乡规划、产业布局、基础设施、公共服务、就业社保、社会管理“六个一体化”，完善和创新城乡发展一体化体制机制，促进公共资源均衡配置。深化户籍制度改革，有序推进农业转移人口市民化。

此外，江苏省委副书记石泰峰于 2013 年 12 月 10 日在南京召开深化农村改革工作座谈会，指出江苏要抓住全面深化改革的重大机遇，坚持问题导向，着力研究创新农业经营体系、赋予农民更多财产权利、城乡基本公共服务均

等化、农业转移人口市民化、加强和改善农村社会治理等农村改革发展的重大问题，围绕城乡发展一体化全面深化农村改革。

从课题组掌握的材料来看，江苏省委、省政府及相关部门在对江苏乡村治理进行总体设计与规划时，实际上已经有了相对明确的思路，即今后江苏乡村治理要做到“四个坚持、四个更大力度”：坚持四化同步发展，更大力度推进现代农业建设，努力在高基数上实现增粮增效新突破；坚持城乡发展一体化，更大力度推动城乡统筹发展，努力在新征程上构筑农民增收致富新优势；坚持和完善农村基本经营制度，更大力度培育新型农业经营主体，努力在新起点上激发农业农村发展新活力；坚持推进农村生态文明，更大力度加强农业生态环境建设，努力在新定位上再创新农村建设新佳绩。基于这样的定位，江苏省农业委员会于年初提出今后五年江苏乡村治理所要达到的目标。①可以预见，今后江苏省委和省政府以及各级政府部门在乡村治理中，将会着力强化工作效能建设，提升乡村治理执政能力，创新农业农村工作机制，强化乡村治理体系建设以及信息宣传引导，提升应急能力，有效提升江苏乡村治理水平。

三、2013 年全省乡村治理实践新趋势

1. 乡村政治、经济与社会发展状况

1) 政治建设

首先，在基层权力运行的规范化方面，早在 2011 年，江苏省委书记罗志军就严肃换届纪律问题作出过批示。这两年来，江苏各地并没有停止探索乡镇权力规范化运行的脚步。实践中，出现了一些可圈可点的乡村政治建设经

① 江苏省农业委员会主任吴沛良：《江苏省农业委员会主任吴沛良在 2013 年全省农业工作会议上的讲话》，中国农经信息网，2013 年 1 月 16 日。

验。比如，江苏丰县就是一个很好的例子。在取消农业税等改革之后，如何让乡镇权力运行不“越界”、不“出轨”仍然是乡村治理过程中碰到的一个老大难问题。江苏丰县的做法是，理“四权”、建“五制”，即理顺高风险的四权(重大事项决策权、重要项目实施权、资金资产处置权、干部人事管理权四个方面)，建立重大事项决策机制、重要项目管理机制、资金资产监管机制、干部管理评价机制、规范运行监督机制，给乡镇权力运行套上“笼头”。

其次，落实真正的基层民主离不开高效能的基层自治组织。2013 年江苏乡村治理进一步还权于基层自治组织，探索城乡治理新结构，这以太仓市为代表。太仓市“政社互动”的探索，实现了基层自治组织的权力归位，使政府与基层自治组织的关系从“领导”变成了“指导”、从“单向”变成了“双向”。根据太仓市副市长周文彬的说法，所谓政社互动，是政府行政管理与基层群众自治有效衔接和良性互动的简称，主要是通过政府行政权力的自我约束，实现基层自治组织的权力归位，通过基层自治组织自治能力的提升，实现与政府行政管理的承接互动。通过协议购买基层服务村(居)委会主任原先的“责任状”变成了“协议书”，实现了基层组织的负责人“权随责走”，“费随事转”，即基层组织工作人员的报酬将逐步“去财政化”，村(居)干部民主选举的“权把子”和领取报酬的“钱袋子”都握在村(居)民手上，村(居)干部的好坏留去、奖优罚劣是由村(居)民说了算，这便给村(居)干部带来了价值取向上的转变，联系群众、服务群众、对群众负责，就有了机制性的保障，实现了还权于民。

太仓市推出了社区、社会组织、社工的“三社联动”机制，着力培养社会组织的自治能力，提高基层民主质量。随着时间的推移，太仓政社互动，真正落实基层民主的探索获得了国家民政部及相关专家学者的认可。

通过“政社互动”，太仓市探索政府行政管理与基层群众自治有效衔接和良性互动，使政府与基层自治组织的关系从“领导”变成了“指导”、从“单向”变成了“双向”，为转变政府职能、创新基层社会管理开辟了新途径。

2) 经济建设

首先，在财政方面，2013 年，江苏紧急收紧政府性债务，这使得不论是经济发达的苏南，还是欠发达的苏北，政府财力均感吃紧，而苏北甚至有不少乡镇都感觉到完成税收任务压力不小。

其次，在惠农政策方面，江苏各地做法各异。比如，为了粮食生产再上台阶，连云港灌云县 2013 年始终坚持粮食生产不放松，把提高粮食生产能力作为农业生产的重中之重来抓，该县全年共落实发放各项农业补贴 12 762.27 万元，其中：粮食良种补贴 2113.49 万元，水稻直补 1317.37 万元，农资综合补贴 9331.41 万元，充分调动了农民的种粮积极性。又如海安县组织开展了 2013 年生猪良种补贴项目大检查。

再次，在农村经济发展方面，江苏各地实践也有新亮点。一是无锡桃乡阳山开建国内首个大型田园综合体，泰州则顺应农业发展新要求，强力推进植保社会化服务，宝应县也在 2013 年 12 月 19 日召开全县植保社会化综合服务现场推进会。二是在农业经营实践方面，射阳县针对家庭联产承包责任制形成的“一户多田”、“一田多户”以及农民“惜地”不愿流转的现实，创新农业经营方式，推行联耕联种，在村两委的引领下，采取“农户+农户+合作社”的经营方式，实现“增面积、降农本，促还田、添肥力，提单产、升效益”。

最后，为了提升农民的抗风险能力，江苏农业保险服务亦有了新发展。以镇江为例，为规范农业保险活动，保护农民的合法权益，提高农业生产抗风险能力，镇江市润州区各街道、工业园区均已成立了农业保险服务站，各行政村(涉农社区)均已成立农业保险服务点。

3) 乡村建设与环境保护

在乡村建设方面，首先，根据《农业部办公厅关于组织开展“美丽乡村”

创建试点申报工作的通知》(农办科〔2013〕30 号)要求，江苏公示了首批“美丽乡村”创建试点村，扬州市仪征市铜山办事处长山村、苏州市常熟市支塘镇蒋巷村、泰州市沈高镇河横村、南京市溧水区洪蓝镇傅家边村、南京市江宁区谷里街道周村、徐州市新沂市邵店镇沂北村、镇江市扬中市新坝镇新治村、宿迁市泗阳县李口镇八堡村、盐城市东台市梁垛镇临塔村、大丰市大中镇恒北村、太仓市城厢镇东林村和苏州市张家港市南丰镇永联村入选。

其次，在江苏省创新型试点乡镇方面，江苏省科学技术厅公布了第三批江苏省创新型试点乡镇名单。

最后，休闲农业和农业园区亲子园等逐步成为江苏乡村经济发展的新举措，比如南京市江宁区正在努力推进水美乡村建设，助力休闲农业发展。在推进水美乡村建设上，“不填水面”将成为水美乡村评比的“硬杠杠”。而太仓市现代农业园区亲子园 2014 年初将对外开放，这也将成为太仓市民旅游又一新的景点。

4) 社会建设与社会趋势

在乡村社会发展方面，2013 年江苏的实践亦有值得关注的做法。首先在社会管理方面，有一些新的机制与举措，比如镇江市丹徒区民政局、区综治办建立基层民情信息员制度，通过建立民情信息快速通道，优化社区网格管理体系，努力实现“管理到门口、服务进家庭”的零距离对接，建立民情信息上传反馈 5 分钟通达机制、突发事件应急处置“坐标式”定位机制，确保群众需求和矛盾纠纷在最短的时间和最小的空间内予以解决。这项创新举措特色明显，操作性较强，形成了以“五个统一”和“三个到位”为主要特点的丹徒模式。

其次，江苏继续探索建立新型农村社区，竭力打造出资源共享、互促共融的新型农村社区，促农民变市民，如吴江市盛泽镇、张家港市凤凰镇、如皋市长江镇、泗洪县陈圩乡、昆山市、宿迁市宿城区等地。以江苏省宿迁市宿城区为例，政府主要做了三方面工作：一是通过设置扁平化组织架构，逐步建立乡镇党委、社区党委、楼栋党支部、单元党小组四级组织架构，把党的工作触角向基层延伸；二是打造升级版服务平台，建立升级版党群服务中心，为社区居民提供行政管理服务、日常便民服务、文娱体育服务、医疗保健服务、社区安全服务、党社活动服务等生活服务，集聚党建统领下的“十分钟综合服务圈”；三是搭建长效化活动载体，推广“一警两员”管理、“五代三送”式服务，全面推行社区干部服务群众记实管理制、党代表接待制、机关在职党员服务奉献进社区 16 小时党支部活动等，切实推动群众得实惠、干部得民心。

2013 年江苏农村社区建设的另一尝试是建立农村“智慧社区”。11 月 10 日，江苏省首个农村“智慧社区”在常熟市古里镇康博村建成，村民只要一台电视机、一只互动机顶盒就能在家里享受信息、医疗、金融、安保等全方位服务。随着农村“智慧社区”的建成，江苏乡村治理将进入信息化建设的新阶段。

在此基础上，江苏亦开始重视农村社区建设的评估工作。2013 年 1 月 14~16 日，民政部基层政权和社区建设司组织“全国农村社区建设实验全覆盖示范区调研评估组”对江苏省的农村社区建设情况进行考察。副司长汤晋苏、副处长郝海波和孙宝印主任以及来自清华大学政治学系的张小劲教授、南京大学的萧唐标教授和南京理工大学的李学斌教授等专家组成的评估组，对江苏省的六合区、扬中区、东台市和邳州市四个县域地方的农村社区建设情况进行了密集的考察和调研。

2. 乡村“人、财、物”的发展状况

1) 人——治理主体

乡村自治始终是乡村治理中的一个核心议题，如何培育富有自治能力的

新型农民，自然成了乡村治理中迫切需要解决的任务。在 2013 年的江苏乡村治理实践中，这方面的举措也有所突破。在沛县龙固镇，政府牢固树立“发展农村经济先育人”的思想，大力培育“四型”新型农民，即“技术型”农民、“两栖型”农民、“数字型”农民、“时尚型”农民，培植农村新的经济增长点，不断拓宽农民增收渠道，促进镇域经济又快又好发展。可谓 2013 年江苏乡村治理的新景象。

有关乡村治理主体的更多介绍，请关注下节“乡村自治性、发展性及改革性因素”中的“乡村自治性因素”部分，以及后续各章的阐述。

2) 财——治理基础

2013 年，江苏省政府在乡村治理中的财政投入具有特色鲜明、重点推进的特点。首先，全省推动构建覆盖城乡的公共文化服务体系，支持公益性文化设施免费开放，继续支持重点文化惠民工程，比如安排专项资金 1.3 亿元，着力推进全省公共文化设施免费开放；安排专项资金 4900 万元，用于对经济薄弱地区农村送科普书籍、送电影、送戏、送展览等补助；安排专项资金 1080 万元，对经济薄弱地区文化信息资源共享工程基层点(街道社区)进行补助；安排专项资金 2800 万元，对经济薄弱地区的 5000 个农家书屋实行图书更新，并新建 1000 个数字农家书屋；安排专项资金 1600 万元，对经济薄弱地区完成 2012 年度省下达农村有线电视进村入户任务指标的地区实行“以奖代补”；安排专项资金 9000 万元，用于对县(市)开展农村文化活动、培养农村基层文化人才等实行“以奖代补” 。

其次，在促进农业现代化方面，省财政主要体现在七个方面：一是省财政优先支持重大水利基础设施项目，2013 年省财政安排省水利重点工程资金 30 亿元，重点支持新一轮治淮、沿海水利建设、长江治理、中小河流治理、大型灌区改造等工程建设，为有效提升我省防洪保安和水资源供给能力，逐步改善水资源、水环境与水安全，更好地为全省经济社会发展提供水利支撑和保障。二是支持农村水利建设，一方面支持小农水重点县建设。2013 年省财政安排小农水建设资金 9.5 亿元，以县为单位，以规划为引导，整县推进小型农田水利建设；另一方面，支持农村河道疏浚整治。2013 年省财政安排农村河道疏浚整治资金 5.3 亿元，以整治农村水环境，改善农民群众生产、生活条件为目标，按照“河畅、水清、岸绿、景美”的要求，实行集中连片治理，整乡整村推进，提高和恢复河道功能，同时，加快建立健全河道管护机制，确保工程长期发挥效益。三是扶持构建现代农业生产体系。四是落实各项支农惠农补贴政策，包括农机具购置补贴和能繁母猪和生猪良种补贴，共计 2.54 亿元。五是支持农民就业创业，2013 年省财政安排农业实用技术和农民创业培训资金 1.18 亿元，支持开展农业实用技术培训、职业农业培训、农民创业培训和农业信息技能培训。六是 2013 年省财政安排省级脱贫攻坚奖补资金 6.67 亿元，实施脱贫奔小康工程。七是以财政促进农业综合开发，将项目建设的内容分为土地治理项目和产业化经营项目。

再次，支持村庄环境整治工作及改善农村生态环境。省财政设立省级村庄环境整治引导资金，对直接组织实施村庄环境整治行动计划、直接承担村庄环境整治任务的县(市、区)，按村庄环境整治任务量实行以奖代补，同时，财政支持农村清洁能源工程、支持秸秆综合利用和推进绿色江苏建设，实施生态公益林补偿，2013 年共安排财政资金 9.49 亿元。

最后，财政支持社会管理创新工作，推行村级公益事业建设一事一议财政奖补政策、农村公共服务运行维护机制建设示范试点政策及财政支持农村金融改革发展和支持开展信访救助等。

3) 物——治理效果

在公共产品供给方面，2013 年江苏也有一些新举措。主要体现在以下几方面。

第一，在农村教育方面，省财政资金支持经济薄弱地区扩大学前教育资源，提高办学质量，扶持民办幼儿园发展，支持各地妥善解决进城务工人员随迁子女接受学前教育问题；将农村义务教育阶段学校生均公用经费财政拨款基准定额标准提高到小学每生每年 600 元、初中 850 元；按照每平方米 1000 元的造价标准安排农村中小学校舍维修改造专项经费，建立健全校舍维修改造长效管理机制。

此外，建立健全学前教育资助制度，按照平均每生每年 1000 元的标准，苏南、苏中和苏北地区分别按 8%、10%和 12%的比例发放助学金。对所有农村义务教育家庭经济困难生发放生活费补助，补助标准为每生每年小学 1000 元、初中 1250 元。按照平均每生每年 1500 元的标准，苏南、苏中和苏北地区分别按 10%、10%和 15%的比例发放普通高中国家助学金。对全省中等职业学校在校生免收学费，并向一、二年级涉农专业学生和非涉农专业家庭经济困难学生按每生每年 1500 元标准发放国家助学金，家庭经济困难学生资助面按扣除涉农专业学生后平均 10%确定。分别按照在校生 3%和 16%的比例，向高校家庭经济困难学生发放标准为每生每年 5000 元的国家励志奖学金和平均每生每年 3000 元的国家助学金。

第二，在基本公共服务均等化方面，江苏省进一步健全以工促农、以城带乡的长效机制，积极推进城乡发展一体化，推动城乡社会保障衔接、基本公共服务均等化和基础设施共建共享，努力缩小城乡居民在收入、教育、医疗、社保等方面差距。相应的财税政策为：一是继续支持基层公共就业和社会保障服务平台能力建设，使农村居民享受与城镇居民同等的就业和社保服务。二是建立与城乡居民收入增长相适应的城镇居民医保、新农合筹资机制和财政补助机制，城镇居民医保筹资水平按照统筹地区上一年度城镇居民可支配收入的 1.5%~2.5%确定，新农合人均最低筹资标准不低于本地区上年农民人均纯收入的 3%，财政补助标准不低于筹资的 80%和国家规定的最低标准。三是按照城乡居民社会养老保险省财政补助资金管理办法，统一城镇居民和新型农村社会养老保险的补助范围、补助标准和补助方法，促进城乡居民养老保险制度的合并实施。

第三，推动农桥建设。省级农桥建设资金采取多层次、多渠道的方式，由省财政和地方财政共同筹措，2003 年起，省级财政通过调整支农资金支出结构，设立农桥建设专项资金，用于农村小型公益设施农村桥梁建设。省财政于 2011 年、2012 年、2013 年安排 4.8 亿元、5.1 亿元、5.3 亿元支持农村桥梁建设。鼓励农村集体经济组织筹资和以出让桥梁冠名权等多种方式吸引民间资本等投入。根据各地经济发展状况，省财政安排农村桥梁建设补助资金采取不同地区不同配比的政策：苏州、无锡、常州市资金配比为省 30%，市、县以下 70%；南京、镇江、南通、扬州、泰州市资金配比为省 50%，市、县以下 50%；盐城、淮安、徐州、连云港市资金配比为省 70%，市、县以下 30%；宿迁市配比为省 80%，市、县以下 20%。市、县以下财政的具体配比由各市自定。

第四，在农村信息化服务方面，江苏各地的新做法主要包括：一是扬州破解生鲜农产品“最后一公里”难题，不用去菜场，只要通过网络或电话预订，然后到小区附近的社区服务网点取菜就可以了；二是南通市通州区西亭镇新农保“四不出村”，打造便民服务平台；三是宿迁市宿城区“12316”三农服务热线正式开通、泗洪县进一步加强农业信息化全覆盖工程等；四是建湖举办农技人员农业信息化培训班、泰州高港举办动物防疫信息管理系统培训班等。

第五，在农村饮用水方面，农村安全供水稳步推进。其中，连云港赣榆计划于 2015 年底实现农村安全供水全覆盖。

3. 乡村自治性、发展性及改革性因素

1) 乡村自治性因素

首先，在乡村自治问题上，江苏 2013 年的新努力，主要是在 2012 年的

基础上，进一步深化既有的村庄自治战略。今年值得关注的地区主要有江苏省丰县华山镇和东海县桃林镇两个地区。

村民自治的突出问题之一是村委、村民脱节，为解决这一问题，打造计生群众自治示范村，江苏省丰县华山镇多措并举，以人口计生工作为突破口，切实做好“村民自治”工作。

东海县桃林镇村民自治的一个可喜成绩是，今年刚成立的 4 家家庭农场在镇农村经营管理站的指导下，协会召开理事会，讨论通过了《桃林镇家庭农场协会行业自律公约》，为下一步家庭农场的健康有序发展及乡村治理的深入推进夯实了基础。

其次，在治理主体方面，江苏乡村治理主体依然呈现多元化的特点。不论是在一些发达地区，还是在欠发达的地区，乡村实力型精英和道德型精英都会对乡村治理产生积极或消极影响。比如，在发达地区，镇村领导利用乡村精英需要声望和面子的心理，积极引导他们参与公益事业。当然，在一些落后地区，也不乏实力型精英控制村庄，推行“恶人治村”。

最后，各类宗教组织在乡村治理中也起着重要积极作用，主要包括：一是有利于家庭和社会公德建设；二是在社会慈善和社会公益事业中，有利于扶贫济困、慈悲救世等精神的发扬；三是在乡村治理中，丰富农村精神生活。当然，从江苏的实践来看，各类宗教组织也会带来消极影响，比如在有些地方，宗教组织会削弱农村基层组织的影响力和凝聚力、阻碍村民自治、部分非法宗教组织扰乱社会秩序，甚至还可能会给村民带来经济负担等。

2) 发展性因素

2013 年江苏乡村治理的另一特色是大学生村官制度日益完善。这具体表现在以下几方面。

第一，泗阳推行大学生村官“一人双岗”，即大学生村官在担任村(居)党支部副书记、主任助理等实职，参与处理村(居)事务的同时，根据大学生村官本人所学专业知识等实际情况，打破工作性质、身份界限，充实到招商引资、重点项目、城镇建设、农业农村和社会管理创新等各条工作主线上，挖掘大学生村官的潜能。

第二，探索设立大学生村官创业学院。2013 年，泰州市成立的全省首家“大学生村官创业学院”，由泰州市委组织部与人社局、农委共同创办，通过培训、研讨、实训等方式，解决大学生村官不敢创业、不会创业的问题。2013 年 11 月 12 日，泰州市“大学生村官创业学院”第一期提升班开班，30 名大学生村官参加培训。

第三，探索大学生村官分类培养制度。近年来，江苏省泗阳县采取“分类培养”模式，为大学生村官分类引路、疏通出路，从源头上解决“流得动”、“流得好”的问题，激励大学生村官扎根农村、干事创业。

第四，对大学生村官进行立体式培养。近年来，连云港海州区举办大学生村官岗前培训班、青年人才培训班、创业培训班等各类培训 13 期，290 余人次参加。并推行“5+1”帮带模式，分别由 1 名乡镇领导、1 名组工干部、1 名老干部、1 名农技人员和 1 名村干部结对帮带 1 名大学生村官，还安排大学生村官与优秀村书记、生产大户进行面对面交流。

第五，推进大学生“一把手”工程。大丰市坚持“人才到一线中去，干部从一线中来”的原则，积极探索通过“两推一述一评”的办法在大学生村官中选拔村(居)党组织书记候选人，大力实施大学生村官“一把手”工程。

3) 改革性因素

首先，在村务公开方面，江苏也有最新探索。例如，为了解决“如何才能更好地让村民把想知道的事情弄明白”这一问题，江苏省盐城市建立的“村情发言人”制度，改变了传统过去公开靠张纸及单向公开的做法，实际上开辟村务公开新模式。建立这一制度后，盐城市各村由村“两委”班子成员作为发言人，面向广大村民，借助村情发布会等形式，对大家普遍关心、与群众自身利益息息相关的重点、热点问题进行集中公开，接受村民提问并予以答复。应当说，“村情发言人”制度作为完善村民议事制度的新探索，作为盐城基层民主政治的新形式，正扎根农村，展现出越来越旺盛的生命力。

又如，江苏睢宁推行“清风村务”，为农村村务公开开辟了信息化路径。2012 年初，睢宁县在沙集镇试点创建的基础上，向全县 22 个镇(园区)全面推广“清风村务”信息化平台，该平台由“办公自动化系统”、“财务管理系统”和“信息公开系统”三部分组成，涉及党务、财务、农保、医保、信访等方面内容，各镇(园区)群众可凭借身份证进入该系统快速查询党务政务村务信息、办事流程、服务指南等相关内容。此平台推广后，睢宁各村的涉农补贴、土地流转、低保申请等大小事务在网上轻轻一点，村民们就都能知晓。

其次，在土地流转与土地征用方面，江苏在 2013 年也有不少创举，主要涉及以下几点。

第一，为贯彻落实中央精神，深化农村土地产权制度改革，江苏探索多种形式拓宽农民“土地财产权”。近年来，通过设立农村土地规模流转补助资金、成立农村产权交易所、明确农地股份合作社法人地位、开展“一权一房”抵(质)押试点等多种形式，江苏基层不断探索农村土地、社区股份产权制度等改革，着力拓宽农民“土地财产权”。2013 年 11 月初，桃园村成立江苏省首单土地流转信托，当地 233 户村民凭土地收益凭证获得土地的长期收益。这是江苏基层拓宽农民“土地财产权”的最新探索之一。

第二，在土地征用方面，江苏省进一步加强对被征地农民的权益保护。其中，《江苏省征地补偿和被征地农民社会保障办法》(以下简称《办法》)已于 2013 年 9 月 4 日经江苏省人民政府第 13 次常务会议讨论通过，自 2013 年 12 月 1 日起施行。这一政府令确立了被征地农民社会保障“即征即保、应保尽保、分类施保、逐步提高”原则，被征地农民将被刚性纳入城乡社会保障体系。《办法》规定，征收农民集体所有的土地，应依法足额支付征地补偿费用，安排被征地农民的社会保障费用。征地补偿费用没足额到位的，被征地农村集体经济组织及其成员有权拒绝交地。

第四节　年度关注焦点：乡村治理主体理论进展

一、既有研究成果概述

从课题组掌握的资料来看，学术界就乡村治理主体的研究成果并不多(在中国知网上输入“乡村治理主体”，搜索条件为“篇名”，共得文献 43 篇)，这也反映乡村治理主体研究的迫切性。有意思的是，在有限的既有研究成果中，其关注焦点主要体现在有关乡村治理主体内涵的研究、乡村治理主体的多样性和乡村治理主体机制的构建上。

1. 有关乡村治理主体内涵的研究

事实上，当前学术界对乡村治理主体是谁的问题并没有给出标准答案，比如乡村治理主体是乡镇政府？是村民群众？还是乡村精英？或者是他们的结合？研究者们见智见仁。总体看来，学术界对于乡村治理主体内涵和类型的界定，目前仍然是模糊和混乱的，需要进行理论的梳理和规制(张艳娥，2010)。

在既有研究中，有研究指出，当前中国农村应倡导“多元主体治理”的科学发展模式，这是因为：①乡镇政府不再作为唯一的治理主体和权力中心，但又是绝对不能缺少的治理主体；②村民组织和村民代表等可以作为独立的主体；③乡村精英发挥自己的力量积极参与乡村治理(唐绍洪和刘屹，2009)。更有研究表明，当前农村主要干部(村支书、村主任)的产生方式和成分上存在着的诸多问题和不足，影响了乡村的治理和稳定(张富良和刘书英，2004)。

2. 有关乡村治理主体的多样性

首先，有研究分析了农村草根领导层的循环周期，认为当前一些地区的乡村治理陷入困境的重要原因是草根领导层的缺少(李宇征，2013)。其次，村书记作为乡村治理的重要主体，得到了学术界的重点关注。有人通过田野调查了解该群体对乡村治理的看法，能够让我们看到更加真实而非想象的乡村(郝涛，2013)。

在乡村治理主体替代问题上，有研究指出经济能人型村官逐步取代了传统的道德权威型村官，富人村官获得了乡村管理的话语权(韩海侠和陈文芳，2013)。同时，黑灰势力的介入所带来的治理“内卷化”(唐喜政，2013)，以及农村民间组织发展状况及其对乡村治理的影响(陈占锋，2013)，也为相关研究所考虑。

最后，也有研究选择以农地产权制度与乡村治理辩证关系作为分析框架，分析乡村治理主体选择及其有效性的影响因素和发展方向(黄韬和王双喜，2013)。针对多元化乡村治理主体功能的发挥，有研究强调应当实现乡村治理主体的优化组合，采取乡村精英为主导多元治理主体合作共治的治理机制(李克龙和许建文，2013)。

有学者指出，乡村治理中“社区-村民”比传统的“国家-社会”理论框架更具有现实解释力。农村社区与村民之间本质上是一种“服务-奉献”关系，这种关系模式适应了社区民主化、生活伦理化的时代潮流，更适合指导当前乡村治理实践(孔德斌和刘祖云，2013)。

3. 有关乡村治理主体机制的构建

首先，在既有文献中，有研究分析了乡村治理中农民主体性缺失问题(杨春娟，2013)，同时，有研究指出，在农业集体化时期，以权力为根本的乡村治理，始终表现为国家、集体和农民三种政治主体之间的利益博弈。国家在强制性制度变迁下选择了两次政策退却，集体在基层社会再组织化过程中实现了特权重构，而农民则始终没有放弃在国家权力意志的罅隙中对权利的追求(尚娅，2006)。有人指出，当前乡镇政府、乡村精英、村民个体的多元主体治理格局已成为当下中国乡村治理的事实模式，在肯定三者利益一致性的同时，更应看到它们之间利益冲突的一面以及由此所带来的问题，应当建构一种新的利益协调机制以化解多元村治主体之间的利益冲突(谢妮霞和郭大林，2010)。

实际上，多元治理主体凭借什么样的治理资源参与乡村治理，各主体在治理中又是如何协调合作共享资源，最终达到善治的目的等问题，关系到乡村治理的合法性和有效性。针对这一问题，有研究梳理了目前乡村治理中可资使用的各种治理资源，分析了凭借不同资源参与治理的各类主体行为，并尝试构建乡村治理中多元主体互动合作、参与治理的有效路径(任艳妮,2011)。

也有学者指出，实现新农村建设的宏大目标，需要建构相应的乡村治理机制，并指出这一机制应体现出“以农民为主体，让农民得实惠”的理念，主要包含三方面内容：推进和完善村民自治机制；强化以农民为主体的意识和制度安排，调动农民的积极性；建立以农民为主体基础上的政府引导机制(徐勇，2007)。

在乡村治理主体的认定上，有人认为农民协会正成为乡村治理的新主体(李付宝,2009)。此外,相关研究指出,虽然农民理所当然是乡村治理的主体,但其主体身份确立的重要标志是具有主体意识。若农民主体意识缺失，将严重影响乡村治理的成效(谭德宇，2009)。

二、研 究 趋 势

从课题组掌握的资料来看，当前，有关中国乡村治理主体的基础性研究成果并不多，可见这也是乡村治理研究的薄弱点。随着乡村治理实践进程的推进，将来乡村治理的研究重心必将从当前以静态的治理模式讨论为主走向以动态的治理主体研究为主，即走向研究各治理主体的地位界定和作用，以及分析乡村治理主体的行为关系。

第二章　乡镇政府：乡村治理中的政府职能与政府角色

本章将“乡镇政府”作为乡村治理的主体之一加以关注，旨在探讨在乡村治理这一复杂的社会活动中，乡镇政府作为一级最基层的政府机构，其政府职能是如何发挥作用的？并通过个案与调研材料，来讨论江苏省乡镇政府在江苏乡村治理中的职能发挥与角色定位。

乡镇，是乡村和集镇的统称，是行政区域的基层组织，它设有国家基层政权及其乡镇机构。国家按一定的条件在乡村(包括集市)设置的行政机构，称乡人民政府，习惯称乡政府；按一定的条件在集镇设置的行政机构，称镇人民政府，习惯称镇政府，二者统称为乡镇政府。乡镇政府作为处于我国政府体系最低层次的基层政府，直接面向社会基层，具体负责贯彻落实党和国家的各项方针政策，同时，负责将广大人民群众的需求和愿望传输给国家政府。因此，乡镇政府是国家和政府联系广大人民群众的重要桥梁和纽带，起着承上启下的作用，在中国行政体系中占据着极其重要的地位，在乡村经济和政治生活中扮演着重要的角色。乡村治理的发展离不开乡镇政府与村级组织之间的关系，在不同的乡村关系模式中，乡镇政府的职能范围会发生变动，对于乡村治理也会产生不同影响，但不管何种模式，乡镇政府都是乡村治理中的一个不可或缺的主体。乡镇政府职能发挥优劣，不仅关系到农村经济与社会的持续发展，而且关系到国家的政策能否落实，农村能否实现社会稳定。

第一节　乡镇政府在乡村治理中的职能及其法律规范

一、乡村关系模式中乡镇政府的职能定位

就现有研究来看，大部分关于乡镇政府职能的研究都是从乡村关系的角度出发，这是有道理的，因为乡镇政府职能都是在一定的社会环境中展开的，是回应了一定的客观环境而进行的定位。

20 世纪 70 年代末，国家转换了对乡村的治理方式，把其行政权力撤回到乡镇一级，同时在村庄层面上实行村民自治。随着村民自治的逐渐实施与推进，国家开始转变其对农村强控制式的管理方式，即从全面管理转变为行政管理和服务，依法对农村的社会秩序、社会关系进行仲裁与调节，从宏观上引导农村的全面发展。这样，新中国成立以来“命令-服从”型的乡村关系就为新型的“乡政村治”格局所取代。国家对农村的治理结构表现为“乡政村治”型，即国家的基层政权设立在乡镇一级，乡镇依法对乡村进行行政管理；乡镇以下的村实行村民自治。这一模式反映的是国家与农村社会之间的良性互动关系，它不仅是合理的，而且是必需的，因为它可以调动国家和农村社会两个方面的积极性。乡政以国家强制力为后盾，具有高度的行政性和一定的集权性，是国家基层政权所在；村治则以村民意愿为后盾，具有一定的自治性和民主性，由村民自己处理关系自身利益的基层社会事务，立足点在于解决社会内部的关系。这一体制表明，国家对农民的控制方式由直接的、全面的、刚性的控制转向间接的、局部的、适度的调控。这一制度变迁的重点在村一级，以国家权力部分退出为条件，建立了具有自治性质的村委会，村民通过民主方式管理村内事务。

关于乡镇政府在乡村治理中的职能与角色定位，在我国的政策供给与政策措施上也经历了一个过程。这一过程也表明：在乡村治理中，乡镇政府的职能与角色定位越来越清晰、具体。

第一，1982 年 12 月，新修正的《中华人民共和国宪法》第九十五条规定："乡、民族乡、镇是我国最基层的行政区域，乡镇行政区域内的行政工作由乡镇人民政府负责，设立人民代表大会和人民政府"；第一百一十一条规定："农村按居住地设立的村民委员会是基层群众性自治组织"，"乡政村治"体制开始在宪法范围内得以确立。

第二，1983 年 10 月，中共中央、国务院联合发出了《关于实行政社分开建立乡政府的通知》，提出建立乡政府，在乡以下设立村民委员会，实行村民自治，村民委员会主任、副主任和委员由村民选举产生。自此，在我国农村地区就存在着两个不同层面且相对独立的权力：一是乡镇政府代表国家行使行政管理权，二是村民委员会代表村民行使自治权。

第三，自 1985 年开始，中央开始了一系列"社改乡"的改革措施，加强镇的建设，在有条件的地区进行撤并乡镇，同时进一步加强农村基层自治建设。1998 年 11 月，《中华人民共和国村民委员会组织法》的出台标志着我国村民自治制度建设有了法律保障。自此，村民自治制度构成了我国当代农村最基本的社会组织制度，学术界把这种治理体制称为"乡政村治"，"乡政村治"体制成为了我国现行乡镇体制模式。

第四，根据 2010 年 10 月最新修订的《中华人民共和国村民委员会组织法》的规定："村民委员会是村民自我管理、自我教育、自我服务的基层群众性自治组织，实行民主选举、民主决策、民主管理、民主监督。"涉及完善民主选举程序，补充民主决策、民主管理、民主监督等有关内容，以期能更加适应农村基层民主政治建设和新农村建设的需要。村民自治是农村基层民主建设的精髓，也是民主政治发展的必然结果。

虽然，我国农村形成了"乡政村治"的治理格局。但是，由于乡、村分属不同性质的组织系列，在现有的体制框架下，高度集中的行政控制方式使乡镇常常处于强势地位，乡镇主导下的乡村治理局面带来了一系列复杂的治理问题。对此，学术界代表性的观点主要有以下几点。

第一，学界普遍认为，乡镇政府供养人员多，财政困境导致乡镇政权的“自利”行为；村委会的主要职责在于执行上级政府下达的属于行政管理的“政务”而不是自治范围的“村务”。比如，贺雪峰(2007)认为：“造成 20 世纪 90 年代以来十多年这种由治到乱变化的原因，恰是国家汲取资源的结果”。贺雪峰认为许多村的村民大会和村民代表大会召开不规范，议事规则杂乱无章，形同虚设。与此观点类似，徐勇(2002)提出“县政、乡派、村治”的治理结构，重建强村、精乡、简县的格局以此来转换乡村秩序。除此之外，沈延生提出“乡治村政”；温铁军提出：乡改县乡公所，村一级实行自治，镇也自治，只管镇建成区。党国英提出：建立大农村社区(贺雪峰，2004)。也有观点认为应发挥村级组织在村民自治中的作用，如王国勤(2009)认为乡村治理结构应具有包容性或开放性，这样能够提高乡村治理的绩效，从而各种经济合作组织、各种行业协会、中介组织等非政府组织应参与政治。

第二，就乡村未来发展模式的探讨而言，学术界关于新农村建设中的乡村治理问题的讨论有两种思路：一是强化乡镇职能的行政化主张，二是强化乡镇自治和村民自治的自治化主张(聂火云和郑利华，2007)。如姚望(2010)认为在加强农民利益表达中应以政府主导，充分发挥“两委”的组织；李莉和卢福营(2010)认为应通过政府主导来进行乡村治理变迁，这是第一种思路的体现。而近年来大多数研究都偏向于第二种思路，也就是发展自治的乡村治理，如张晓山(2005)认为应将乡村治理结构转为服务型与群众参与到自治型，政府实现有限功能。杨嵘均等(2008)提出，应该正视区域发展非均衡状况，转变全国“一盘棋”的思维定势，因地制宜，分类指导，逐步把现行的“乡政村治”治理结构变革为“乡村自治”。基于不同的观点，很多学者进行了乡村治理模式的划分，如贺雪峰等(2005)提出四种可能的乡村治理类型：原生秩序型、次生秩序型、乡村合谋型和无序型。

第三，税费改革之后的乡镇职能问题研究。2002~2006 年，我国的乡村治理发生着一次深刻的变化，这一变化的影响因素就是 2006 年初国家取消了农业税。农业税费改革之后，中国乡村社会进入了一个“农业政策调整期和乡镇治理结构的新时期”，2006 年初国家已明确取消了农业税。十六大提出了“统筹城乡经济社会发展”和“多予、少取、放活”的大政方针，党中央做出了“工业反哺农业，城市支援农村”的重要科学论断，始终把解决好“三农”问题作为全党和全国工作的“重中之重”。特别是 2004 年、2005 年、2006 年，中央连续发出《关于促进农民增加收入若干政策的意见》、《关于进一步加强农村工作提高农业综合生产能力若干政策的意见》、《关于推进社会主义新农村建设的若干意见》三个关于推进农村社会发展的“一号文件”，强调要调整农业结构，扩大农民就业，增加农民收入，深化农村改革，增加农业投入，促进农村经济社会全面发展。

这一系列重大战略举措的陆续出台，标志着中国农村改革已经进入了一个新时期。农民与国家的分配关系将发生根本性的变化，乡镇工作量大大减轻并且村干部的报酬必须由国家财政转移支付来发给，这预示着乡(政)村(治)关系的构建正面临着一场历史性的巨大变革。学术界对此也开展了研究，并将乡镇政府的工作中心由无所不包的工作内容转向有重心的工作职能上来。但对政府职能定位有不同的看法：薄贵利(2004)认为，随着市场体系的建立和市场主体的发育成熟，政府的主要职能是为社会提供公共产品和公共服务。林修果等(2007)认为，后农业税时代乡镇政府的职能应当定位在五个方面：服务职能、协调职能、指导职能、监督职能、教育职能。宋惠芳(2007)认为，乡镇政府职能的定位应当包括：经济职能、社会管理职能、政治职能和公共服务职能。可见，研究者都认为公共服务职能和社会管理职能是乡镇政府应当具备的职能，这说明研究者们对乡镇政府的职能定位的认识是高度一致的，这与中央确定的乡镇改革目标也是一致的。

二、乡镇政府关于乡村治理职能的“法律定位”

我国乡村关系的变化以及乡镇政府职能有一系列的法律制度依据。

第一，《中华人民共和国村民委员会组织法》明确了乡镇政府对村委会的指导、支持、帮助和监督。

第三条　村民委员会的设立、撤销、范围调整，由乡、民族乡、镇的人民政府提出，经村民会议讨论同意，报县级人民政府批准。

第五条　乡、民族乡、镇的人民政府对村民委员会的工作给予指导、支持和帮助，但是不得干预依法属于村民自治范围内的事项。村民委员会协助乡、民族乡、镇的人民政府开展工作。

第十七条　对以暴力、威胁、欺骗、贿赂、伪造选票、虚报选举票数等不正当手段，妨害村民行使选举权、被选举权，破坏村民委员会选举的行为，村民有权向乡、民族乡、镇的人民代表大会和人民政府或者县级人民代表大会常务委员会和人民政府及其有关主管部门举报，由乡级或者县级人民政府负责调查并依法处理。

第二十条　村民委员会应当自新一届村民委员会产生之日起十日内完成工作移交。工作移交由村民选举委员会主持，由乡、民族乡、镇的人民政府监督。

第二十七条　村民会议可以制定和修改村民自治章程、村规民约，并报乡、民族乡、镇的人民政府备案。

村民自治章程、村规民约以及村民会议或者村民代表会议的决定违反前款规定的，由乡、民族乡、镇的人民政府责令改正。

第三十一条　村民委员会不及时公布应当公布的事项或者公布的事项不真实的，村民有权向乡、民族乡、镇的人民政府或者县级人民政府及其有关主管部门反映，有关人民政府或者主管部门应当负责调查核实，责令依法公布；经查证确有违法行为的，有关人员应当依法承担责任。

第三十五条　(六)村民委员会成员的任期和离任经济责任审计，由县级人民政府农业部门、财政部门或者乡、民族乡、镇的人民政府负责组织，审计结果应当公布，其中离任经济责任审计结果应当在下一届村民委员会选举之前公布。

第三十六条　村民委员会不依照法律、法规的规定履行法定义务的，由乡、民族乡、镇的人民政府责令改正。乡、民族乡、镇的人民政府干预依法属于村民自治范围事项的，由上一级人民政府责令改正。

第二，《中国共产党农村基层组织工作条例》中第二、五、九条中明确了乡镇党委对村党委的领导地位以及在各项工作中的核心决策地位。

第二条　乡镇党的委员会(以下简称乡镇党委)和村党支部(含总支、党委，下同)是党在农村的基层组织，是党在农村全部工作和战斗力的基础，是乡镇、村各种组织和各项工作的领导核心。

第五条　村党委受乡镇党委领导。

第九条　村党支部的主要职责是：

(一) 贯彻执行党的路线方针政策和上级党组织及本村党员大会的决议。

(二) 讨论决定本村经济建设和社会发展中的重要问题。

第三，《中华人民共和国地方各级人民代表大会和地方各级人民政府组织法》(以下简称《地方组织法》) 第五十五条规定：“地方各级人民政府对本级人民代表大会和上一级国家行政机关负责并报告工作。地方各级人民政府都是国务院统一领导下的国家行政机关，都服从国务院。”

第六十一条明确规定，乡镇政府作为乡村基层乡镇机关具有以下七项作用：①执行本级人民代表大会的决议和上级国家行政机关的决定和命令，发布决定和命令；②执行本行政区域内的经济和社会发展计划、预算，管理本行政区域内的经济、教育、科学、文化、卫生、体育事业的财政、民政、公安、司法行政、计划生育等行政工作；③保护社会主义的全民所有的财产和劳动群众集体所有的财产，保护公民私人所有的合法财产，维护社会秩序，保障公民的人身权利、民主权利和其他权利；④保护各种经济组织的合法权益；⑤保障少数民族的权利和尊重少数民族的风俗习惯；⑥保障宪法和法律赋予妇女的男女平等、同工同酬和婚姻自由等各项权利；⑦办理上级人民政府交办的其他事项。

第四，《江苏省村民委员会选举办法》中第七、二十五、二十六条中规定村民选举、罢免等需要在乡镇备案，没有领导关系。

第五条　地方各级人民政府组织实施村民委员会选举工作所需经费，由各级财政列支。村的选举工作费用在村级经费中列支，乡(镇)人民政府对经济困难的村应当给予适当补助。

第七条　村民选举委员会成员名单报乡(镇)村民委员会换届选举工作指导小组备案。

第二十五条　选举结果由村民选举委员会当场公布，并报乡(镇)村民委员会换届选举工作指导小组备案。

第二十六条　罢免村民委员会成员，必须经有选举权的村民过半数通过。表决结果由村民委员会报乡(镇)人民政府和县(市、区)人民政府民政部门备案。

第三十条　违反本办法规定进行选举的，村民有权向乡(镇)人民代表大会和人民政府或者县级人民代表大会常务委员会和人民政府及其有关主管部门举报。有关机关应当负责调查，并依法处理。

根据以上四个法律规范，通过对它们的解读，我们可以得出以下结论。

第一，按照《中华人民共和国村民委员会组织法》的制度安排，乡镇作为国家基层政权，依法行政；村民委员会作为村民自治组织，依法自治。一系列成文法律都已确认村委会的自治性质，并划定了乡政权和村治权各自的运作空间，规定乡镇政府与村委会之间不再是行政上的上下级和直接的“领导关系”，而是工作上的指导与被指导、协助与被协助的关系。

第二，根据《地方组织法》的规定，乡镇政府是乡镇人民代表大会的执行机关，是全国最基层的行政机关；同时，由于我国是中国共产党领导下的单一制国家，乡镇政府必须服从上级政府和国务院。因此，乡镇政府必须根据党的路线、方针、政策和国家法律、法规，领导农村的政治、经济、文化和其他有益农村建设的各项社会活动。结合乡村治理的主体、客体及环境等因素，按照职权内容的特点，乡镇政府的职能可以概括为以下四项，即经济发展职能、公共服务与社会管理职能、民主政治职能、执行与协调职能。

(1) 经济发展职能。主要包括参与制定本行政区域内的经济和社会发展规划并组织实施；协调各村、各经济组织间的关系；保障各经济组织和个体户的合法经营权益，并监督他们认真执行相关法律；保护公民合法的私有财产，打击经济犯罪活动；管理乡镇财政，指导各项经济管理工作；管理和推广农业科技成果。

(2) 公共服务与社会管理职能。主要包括基础设施建设、农业服务、社会管理等方面，现阶段为乡村提供公共产品服务成为乡镇政府的主要职能，既要积极提供也要进行社会管理，保证各项服务以及工作的正常开展。

(3) 民主政治职能。主要包括以下两个方面：加强对公安、司法工作的领导，依法打击不法分子；进一步推进以"村民自治"为主体的乡村民主建设。

(4) 执行与协调职能。贯彻执行党和国家的路线、方针、政策等，对上级下发的决定、命令和各项任务要认真执行；要注意协调上下、左右、内外关系，处理好各方面的矛盾和利益。

第三，结合各项专门法律的规定来看，与县级以上各级政府相比，乡镇政府的职能具有自己的鲜明特征。具体来说：

(1) 执行性。乡镇政府既是我国乡镇政权权力机关的执行机关，又是我国行政体制的最基层行政机关。它既要执行本级人民代表大会的决定，又要执行上级国家行政机关的决定和命令，还要执行乡镇党委的指示。党的路线、方针、政策和国家的法律、法令以及上级行政机关的命令都要通过乡镇政府来贯彻执行，并具体落实到广大人民群众中去。因此，乡镇政府行使职能具有明显的执行性。

(2) 综合性。乡镇行政区域是我国最基本的独立行政单元，"麻雀虽小，五脏俱全"。根据《地方组织法》的规定，乡镇政府根据乡镇人民代表大会通过的本行政区域内的经济和社会发展计划，管理本行政区域的经济和社会发展，管理本行政区域的经济、教育、科学、文化、卫生、体育事业和财政、民政、公安、司法行政、计划生育等行政工作。因此，乡镇政府的职能内容具有明显的综合性。

(3) 直接性。乡镇政府作为我国最基层的行政组织，它没有下属行政组织，直接同人民群众发生关系，承担直接治理职责，其管理方式具有明显的直接性。由于乡镇政府直接面向广大农户，管理工作事多、事小、事杂，而且许多工作必须和农民面对面进行宣传、说服、教育。因此，乡镇政府在履行其职能的过程中更要注意自身的形象，工作更要走群众路线。

(4) 非完整性。乡镇行政体制不像中央、省、市、县那样功能完备，机构齐全，“条块分割”问题在乡镇尤为严重。乡镇政府的权力往往被县级以上各级政府在乡镇的派驻机构所肢解，因此，乡镇政府在履行职能的过程中往往受到极大的限制，表现出极大的非完整性。

总之，乡镇政府作为国家政权在乡村基层的代理者，在乡村治理过程中扮演着国家政策执行者、乡村发展引导者和农民生活帮扶者的重要角色，其主要任务是以完成国家必要管理职责和解决乡村社会公共问题为导向，为广大农村提供所需的公共产品和公共服务。但实践情况如何，有待调查得出结论。

第二节　江苏省乡镇政府乡村治理职能运行的现实状况

为了解江苏省乡村治理中乡镇政府职能运行的现实情况，本课题组开展了实证调查。就全国而言，江苏省整体经济发展水平、发展速度都名列前茅，而且省内由于社会、经济发展程度不同，乡村治理也存在较大差异。就经济发展较快的苏南地区而言，乡村治理已经不再具有传统农村的特色，而苏北地区仍然保留了传统农村的典型特征。本次调研在苏南苏北各选取两个典型地方发放问卷，苏南是常熟市尚湖镇河金村与无锡市江阴市南闸街道龙运村，苏北是宿迁市沭阳县汤涧镇汤涧村与淮安市淮安区仇桥镇。同时，调研还在多个地方对大量乡镇干部与村干部开展访谈。

本次调查时间为 2013 年 7 月 5 日至 2013 年 8 月 10 日，并且在 2013 年 9 月中旬进行了补调查。本次调查实际发出问卷 80 份，实际收回有效问卷 72 份，有效比例达 90%。从农村公共产品供给中乡村关系状况的调查问卷情况可以看出：从调查对象的年龄分布看，年龄小于 50 岁的村民占到 65.3%；从调查对象的文化水平看，处于初中和高中阶段文化水平的村民占到 68.1%，处于其他文化水平阶段的相对较少；从调查者的身份看，村干部和乡镇干部占到了 23.6%(表 2-1~表 2-3)。

表 2-1 调查对象年龄分布

年龄	人数	占比/%
35 岁以下	16	22.2
36~50 岁	31	43.1
51~59 岁	14	19.4
60 岁以上	11	15.3
总计	72	100

注：数据来源于实地调查。

表 2-2 调查对象文化水平分布

文化水平	人数	占比/%
不识字或者识字很少	3	4.2
小学	7	9.7
初中	21	29.2
高中	28	38.9
中专	8	11.1
大专及以上	5	6.9
总计	72	100

注：数据来源于实地调查。

表 2-3　调查对象身份统计图

身份	人数	占比/%
未选	1	1.4
务农	10	13.9
打工	27	37.5
村干部	8	11.1
乡镇干部	9	12.5
个体户	14	19.4
退休人员	2	2.8
其他	1	1.4
总计	72	100

注：数据来源于实地调查。

调查内容包括：针对乡镇政府工作职能重心的调查、乡镇政府与村两委的关系以及村庄事务决策模式三部分。

第一，关于“乡镇政府职能重心”的调查包括两个主题，一个是直接对工作重点进行调查，另一个是税费改革之后乡镇政府日常工作重点的转移。

(1) 从对乡村干部及调查问卷的情况看，关于“本地乡镇政府的实际工作重心”问题，回答“维护地方稳定”的高达 83.3%，回答“发展地方经济”的高达 75%，可见，地方政府对于当地经济发展与社会稳定相当重视，而对于提供公共服务、贯彻政策法规及其他职能不够重视(表 2-4)。

表 2-4　乡镇政府实际工作重点调查统计表

项目	频率	占比/%
维护地方稳定	60	83.3
提供公共服务	21	29.2
发展地方经济	54	75
贯彻政策法规	12	16.7
其他	1	1.4
总计	148	

注：数据来源于实地调查。

在访谈中，我们收集到如下资料：“我们现在镇上的任务就两点，就是发展经济和维稳，经济和我们的绩效工资挂钩，经济发展不好，我们的一些福利就没有。维稳就更重要了，上面的要求严格，下面就想方设法来完成，像我们镇上的一些干部，要经常出差拦访，甚至常驻北京、南京等地。”“我所在的地方，去年由于一个人去北京上访了，市里面点名批评，直接把镇领导给换了，后来大家都非常重视了，列出一个黑名单，天天打电话给村里面，问这些人一天都干了什么，在不在家，时刻关注他们，生怕出现纰漏。”这也验证了问卷数据的真实性。

(2) 税费改革会促使乡镇政府的日常工作重点发生转移，通过调查可以看出，关于“乡镇政府的工作重点”问题，“筹措经费保证乡镇政府工作运转”、“发展经济”及“化解纠纷、维护社会稳定”所占的比重较高，分别为30.6%、84.7%和79.2%；而对于“完成计划生育任务”、“防火抗旱、安全生产”等方面的比重较低(表2-5)。

表2-5　税费改革后乡镇政府日常工作重点转移调查

项目	频率	占比/%
筹措经费保证乡镇工作运转	22	30.6
发展经济	61	84.7
化解纠纷、维护社会稳定	57	79.2
完成计划生育任务	18	25
防火抗旱、安全生产	6	8.3
总计	164	

注：数据来源于实地调查。

第二，关于乡镇政府与村两委的关系，本次调查设计了三个问题，分别是：“乡镇政府与村委会的关系问题”、“村委会是否应该无条件服从乡镇政府的决定的问题”以及“村两委的关系问题”。

(1) 关于“乡镇政府与村委会的关系问题”，访谈中认为两者之间是“领导与被领导”的占40.3%，认为是“指导与被指导”的占19.4%，认为是“既领导又指导”的占9.7%，认为是“双边互动、合作治理”的占23.6%。当回答“您是否认为应该改变现有的乡镇政府与村委会领导与被领导的关系”时，接近八成的村民认为不应该改变，并认为这种关系有助于乡村发展。而且在乡镇干部与村干部之间存在观点的差异，访谈中，大部分乡镇干部认为，乡镇政府与村委会的关系是“指导与被指导”的关系，但大部分村干部则认为，两者之间在日常运作中是“领导与被领导”的关系，并且觉得这种关系有利于乡村社会的发展。由此可见，乡村两级干部对《村民委员会组织法》规定的乡村关系的认识存在差异，在实际工作中不能明确界定两者的关系。可以看出，大多数村民对乡镇政府与村委会之间关系的认识还仅仅处于传统的乡村关系阶段，没有当家做主的意识，不利于村民自治的推行和新农村建设的开展(表 2-6)。

表 2-6　“镇政府与村两委是什么关系”调查表

选项	频率	占比/%
领导与被领导	29	40.3
指导与被指导	14	19.4
既领导又指导	7	9.7
双边互动，合作治理	17	23.6
不清楚	5	6.9
总计	72	100

注：数据来源于实地调查。

(2) 关于“村委会是否应该无条件服从乡镇政府的决定的问题”，访谈中，52.9%的乡村干部都认为“应该分情况，具体问题具体分析”，而普通村民中有 52.7%的人认为村委会应该无条件服从乡镇政府的决定，有 21.8%的人认为不应该，只有 25.5%的人认为应分情况(表 2-7)。

表 2-7　“村委会是否应该无条件服从乡镇政府的决定”调查表

选项	频率		占比/%
	乡村干部	村民	
是	5	29	47.2
不是	3	12	20.8
视情况而定	9	14	31.9
总计	17	55	100

注：数据来源于实地调查。

而关于乡镇政府与村两委关系紧密的原因调查中，认为村两委执行乡镇政府的政策以及合作为村民服务两项占据比例最高，72 个人中就有 51.4%同意乡镇政府与村两委是政策执行的关系，而且正是政策执行使之关系紧密；47.2%的人认为乡镇政府与村两委为了合作提供公共服务因而关系紧密(表 2-8)。

表 2-8　乡镇政府与村两委关系紧密的原因

原因	频率	占比/%
村两委的工资由乡镇政府发放	21	29.2
政策执行	37	51.4
具有项目上的共同利益	22	30.6
私人感情好	7	9.7
合作为村民服务	34	47.2
总计	121	

注：数据来源于实地调查。

(3) 关于“村两委的关系问题”，调查显示，66.7%的被调查者认为村两委关系“好”，加上“一般”的占据了 95.9%。在普通村民看来，村两委是一个整体，“两块牌子，一套班子”的现象很正常，一般能做到行动一致(表 2-9)。

表 2-9　关于村两委关系的调查表

选项	频率	占比/%
未选	1	1.4
好	48	66.7
一般	21	29.2
矛盾较大	2	2.8
总计	72	100

注：数据来源于实地调查。

第三，关于村庄事务决策模式，本调查设置了七个选项，分别是：

(1)“村庄公共事务由乡镇政府和乡镇党委指示确定”；

(2)“村庄公共事务由两委共同决定”；

(3)“村庄公共事务由村委会开会决定”；

(4)“村庄公共事务由村支部开会决定”；

(5)“村庄公共事务由村民代表大会开会决定”；

(6)“村庄公共事务由村民理事会或其他组织决定”；

(7)“村庄公共事务由村两委邀请村民代表共同决定”。

从 SPSS 多响应交叉表分析结果来看(表 2-10)，按响应次数从高到低排列为：“村庄公共事务的决策模式是乡镇政府和乡镇党委指示”响应 59 次，“村庄公共事务的决策模式是两委共同决定”响应 52 次，“村庄公共事务的决策模式是村两委邀请村民代表共同决定”响应 44 次，“村庄公共事务的决策模式是村民代表大会开会决定”响应 42 次，“村庄公共事务的决策模式是村委会开会决定”响应 42 次，“村庄公共事务的决策模式是村支部开会决定”响应 36 次，“村庄公共事务的决策模式是村民理事会或其他组织决定”响应 17 次。

这说明在江苏乡村治理中，村庄事务决策综合运用了乡镇政府和乡镇党委指示、两委共同决定及通过召开村民代表大会开会决定，以及村委会开会决定、村两委邀请村民代表共同决定、村支部开会决定等多种决策模式。

表 2-10　村庄公共事务决策方式

			填卷地点		总计
			苏南	苏北	
村庄公共事务决策方式[a]	村庄公共事务的决策模式是乡镇政府和乡镇党委指示	计数	29	30	59
		村庄公共事务决策方式内的%	76.3%	88.2%	
	村庄公共事务的决策模式是两委共同决定	计数	27	25	52
		村庄公共事务决策方式内的%	71.1%	73.5%	
	村庄公共事务的决策模式是村委会开会决定	计数	21	21	42
		村庄公共事务决策方式内的%	55.3%	61.8%	
	村庄公共事务的决策模式是村支部开会决定	计数	17	19	36
		村庄公共事务决策方式内的%	44.7%	55.9%	
	村庄公共事务的决策模式是村民代表大会开会决定	计数	25	17	42
		村庄公共事务决策方式内的%	65.8%	50%	

续表

		填卷地点		总计
		苏南	苏北	
村庄公共事务的决策模式是村民理事会或其他组织决定	计数	8	9	17
	村庄公共事务决策方式内的%	21.1%	26.5%	
村庄公共事务的决策模式是村两委邀请村民代表共同决定	计数	21	23	44
	村庄公共事务决策方式内的%	55.3%	67.6%	
总计	计数	148	144	292

注：百分比和总计以响应者为基础。a. 值为 1 时制表的二分组。数据来源于实地调查。

由表 2-10 可知，苏南、苏中村庄决策模式大致相似，主要以乡镇政府和乡镇党委指示、两委共同决定、村民代表大会开会决定、村委会开会决定等模式为主。

通过实地调研发现，目前的乡村关系在实际生活中存在着各种问题：乡镇政府与村委会的实际工作任务与法律规定的职责任务存在偏差；乡镇政府与村两委之间关系存在偏差；村民自治水平较低；村庄事务决策对乡镇事务的依赖性较强，这样体现出来的就是乡镇政府职能出现了“缺位”、“越位”、“错位”等偏差，以至于扭曲了规范上的乡村关系，也无法真正实现村民自治，具体问题如下所述。

第一，越位：乡镇政府对村民自治的干涉。

所谓“越位”，是指政府干预了不该干预的事，越过了它的职权范围。《村民委员会组织法》明确规定，乡镇政府与村民委员会之间并不是行政上的隶属和领导与被领导的关系。但是在现实中，我们总是发现乡镇政府把村民委员会作为自己的下属机关随意安排行政任务，肆意干涉村民自治范围内的事务，影响村民民主选举，甚至为了方便工作开展，直接指定村级领导人，对村民选举出的领导人不予承认，或不予交权，企图把村级民主决策、民主管理的权力收归乡镇政府。

第二，缺位：县乡间的压力型体制、条块结构、党政不分对乡镇政府职能的肢解。

所谓“缺位”，指的是应该是政府管的不管，管理出现了真空和盲点。首先，目前县乡之间主要是一种“压力型体制”。县政府通常将各项社会经济发展任务，细化为各种指标分解下达给乡镇，并与乡镇政府签订目标考核责任书。由于这些任务及其指标的主要评价、考核方式采取“一票否决制”，将乡镇政府领导人的升迁、奖惩与之挂钩，无形中形成了一种自上而下的压力，乡镇政府在压力的“逼迫”下不得不将主要精力放在完成上级交办的任务中，成了对上负责的政府，而疏于乡村治理和乡村发展。其次，条块结构和财权与事权的不匹配肢解了乡镇政府的职权，使其不能成为一级完备、统一、效能的政府。所谓条块结构，就是指乡镇政府与县级政府职能部门设在乡镇的“七站八所”之间的关系状态。目前，这些机构有些依旧由县级政府部门直接管理，它们在一定范围内承担着属于本部门或本行业的行政管理职能。更为重要的是，这些站所都是有利可图，能够创收的部门，它们的存在使本来就十分紧张的乡镇财政“缺水断粮”，乡镇债务日益增加。这些机构的存在，一方面肢解了乡镇职权；另一方面，抢夺了乡镇的财权。权力的“分崩离析”使乡镇政府无法有效地领导和管理本区域内的政治、经济、文化、社会等各项事业，而使乡镇政府陷入合法性的危机之中。最后，乡镇建制内的党政不分、以党代政使乡镇政府的权力再次受到剥夺，而因管理不善成为众矢之的。乡镇党委作为党在农村的基层组织，不是一级国家行政机关，不能包办乡镇政府的具体工作。乡镇党委与政府之间是政治、思想、组织上的领导关系，而不是决策与执行的关系。在新的历史时期，乡镇党委应该主动适应基层民主发展的要求，从乡镇的具体事务中解脱出来，将其主要职能放在对乡镇组织的政治领导和工作协调上来，以切实加强党的领导。

第三，错位：政企不分、政事不分。

所谓“错位”，就是指管了不该管的事。在一段时期内，乡镇企业也曾经历了短暂的辉煌，还曾被许多学者和政府官员们誉为“继家庭联产承包责任制以来的农民在实践中摸索所取得的第二大成果”，也称“第二次革命”。尔后，由于各种因素，不幸病入膏肓。乡镇企业自“出生”起，就与乡镇政府结下了不解之缘，以至于虽然经过后来的乡镇企业的改制，政府并没有失去对企业的占有、决策、处分和收益等权利。乡镇政府的自利性使其沦为了“营利性经纪人”。裁判员与运动员的双重角色使其在与其他私营企业中拥有无与伦比的绝对优势，却也遭来更多的批评与指责。政企不分既不利于乡镇企业的发展，也不利于乡镇政府行政效率的提高。

第三节　江苏省乡镇政府乡村治理职能运行的个案考察

本次调研在苏南以常熟市尚湖镇、江阴市南闸街道龙运村为代表，在苏北以淮安市仇桥镇三角墩村和汤涧镇汤涧村为代表，分别通过这几个乡镇所发生的事情来刻写江苏省乡镇政府的职能运行，村庄的选择照顾到了苏南苏北不同地区发展的代表性。

一、个案之一：对比鲜明的村委会换届选举

1. 苏州常熟市尚湖镇河金村村委会换届选举

1）尚湖镇河金村简介

图 2-1　尚湖镇地图

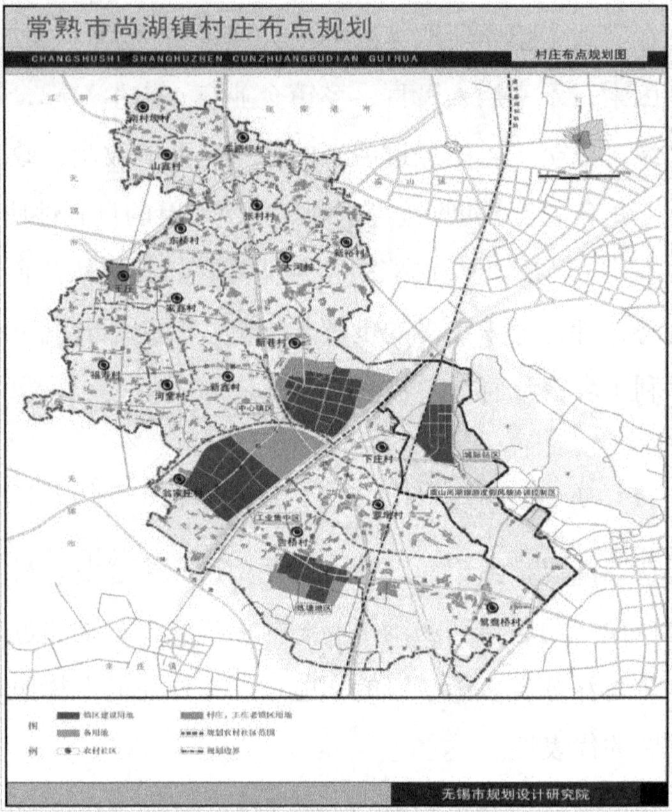

图 2-2　尚湖镇村庄布局

图 2-3　尚湖镇人民政府

常熟市尚湖镇河金村位于尚湖镇行政中心西南 5 公里，距苏虞张一级公路 4 公里(图 2-1)。东临新鑫村，南临翁家庄村，西临福寿村，北临家鑫村(图 2-2)。全村区域面积 2.34 平方公里。现有耕地 3500 多亩，6 座小型电灌站，水渠

7.3 公里。全村共有村民 583 户，农户在册人口 2143 人，其中党员 105 人，有 27 个村民小组(其中：河西巷 16 个组，金家桥 11 个组)，20 个自然宅基。村级可用财力 287 万元。村级全年支出 200 多万元，主要用于公共设施、福利性、医保支出、大环境卫生、现任(离岗)干部的报酬、征兵、治安等，全年收不抵支。全村现有工业企业 15 家，工业主要产品有超市货架、外销超市手推车。规模企业 5 家，2011 年实现工业产值 32 000 万元，销售 30 000 万元，利税 3200 万元，就业人员 880 人。农村养老保险覆盖率达 99.2%，农保转城保达到 70%以上，全村医疗参保率 100%。有线电视入户率达到 98%，水、电、通信到户率、卫生户厕率、生活垃圾处理率均达到 98%以上，目前建有社区用房、卫生服务站、警务室、老年活动室。对河西巷进行了老村改造和村庄绿化。该村还每年投入经费 20 多万元进行村庄整洁。

多年以来，河金村坚持以“增长经济、服务全民”为发展理念，工业经济始终保持了稳定高增长的良好态势，主要经济指标年均增幅均达到了 10%以上，经济规模日益壮大，全村目前共有各类企业 30 家，其中年销售在 500 万元以上的规模企业有 10 家，村以工业园区为载体，以超市货架、手推车、钢管等产品为主导的工业产业布局基本形成，经济结构较为合理，而且具有较强的发展后劲。除了经济发展，河金村在社会事业、党的建设、精神文明建设等各项事业也不断增强。全村数字电视入户率、自来水入户率、改厕率均达到了 100%，农村基本养老保险率达到了 100%，合作医疗参入率达到了 100%，农村居民老有所养，病有所医，村民收入稳步提高，村民人均纯收入年均递增 12%以上。村民的精神食粮也得到了充实，村委会还成立了文体中心、千册图书室、篮球场、党员服务中心等，潜移默化中，全体村民的素质不断提高。多年来，河金村被评为江苏省卫生村、江苏省文明村、江苏省生态村等。

2) 案例过程

图 2-4 我们在调研

图 2-5 选举现场

2010 年 9 月初，江苏省第九届村委会换届选举工作拉开帷幕。尚湖镇河金村开始组织村委会的换届选举工作。根据省里的安排，10 月份要对换届选举工作进行部署，因此河金村首先选举出此次换届的选举委员会。河金村一直以来都是以村党委的名义，在尚湖镇选举办公室的领导下，按照一定的方式来选举委员会。选举委员会一般由 3~5 人组成，由村书记负责指导。11 月份时开展宣传发动和选民登记、核对工作，这时村民组长发挥主要效能。在整个换届选举的过程中，村民组长起到上传下达的作用，可以说村民组长在河金村非常重要，一来也方便村务管理，使村内各地域都有决策的执行者，二来便于村干部了解村内各地域情况，能够集中反映小组内存在的问题，提高工作效率。

江苏省在试行“无候选人一票直选”，河金村就在试点范围内。因此发到村民手中的选票都是空白选票，村民可以充分表达自己的意见，任意填写自己认为适合某职位的人选。河金村的村委会由一名主任、两名副主任、两名委员组成，这个职位安排是由乡镇定下来的。村民只需在每个职位后面填上推荐的名字即可。河金村村民提名的人选并不在全体村民前做候选演讲，而是由村里组织各村民组长、老干部、镇政府工作人员以及镇上主要工厂老板作为代表，被提名人选需要在这些代表面前做候选演讲。代表的组成既考虑了河金村各地域分布，也考虑了男女搭配，还将与河金村政治经济相关的人员都组织到了一起。

2013 年 12 月 2 日，选举委员会正式组织选民投票，新一届村委会即将产生。选举前一天晚上，村委会让各村民组长挨家挨户进行通知，确保第二天的选举能有最多的村民到场，以保证此次选举的有效性。此次选举设立一个主会场，在主会场中放置若干个票箱，同时安排工作人员，以维持场内秩序及选举的顺利进行。

选举大会由村书记主持。正式选举开始时，有一名由尚湖镇派来的干部亲临现场，并发表讲话，以显示镇上对村里事务的关心，同时起到监督指导作用。这名干部的身份是联谊干部，平时主要分管镇与村之间的联谊活动，镇干部在选举开始前的讲话中并没有暗示性的话语，比如期望看到什么样的投票结果或者哪位被提名人更符合镇上的决定，保证了选举的公正性。

讲话完后就由主持人安排投票，到 11 点多钟投票过程结束。河金村的工作人员即刻对票数进行了当场统计，并现场公布，超过 50%选票的即当选新一届村委会委员。此次选举工作诞生了新一届村委会(表 2-11)。村党支部的换届选举工作则在 8 月底就已经完成。

表 2-11　村干部分工明细

姓名	职务	主要分工
王卫明	书记	主持党总支全面工作
钱云	副书记、村主任	主持行政全面工作
陆正龙	副书记、副主任	负责宣传、农业、环境卫生、环保等工作
范建芬	支委委员、村委委员、主办会计	负责经济核算、财务统计、资产管理、社区股份制管理、民政等工作
须丽丹	村委委员、协管员	负责劳动保障、合作医疗、档案、兼管全村台账等工作
陆静华	村委委员、妇女主任	负责计划生育、妇女、卫生村台账等工作
徐海兵	民兵营长	负责党务、民兵、大环境、农业、综治等工作
徐铭	团支部书记	负责团支部、安全生产、台账等工作

3) 案例分析

本案例描绘了乡政村治的较为理想的状态。河金村选举委员会的诞生，是以村党委的名义，在尚湖镇选举办公室的领导下，根据相关文件产生的。并且这个选举委员会是由村书记指导的。河金村的村委会职数由村民代表会议决定，一方面，在一定程度上是村民行使自治权的表现；另一方面，也由于村民以及村民代表会议对本村情况的熟悉，而使职数的确定更加符合村庄的实际情况。整个案例中都能看出村民自治以及乡镇政府对村委会选举的支持与配合，因此体现了较为理想的乡村关系。

另外，尚湖镇河金村的选举也证明了“无候选人一票直选”的可行性。作为“无候选人一票直选”的试点，在进行村委会的换届选举时，村民可以充分表达自己的意见，任意填写自己认为适合某职位的人选。河金村村民提名的人选并不在全体村民前做候选演讲，而是由村里组织各村民组长、老干部、镇政府工作人员以及镇上主要工厂老板作为代表，被提名人选需要在这些代表面前做候选演讲，第二天在尚湖镇派来的干部亲临现场监督指导的条件下，由村民公正的投票。村干部直接由村中的村民决定，而乡镇政府仅仅派遣主要分管镇与村之间的联谊活动的联谊干部负责监督工作，同时显示镇上对村里事务的关心，对具体的人事选举不做干预。“一票直选”使村民更加珍惜自己的权利，慎重投票，选出自己心目中的“当家人”。这对增强村民的民主意识，提高参选的积极性无疑会大有裨益，进而推动基层民主建设的深入发展。另外，“无候选人一票直选”也能够适应当前我国大量农村村民外出务工、不愿耗费太多时间投票等实际情况，降低了选举成本，节约了选举时间，扩大了选举透明度，是适应我国基层民主自治制度现实需要的模式。

2. 淮安市仇桥镇三角墩村委会换届选举

根据本次调查，体现良好乡政村治关系的案例属于少数，包括苏南在内的大部分村庄在换届选举时都受到乡镇政府的干预，其中淮安市仇桥镇三角墩村委会换届选举代表了大多数村委会选举现场。

1) 淮安市仇桥镇三角墩村简介

仇桥镇位于江苏省淮安市淮安区，靠近苏北灌溉总渠，327 省道横贯东西，新长铁路横穿境内。镇总面积 72 平方公里，拥有耕地 5.5 万亩，水面 5000 亩，人口 4.3 万人，下辖 15 个行政村(仇桥居、三门居、汴塘、贺刘、三里荡、史桥、长沙、三角墩、倪桥、高仇、晶墩、南徐、水晶、南涧、北涧)，250 个村民小组。镇区规划面积 2 平方公里，已建成 1 平方公里，集镇人口 1 万余人，建有商联超市、农贸市场、休闲中心、居民小区等场所。

如同大多数苏北小镇，仇桥镇以农业为主，农业产业夏季主要种植水稻，拥有优质稻米基地 4.7 万亩，有省级示范机插秧耕地，主要在贺刘村和史桥村；冬季主要种植小麦，也有部分土地耕种玉米、大豆，水产品以鱼蟹为主，畜禽以生猪、鸡、鸭、鹅为主。工业产业方面，仇桥镇基础较弱，镇工业园区位于集镇西首，规划面积 0.5 平方公里，现主要有纺织厂、皮具厂、电子加工厂等企业。

图 2-6 仇桥镇人民政府

2) 村委会换届选举经过

20 世纪 90 年代之后，仇桥镇三角墩村的很多年轻人陆续都选择外出务工，由于发展过程中的南北差异，因此外出务工地点以苏南为主。这就导致了村里剩下的老人、妇女、儿童逐渐增加，青壮年逐渐减少，慢慢地出现了“386199”部队。同时每年春节过后，会有苏南或外省的企业去镇里招工，每年都能招到大批的人一起外出。但是，随着新农村的推进，情况发生了变化，由于离乡镇比较近，交通相对比较方便，加上各地的新农村建设都开始招商引资，开始“筑巢引凤”，国家也对这些企业给予各种政策上的支持，比如提供税收的优惠或者土地使用权的优待等，有的甚至是免费获得土地的使用权，这些都为当地未来的发展道路埋下了伏笔。很多苏南地区的企业本来是来当地招工的，最后却把自己“招”进去了，在当地开厂办企业。

在这一背景下，当地的村委会选举被暗箱操作了。村干部的选举都是镇领导在主持，候选人的提名没有了，变成了村民对一份来路不明的名单进行的投票。即使投票也是形同虚设，因为村干部的选举早已被内定，用村民的话说就是“变相地上级任命”，这样，村干部的选举流于形式。“选举大都只是个形式，村支书已经内定了，找几个大学生村官陪衬一下，走走程序，但有时候内部意见不一致的时候，反而会把陪衬的给选上了，镇上也只有任命那个陪衬的了，如果村里开会村民是不大会去的，但是村干部说，去的人有一袋洗衣粉时，大都村民会去的。”镇干部主导了整个选举过程，不管是选举还是宣布任命都是镇领导在控制。

图 2-7　仇桥镇三角墩村换届选举镇领导主持

图 2-8　仇桥镇三角墩村换届选举场面

图 2-9　仇桥镇三角墩村任用新村干部镇结合干部到村宣布(一)

图 2-10　仇桥镇三角墩村任用新村干部镇结合干部到村宣布(二)

在 2013 年 5 月村委会换届选举中选出的村干部就是为了招商引资的目的，选出的都是“听话”的村干部，这些村干部在之前的征地工作中做出了很大的“贡献”。当地征地补偿一次性补助 18 000 元/亩，村民不太满意，因为这给之后的生活带来了很大的困扰，因此村民对征地都很抵触。对此，村干部联合镇政府想了一个办法，村干部和镇政府的相关干部在两年前的农耕时候通知村民，在某处一定范围的土地里，村民无条件地不能耕种了，并且派人专门守着。村民刚开始反应很激烈，但是村干部和镇干部以农村耕种土地是村集体用地，隶属国家，现在这片土地上级要求先不能种植，之后会给予补助(后经村民反映，在此范围有所有地的农户每户发了 800 元钱)。因为国家取消农业税之后，村民对土地的依赖性有所降低，所以时间长了也就不再过问，也不知道这片地到底要做什么，一大片土地就此荒芜。大约两年半过后，也就是 2012 年底，这片土地上突然来了一群人，之后是各种挖土机、拖拉机等，农民才反应过来，去村委会和乡镇政府讨说法，此时，镇政府官员的态度发生了转变，强硬地告诉村民：“这片土地已经荒芜 2 年以上，根据《中华人民共和国土地管理法》的规定，荒芜土地应该由县级以上政府收回土地使用权，这片土地的性质已经发生转变，使用权已经归某公司所有，用来办企业……”镇政府又提出了所谓的补偿办法：每户一次性补助 5000 元，签订转让土地合同，这合同是签了有钱，不签的一分钱没有也不会归还土地。这合同由村委会牵头，限定一个月内完成。虽然镇政府的条款相当苛刻，但是在现实面前，百姓毫无办法。

3) 案例分析

该案例中的乡镇政府与村民委员会的关系就是“领导与被领导”的上下级行政关系，而不是“指导与被指导”的关系。在案例中村民对村干部的选举已经流于形式，乡镇政府通过在村干部中培植自己的代理人实行对村的间接控制。并且在制度上，村级治理的“一把手”村党支部书记，在较大程度上就是由乡镇直接任命的，而村党支部书记直接影响村民委员会中各级干部的产生，这更大程度上地加大了县镇政府干预村干部选举的范围和权利。同时乡镇政府还可以对村民委员会成员资格条件进行限制，使他们认为“听话的”、“有能力”的人当选。村民委员会在村级事务中缺乏应有的自主性，主要工作在于完成乡镇政府布置的任务。

本案例中也体现了乡镇政府对乡村发展的干预。乡镇政府下达给村民委员会各种指标，并要求其必须完成任务，以此作为评定先进村和选拔村干部的标准。即案例中的土地转让合同的签订。乡镇政府和村干部为了搞政绩，没有征询当地居民的同意而强制采取诸多措施。在案例中，仇桥镇三角墩村的乡镇政府为了提高当地乡镇的经济发展水平，没有征询村民的同意强征土地改成企业的建筑用地。可见，在乡镇政府的干预下，村民自治已经流于形式。

二、个案之二：乡镇政府在乡村治理中的不同角色

1. 江阴市南闸街道龙运村大棚保险制度的推行

1) 南闸街道龙运村简介

南闸街道位于江阴市南郊，地处美丽富饶的太湖平原、经济繁荣的苏锡常腹地，辖区面积 45 平方公里，现有耕地面积 23 000 亩，林地 8000 余亩，

山地资源十分丰富。南闸街道下辖 11 个行政村(含 2 个社区居民委员会)，户籍人口 4.8 万人，外来人口 2.5 万人。

南闸投资兴业发达。此地交通便利，距国家一类开放口岸江阴港和张家港仅 6 公里和 11 公里，距锡澄高速、新长铁路道口仅 3 公里，锡澄公路和徐霞客大道穿街而过，建设中的海港大道和江阴大道、规划中的锡澄轨道交通等交通主动脉都经由南闸。此地经济发展，街道经济总量再创新高，产业结构更趋优化，传统造纸印刷及化工行业变小，机械电子及生物制药、风能电力等新兴产业日益增大。这里，市场繁荣，街道拥有建材、家具、灯饰、金属材料等 8 个专业市场和 4 个年销售超亿元的商贸流通企业。金三角广场和中关村数码广场两翼齐飞，特别是金三角家居村的“十里家居村、百万建材城”已横跨紫金路南北，沿徐霞客大道拔地而起，建成投用后，将实现老“金三角”品牌的华丽升级和漂亮转身。

图 2-11　我们在调研

图 2-12　镇社区服务中心

图 2-13　龙运村村委会

图 2-14　龙运村的现代化农业

近年来，街道大力实施农业精品计划，坚持走都市型、生态型发展之路。

发挥拥有充足的山地资源、生态资源的优势，加快打造以城市“菜篮子”、“果盘子”、“茶罐子”为主要内容的都市休闲农业。全街道已有狮子山、望湖、荣华三大生态园，高效农业面积 14 550 亩，各类专业大户 783 户。规划在建的 5000 亩蔬菜基地，蔡泾蔬菜基地 2012 年已完成基本建设，2013 年主要是完善配套措施，发挥蔬菜专业合作社作用，申报无公害品牌，着手尝试产销一体化服务，南闸、龙运蔬菜基地已完成一期建设，并组建了南农蔬菜专业合作社。

龙运蔬菜基地作为南闸街道的明星产业，一直以来均有不菲的产量和稳定的经济增长，并由此吸引了众多外来人口前来从事农业活动，进行耕种。然而，近几年江苏省气候往往出现一些意想不到的变化，也致使龙运蔬菜基地多次遭受打击，农产品质量与数量出现问题。发展蔬菜大棚是农户增收的有效途径之一，因此，2008 年江苏出台了《江苏省农业保险蔬菜大棚保险条款》，为农户蔬菜大棚生产提供了保障。

2) 案例经过

自从《江苏省农业保险蔬菜大棚保险条款》颁布后，江苏省各市县、乡镇均开始推行大棚保险制度，并将这一保险作为“业绩”纳入了政府的财政收入中。

南闸街道政府作为镇一级政府，是基层政府政权，其要求其所辖乡村按期上缴固定份额的大棚保险费，如若完成不了指标，那么下一年度的村外来人口耕种准入就会受到影响。这一不成文的规定是通过以下几阶段而最终形成的。

第一，上级政府要求各村农户均要缴纳大棚保险费，作为农户的一项基本开支，既为自身保障利益，又可增加政府财政收入。这一要求层层下达，最终落实到南闸街道办事处。然而，街道下辖 11 个行政村，若由街道统一进行费用的收取与农户的说服工作，既不现实也难以操作。因此，街道便将任务进一步分配给各村民委员会，勒令各村民委员会对自己的民众进行讲解、说服、费用收取等工作，并择期向街道办事处汇报工作、反馈任务进度。

第二，龙运村农民接触大棚保险费时间较短，只有不到五年的时间，而之前农民们从来不会想到要给蔬菜和农产品上“保险”。况且，大棚保险费用并不是一笔很低的费用，诚然遇到灾害天气保险会有保障作用，但是农户往往相信天时必有自然规律，根据历年的经验不可能出现连年荒灾、收成俱损的现象。这样，内心的传统观念无法说服加之对自然规律的笃定，使得农户对缴纳大棚保险费十分的抗拒，心存不满。

第三，龙运村的农田除了由本村居民自己耕种外，还有许多外来人口进行承包经营，这些外来人口必须获得当地政府办理的准入资格证方可进行农事劳动。而每年的准入资格是有一定限制的，不是所有的外来人口均能够在自己想要的地方、自己想要的时间达成自己想要的目标，这是由街道办事处来宏观把握的。

综合以上过程我们可以得出：①大棚保险费是硬性指标，一定时期内必须收齐一定数额；②农户不愿意缴纳大棚保险费，内心抵触，行动不配合；③外来农户准入资格由街道办事处负责。因此，在考虑了这样的现实情况后，南闸街道办事处出台了这样的解决方案：本地农户可自愿缴纳大棚保险费，而外来农户必须缴纳大棚保险费，如果不缴纳，那么不予以其承包准入资格。此外，如果某个村没有完成街道分配的保险费额度，那么其下一年的财政经费也会受到一定程度的影响。

通过这样一连串的连锁反应，南闸街道办事处很好地控制了农户的行为，使得自己在达成上级政府目标的同时，又在一定程度上安抚了本地农户的情绪，不至于造成大的抗议与动乱。

其实除了大棚保险费，街道办事处往往也将有关社会调查、提供公共服务等自身职权范围内的事务安排给村委会来达成。例如，2011 年本应由街道办事处来对辖区内居民的“村民对村建设的满意度和意见”进行调查，并对各村进行评比和考察。但是街道却将任务下达村委会，一是龙运村村民对其这一行为感到不满，拒绝配合调查；二是村委会干部担心村民带有情绪填写出来的问卷会与事实不符，影响村和自己的业绩考核。最终村委会成员自行填写了 200 份调查问卷。

可以想象，调查的真实性与可靠性是很低的，这次调查可以认为是无效的，只是为了完成任务亦或者说是“做作业”而已。村委会一方面想安抚民众，不逆群众意愿行事；而另一方面又想要顺从“上级”政府的命令与安排，因此也只能在中间弄虚作假、糊弄了事。这最终，到底是坑害了谁呢？

3）案例分析

从南闸街道与龙运村的现实来看，“乡村分治”所希望实现的“指导关系”并没有达成，在乡村治理中乡镇政府的权力无处不在。

一是，通过村民民主选举产生的村委会虽然名义上与乡镇政府是平等的主体，但实际上村委会仍然是低于乡镇行政的一级正式的行政建制，村委会不仅被期待解决村庄合作问题，从而达成村庄有序的目标，而且被期待协助乡镇行政办理各种自上而下的政务，以保持国家向农村社会渗透的能力。在访谈中，被采访者使用了一个词来描绘乡镇政府对村委会的态度：颐指气使。这充分说明了乡镇政府在乡村治理中的领导者地位。

二是，村干部对乡镇政府的态度存在问题。在访谈中，被采访者说“村委会干部想要巴结乡镇政府和官员”，而并不是单纯地以“村民自治”为旗帜进行自我管理，仍然是希望有机会可以提拔到更高一级的部门去工作。这可能一方面是由于乡镇党委与村党支部具有领导关系，而支部干部往往与村委会成员有所重叠、相互交织，从而造成一种错综复杂的人际关系网，使得村干部也对乡镇政府产生了依附和从属的心理；另一方面则可能是乡镇政府的确有心牵制或收买村委会成员，以达到让自己的政策和想法更好地落实到村中去的效果，这个过程中有可能伴以权力或利益上的许诺，从而使村干部有向其靠拢的倾向。

三是，龙运村村民自治的能力尚不够完善，集体行动能力有待提高。村民自治的核心，是通过建立以民主选举为中心的村庄民主制度，来达到村民自我教育、自我管理和自我服务的目的，或者说，村民自治的目标指向是村庄内部的，是要解决村庄内部村民之间的合作问题。通过访谈，可以发现目前龙运村村民的自治意愿虽强烈，但自治能力有所欠缺，在一些重大村务的决定方面会受到乡镇政府的掣肘而难以真正做到“自己说了算”，从而在乡村治理中仍然形成了对乡镇政府的依赖。

2. 常熟市河金村财政管理中的乡镇政府

河金村的情况上节已经有所介绍，因此这里不再赘述。河金村为我们提供了一个与龙运村政府角色承担情况截然相反的案例。

1) 案例经过

2012 年 12 月 28 日，河金村党总支部召开 2012 年工作总结及 2013 年度工作计划会议，对 2012 年度的工作进行总结，并制定 2013 年度的工作计划，其中农业方面的计划为继续做好水利配套工作，协调好土地流转后产生的矛盾，这是 2013 年度的一项重点工作。2012 年农田水利建设支出的决算额为 6.85 万元，因此在制定 2013 年度村级经济收支预算的时候增加为 10 万元。

农田水利工程是农村基础设施建设的重要任务，是粮食增产的“功臣”，农田水利的建设将直接关系到粮食的产量及老百姓的收入。然而，兴建农田水利工程需要大笔的投资。在河金村，村里面的财产由村自己保管，一般支出(2000 元以下)由村书记一支笔审批；2000 元以上 5 万元以下，则需要金融中心审核，以及分管镇长、分管财政的组长签字；5 万元以上的需要镇长签字。

图 2-15 河金村财政管理制度

2013 年第一季度河金村在农田水利建设方面已经支出 10 万元，即等于 2013 年度农田水利建设方面的预算。等到 4 月份申请资金使用的时候就遇到了麻烦，由于第一季度的资金使用已经达到预算额度，因此再次申请必然会超支。4 月份第一次申请一笔 3 万元的款项，没有被成功审批，被打回来了。但是考虑到农田水利建设的重要性以及目前部分水利工程仍在建设中，不能半途而废，必须要有资金将这项工作继续下去。村书记、主任、副主任、会计等人就此问题进行了商量，认为这笔资金不得不用，必须得批下来，为此，就目前农田水利的实际建设情况重新制定预算，预算额为 35 万元，同时与镇进行沟通，提交新的预算报告。镇相关负责人对河金村的实际情况进行了考察，认为情况属实，可以理解，这才完成了这笔款项的审批使用。

2013 年 7 月 12 日，河金村在村会议室召开民主理财会议，参加成员包括陈祖元、陆林保、王良大、须云保、夏忠刚、范建芬。由理财小组对河金村的财务情况进行审核，具体审查内容包括：查看 4~6 月财务收支情况；审查各项开支合法、合理情况；查看各企业半年度租赁费的收缴情况；审核二季度资产运用以及财务上墙公布情况；其他涉及村务公开事项核对。经理财小组审核，认为各项内容符合相关规定，财务手续健全，报批规范，半年度租金收缴正常进行，上缴及时，不错不乱，清楚正确。会议尤其对农田水利的建设进行了交流讨论，并提出了建议。

2) 案例分析

村财乡管制度是影响乡村关系的一项非常重要的制度。乡村关系之所以不协调，很大程度上在于乡镇与村之间利益的分配。乡镇干部作为一个独特的利益群体，在中国现行财税体制下，乡镇一级政府没有独立的财政权，乡镇开支全部由乡镇负担，因而只能在所辖各村汲取经济资源以满足其经济利益需求。无论是为了维护自己的政治利益，还是为了增进自身的经济利益，乡镇政府都有控制进而支配村级组织的内在需要。乡村之间存在一定的经济联系，当两者之间的关联程度较高时，乡镇政府会更多地倾向于对村的控制。在这个案例中，我们看到了积极的方面：乡镇政府正恰当地适度地发挥其指导作用、监督作用，而这正是村民自治制度应当达到的一种较为理想的状态。

在访谈中我们也了解到，河金村的财务实际上是由该村自己保管，乡镇政府拥有对单笔资产使用的部分审批权，同时每年对各村的资产情况进行考评。此外，还有民主理财会议对该村资产使用、报批等手续进行审核。这也是村财乡管的一种形式，即在钱的使用上实行“三权分立”，资金的使用权、管理权、审批权分开，可以有效加强和规范村级集体财务管理，解决当前村集体财务收支混乱、干群关系紧张、农村形势不稳的社会问题。

在案例中，在对第二季度农村水利工程的费用进行申请时，村委会就目前农田水利的建设情况重新制定了预算，乡镇政府对该项目的实际进展情况进行实地考察，在认为情况属实的情况下，才同意审批。村财乡管一定程度上规范了农村财务管理，杜绝了各种不合理开支，改变了农村财务管理混乱的局面，对维护农村社会稳定、促进农村经济发展起到了一定功效。在这个过程中，乡镇政府对村财产的使用情况起着监督作用，可以防止村财产的铺张浪费。乡镇政府实事求是，合理使用它的监督权、审批权，实现了有效监督。

河金村每季度召开民主理财会议，由民主理财小组对河金村的财务情况进行审核。民主理财小组由村民代表大会选举产生，对财务公开进行监督，立足村民自我管理的前提下，真正提高了村级财务管理的水平。因此，需要加强村民民主理财制度建设，建立上下配合、以下为主的财务监督机制，进一步加大农村财务监督力度，使村民自治得到更丰富地发展。

因此，总的来说，这个案例说明了乡村之间关系良好，合理分工，共同发展的良好局面，是乡村关系中的一个正面代表。

三、案 例 小 结

乡村关系存在不同的类型，如张厚安将其分为三种：自治型的村、行政型的村、混合型的村；徐勇(2002)教授把村民自治的运行状况分为规范型和非规范型两类；程同顺把乡镇政府与村委会关系的现状分为健康型的乡村关系、行政化的乡村关系、放任型的乡村关系。河金村所展现出来的是自治型发展较好的村，体现了理想化的乡政村治模式，乡镇政府是作为指导者而非领导者在发挥作用。这固然有其经济水平较高的原因，但也不尽然。在江阴市南闸街道下的龙运村，同属苏南经济发展良好的区域，但却展现出来的仍然是乡镇政府的主导地位。不过，经济发展水平仍然是政治民主化的重要影响因素之一，因为我们看到，在苏北，村庄基本上都是延续着传统的乡村关系，乡镇政府过多控制、领导，乡村关系过度行政化。

第四节　江苏省乡镇政府乡村治理职能的偏差、原因及其优化对策

一、江苏省乡镇政府乡村治理的职能偏差及原因分析

1) 乡镇政府职能界定不够清晰

《中华人民共和国地方各级人民代表大会和地方各级人民政府组织法》中关于乡镇政府的职能规定中，“执行上级国家行政机关的决定和命令”及“办

理上级人民政府交办的其他事项”等都是模糊的规定，没有明确规定乡镇政府的职责范围、工作内容以及各级政府间的事权划分和职责权限。以至于计划经济条件下的管理模式广泛存在于我国乡镇政府的工作中，一方面，乡镇政府的公共职能有很大的随机性，上级政府按照“属地管理、守土有责”的原则要求乡镇政府，这迫使乡镇政府把主要的精力放在如何应付“中心工作”和上级下派的临时性任务，基层工作的千头万绪使乡镇政府忙于应付，职能失范；另一方面，乡镇政府为了顺利开展工作，在不具备行政执法主体资格的前提下出现越权执法或违法执法的情况，结果影响了政府的形象，破坏了干群关系，降低了政府公信力。

《中华人民共和国村民委员会组织法》规定，“乡、民族乡、镇的人民政府对村民委员会的工作给予指导、支持和帮助，但是不得干预依法属于村民自治范围内的事项。”这里的“指导、支持和帮助”没有明确的规定，比如，怎样“指导、支持和帮助”，“指导、支持和帮助”到何种程度，“指导、支持和帮助”不到位或越位又该如何处罚。在实际的工作中，乡镇政府不可避免地出现“指导、支持和帮助”上的偏差，加之农民受文化水平及素质的制约，不能明确区分“指导”和“领导”的区别，所以，《村民委员会组织法》规定的“指导、支持和帮助”关系可操作性差，乡村关系出现偏差成为必然。

另一方面，《村民委员会组织法》所规定的“村委会协助乡镇政府开展工作”，其约束只是纪律性，并没有法律所应有的强制力。村委会“协助”是有选择的，对于乡镇政府的所有工作来说如何在村级得到落实，绝大多数取决于村委会的“协助”程度，村委会对乡镇政府有些工作不予“协助”，并不能得到法律的制裁。这样，在乡村关系中有些村委会认为无利可图的如精神文明建设等工作，反而还能运用《村民委员会组织法》中有关议事程序的规定，提出“大多数村民不同意”的说法来拒绝，这使乡镇政府工作难度增加并引发乡村矛盾成为了可能。从而也导致了许多乡镇政府对村委会选举的干预倾向。

2) 财权与事权不对等导致乡镇政府频现财政危机

1994 年实行分税制以来，事权不断下放，财权不断上移，中央财权大幅提高，地方财权大幅下降，中央和地方的财权、事权不对等。在地方财政构成中，省、市财政所占比重较大，基层财政所占比重较小。目前，我国县乡两级财政收入只占全国财政总收入的 21%，而县乡财政供养人口却占全国财政供养人口的 71%。地方的财政能力减弱，但地方承担的各种管理事务、公共服务并没有相应减少，许多本来应该由中央、省、市承担的公共产品和服务都由基层政府承担了，而乡镇一级在财政分成方面又处于最不利地位，难免造成乡镇财政困难。例如，社会救济是带有收入分配性质的职能，民兵训练和优抚是为了增强国防，属于全国性公共产品，本应该都由中央政府承担。作为乡镇一级的地方政府，要使他们在没有或很小有转移支付的情况下，完全依靠自己的财力为农村提供良好的公共产品是根本做不到的。另外，从 20 世纪 90 年代初以来，各级政府经常开展名目繁多的达标升级活动，实行“上级下指标乡镇出资金”的方式，且多数农业生产性综合项目实行资金“配盘制”，乡镇财政要承担相当比重，在乡镇财力有限甚至无力支付的情况下，只有“透支达标”或“透支配套”。此外，有的地方领导者的长官意志、主观随意性和行为的短期化等行为，加重了乡镇财政的负担。总体而言，实施分税制以来，基层政府的事权明显大于财权，财权与事权严重失衡，乡镇政府的财政压力成为日常工作的头等大事。特别是经济欠发达的地区，“保吃饭、保运转”成为大部分乡镇的工作目标，乡镇政府为了维持自身的正常运转、上级的支持以及所谓的政绩，不得不尽全力完成任务，基层政府仅有的一些资源也用在完成上级交办的任务上。

3) 压力型体制

压力型行政体制是指“一级政治组织为了实现经济赶超，完成上级下达的各项指标而采取的数量化任务分解的管理方式和物质化的评价体系”。中国现行的县乡体制可以概括为一种压力型体制，这种体制最为主要的特征是将各种经济发展任务和财税利润指标从县到乡镇，再到村甚至每个农户，层层分解下达。而完成这些任务和指标是评价每个组织和个人“政绩”的主要标准，进而与干部的荣辱、升迁挂钩，形成一种自上而下的压力。乡镇政府为保证完成上级下达的各项任务，必然加强对村级组织特别是对村委会的渗透、影响和控制，包括强有力的行政命令手段。同时，压力型行政体制限制了村民自治的空间，弱化了村委会的自主性。处于行政紧约束下的村委会自主性缺失，无力提出民主的强劲要求，也不能有效抵制乡政府的不正当操纵和控制。可以说，压力型体制是乡村关系行政化的总根源。

“压力型体制”是乡镇对村一级权力运作的主要逻辑，农村税费改革后，虽然乡镇对村级干部的考核指标中取消了税费收取指标，但考核指标体系仍然存在，考核指标中关于村级干部的考核项目繁多，指标任务具体，指标任务完成情况直接与村干部的奖金待遇、升迁挂钩。从这一点上看，村级组织是作为乡镇政府的下设机构或派出机构的形式存在的，其主要工作任务就是完成上级政府交办的各种工作任务。此外，为了完成工作任务，乡镇政府与村级主要干部签订工作目标责任书，村级的计划生育、社会治安等工作都有具体的量化和奖惩标准，乡镇政府在年终对工作完成情况进行考核，考核结果直接影响村干部年度奖励补助报酬。在这种强制型的考核办法下，村级干部基于自身利益的考虑，不得不全力以赴地完成乡镇政府下达的各项任务指标。村级干部作为村级自治组织的“当家人”角色虚化了，实实在在地成为乡镇政府的“代理人”，相应地弱化了乡村之间的指导关系，强化了领导关系，不利于村民自治的发展。

在调查中，一些乡村干部表示，不是他们不尊重村民自治，也不是他们不懂得村民自治的长远意义，只是有不得已的苦衷，如果完全实行村民自治，工作落实困难，无法完成上级交付的硬性任务，由此可能会得不到村庄发展必需的资源，绩效考核会不及格，运用命令的工作方式，反而能取得较好的工作成效，只要是能发展农村经济，村民应该就不会有意见了。由此可见，乡村干部不仅工作方式是压力型体制下的命令方式，就连观念也还是受到强制性观念的影响。

4) 村委会与乡镇政府的依附性关系

村委会对乡镇政府的依附性关系与“压力型体制”配套，但还来自于另一个因素，即村集体经济薄弱、资源不足。我国大部分农村还是传统的农业社会，实行家庭联产承包责任制以后，农民掌握了经济发展权，生产资料归农民个人所有，由此造成集体经济薄弱，随着农业税的取消，村级财务更加紧张，本来有税收保障的农技推广及应用、农作物病虫害防御及农产品价格信息等的公共事业，都因失去了财力支持，供给越来越少，农村各项基础设施建设，如修路、修桥、学校维修等也受到影响，如果没有上级财政支持，也将陷入停滞状态。“一事一议”制度在理论上是可行的，但在实践中却困难重重：第一，农民群众收入水平低，筹资能力有限，对一些大型建设项目显得力不从心；第二，很多农民群众认为，提供公共服务是政府的事情，与自己不相干，不愿意出钱出力；第三，农村外出务工人员多，议事时不容易全部到齐，而且，农民对农村公共产品的需求存在不同，所议之事很难达成共识；第四，部分党员、村干部在村里的影响小，缺乏办事能力，很少或没有人响应。

在江苏实地调研发现：经济条件不同的村庄，村委会与乡镇政府的关系不尽相同。经济条件较好的村庄，村里有足够的进行公共产品供给的资金来源，乡镇政府能提供大部分的建设资金，村民也愿意通过“一事一议”制度进行筹资，村委会能较好地平衡乡镇政府和村民之间的资金分配，在这方面，乡镇政府、村委会、村民之间的关系较为缓和；经济条件不好的村庄，即使乡镇政府给予了一定的资金支持，但是由于村集体经济不够发达或没有村集体经济，村级可用资金较少，村民的负担重，村民在资金筹集方面达成一致意见较为困难，乡村关系呈现一定的紧张状态。但多数乡村村集体经济都较为薄弱，涉及村级公共产品的供给时，不得不依靠乡镇政府。此次被调查的村干部中，大多数村干部认为，影响村级公共产品供给成效的主要影响因素是村集体资金不足。特别是农业税取消之后，村集体的经济来源减少，村级可调动资源减少，从实际调查情况来看，“财政性资金”、“专项支农资金”、“上级配套资金”、“当地政府自筹资金”等上级和政府资金在农村公共产品供给的资金来源中占有绝大多数的比重。在村委会自我发展能力不足的情况下，自然就增强了对乡镇政府的依赖，村民自治的进一步发展和完善受到影响。

二、江苏省乡镇政府乡村治理职能优化的对策

1) 通过制度完善来明确乡镇政府职能

我国《地方组织法》对乡镇政府职能规定得过于笼统和泛化，导致乡镇政府在现实中不知道究竟该怎样行使职能，完成工作任务。因此，应该尽快修改和完善《地方组织法》的规定，用法律规范乡镇政府的职能、部门机构及管理活动的决策、执行、监督等各环节，形成一个统一、科学、规范，符合实际的法律体系，使乡镇政府职能所依据的法律规范、科学、正确，对乡镇政府的实际工作有很强的实用性和可操作性。

根据2009年初中共中央办公厅、国务院办公厅印发的《中央机构编制委员会办公室关于深化乡镇机构改革的指导意见》中表述的乡镇的四项职能，要从法律上明确细化规定乡镇政府在农村的职能范围，使乡镇政府切实将注意力转移到促进经济发展、增加农民收入；强化公共服务、着力改善民生；加强社会管理、维护农村稳定；推进基层民主、促进农村和谐上来。尽快制定法律，使乡镇政府的职能转变切实做到有法可依、有章可循，以法治的手段来规范、界定乡镇政府的职能，使乡镇政府能够依法行政，依法办事，这样，乡镇政府职能可以进一步具体化、明晰化，真正实现乡镇政府行政行为

有切实保障，有所为有所不为，为乡镇政府职能转变提供法律依据。

2) 完善乡镇政府职能定位

(1) 加强社会管理职能。乡镇政府的首要职能就是对乡村社会进行管理，以前，乡镇政府在执行社会管理职能时，主要偏向于贯彻和执行上级政府各项方针政策，而忽视了对农村各类农民自组织的发展，村民自组织要想发展也是依附于乡镇政府，往往丧失了其自主发展的意义和功能。随着新农村建设的不断推进，社会管理的主体不仅限于政府部门，还包括农村各类社会组织，多元化的社会管理主体在客观上要求乡镇政府重新定位自身角色：一方面要贯彻执行上级的各项方针政策，另一方面还要积极引导和支持农村各类社会组织的发展，不断推进村民自治。

(2) 完善公共服务职能。农村公共服务好坏是影响农村发展、农民富裕和农村稳定的重要因素。农村税费改革在减轻农民负担的同时，大大加重了乡镇财政的负担，乡镇政府忙于应付日常的财政问题，对满足农村社会发展所需的公共产品无力顾及，乡镇政府的公共服务职能处于瘫痪的境地。随着新农村建设的不断推进，国家政策开始向农村地区倾斜，财政转移支付量不断增加，乡镇政府要明确定位，自己提供的应该是"多出力，少出钱"的服务，为国家转移到农村的各项资金、为农村社会的发展提供良好的社会服务。不断完善和发展农村最低生活保障和农村养老制度、新型农村合作医疗制度、农村医疗卫生条件、农村九年义务教育等都是乡镇政府公共服务职能。近年来，农村最低生活保障制度、农村养老制度、九年义务教育、新型农村合作医疗制度的广泛实施得到了农民的高度评价，但是随着新农村建设的不断发展，农村对基层政府在提供公共服务方面的要求也会不断提高，基层政府要在明确定位自身发展职能的基础上完善公共服务职能，真正实现其服务型政府的建构。

(3) 增强农村经济发展职能。只有农村发展了，农民才能富裕，农业才能更稳定。在增强农村经济发展职能过程中，乡镇政府应加强一下几个方面的工作：组织制定本乡镇的产业规划，指导产业结构调整；积极引导和推动各类农村经济合作组织发展，提高农民及农村生产的组织化程度；加强信息和农技推广服务；加强本地农产品的市场衔接度。乡镇政府参与农村经济发展应该注意：乡镇政府应该转变参与经济发展的方式，由以往的强迫农民转变为引导农民，积极引导农村各类经济合作组织，农民自觉参与经济活动，使乡镇政府从繁杂的工作事务中解脱出来，从而更加专注于社会管理和公共服务职能。

3）改革乡镇绩效考核制度

“压力型”的政治体制和“数字化”的政绩考核机制也是造成乡村关系紧张的重要原因之一。乡镇政府一方面要完成上级下达的工作任务，对上级政府负责；另一方面又要向乡镇人大报告工作，对全乡镇的民众负责。这种行政体制不利于乡镇政府开展工作，应该予以改革。比如，就发展经济而言，乡镇经济发展指标的制定权应掌握在乡镇政府手中，乡镇政府制定本乡镇的经济发展指标，乡镇人民代表大会审议通过。就绩效考核而言，乡镇政府官员的工作成绩考核的主体应是乡镇人民代表大会，考核的指标包括数字指标的完成情况、经济发展贡献、社会发展贡献、群众满意度等项目，考核结果上报县委及组织部门备案，考核结果决定着乡镇政府官员的奖惩和晋升。与此同时，在处理乡镇与村委会的关系时，也能从广大民众的利益出发，妥善对待，不再实行强制执行，这在一定程度上可以完善现存的乡村关系。

要通过扩大公民参与来完善乡镇绩效考核机制。科学的绩效考核机制可以确保乡镇政府的工作成效，确保乡镇体制改革的顺利进行。定期或不定期地对乡镇政府组织及公务员在工作中的政治素质、业务表现、行为能力和工作成果等情况进行系统、全面的考察与评价，并以此作为公职人员奖惩、职务升降、工资增减、培训和辞退等客观依据。引导乡镇政府的工作方向，指导领导班子的工作思路，使乡镇干部围绕着评估指标不断调整自己的行为，为乡镇政府体制改革提供有利的依据。找出人民群众对乡镇政府提供的服务的意见和建议，找出乡镇政府在管理中存在的问题。

4) 建立合作型乡村治理模式

体现在公共物品供给上，则是要构建农村公共产品的多元化供给主体，主要有：政府、市场企业、农村社会组织以及社区。中央政府负责农村纯公共产品的提供，包括农村社会保障服务、医疗卫生、农技推广、义务教育等。此外，中央政府还应当负责有关协调统筹工作，在一些跨地区的公共工程和项目中扮演“终结者”的角色。地方政府主要提供道路建设、基础设施配套等与本地区“三农”问题相关的公共服务和公共产品。对于农村公共产品中进入成本不高、外部性不强的公共产品或服务，例如一般的农村医疗和服务、农业机械的提供和服务等都可以根据市场原则由企业或私人，一般农业生产用的动物、植物、农药等技术的服务和推广作为提供主体。对于与农民的生产和生活密切相关的，村级范围内的公共产品供给，提供如村内的沟渠、道路、路灯建设等，可以由村民委员会来负责管理。而各个地区的农村经济合作社、农业专业协会等则可以根据自身优势和运营特点提供信息和技术服务，成为农村产品供给的重要主体。

在决策模式上，则要充分改变自上而下的决策模式，改为去中心化的合作模式。我国自上而下的农村公共产品供给决策机制忽略了农民对农村公共产品的实际需求，导致农村公共产品供给不足与供给过剩的现象并存。而实际上，农民是农村公共产品的直接受益主体，也是农村公共产品供给的主力军，因此，要充分调动农民的积极性、主动性和创造性，把他们吸引到农村公共产品供给中来，组织并引导他们为改善自身生产生活条件而献计献策。各地农村经济发展水平不同，各地农民对农村公共产品的项目需求、标准以及程度肯定不同，这就需要在农村公共产品供给中让农民自己来决策，政府起到辅助服务的作用。村庄内部农村公共产品供给的决策过程必须始终坚持农民主导、过程公开和群众监督相结合。最终确立农村公共产品供给决策需求表达的“自下而上”和主体选择的“自上而下”、资源配置和项目分解与实施相结合的决策体制，充分调动农民参与农村公共产品供给的积极性，使农村公共产品的供给更加符合农民的实际需求，进而完善农村公共产品供给中的乡村关系。

第三章　村级正式组织：乡村治理的主导性主体

进入21世纪以来，江苏省社会主义新农村建设进入快速推进的时期，工业化致富农民、城市化带动农村、产业化提升农业的“三化”战略对乡村治理起到了根本性的推动作用，江苏正在逐步探索出结合自身实际并具有特色的新农村发展道路。“三化”战略不仅发展了农村经济、增加了农村收入，而且推动了农村城镇化的步伐，加快了统筹城乡一体化的进程。城乡一体化又逐步改变了村庄治理的形态并对村庄政治、经济和社会管理等多方面形成了深刻影响。在这一转型过程中，江苏省的村级组织正在不断调整自身的治理逻辑，以形成对新农村建设的助推力。在江苏村级组织治理的整体概况中，笔者力图从理论研究、政策状况与实践现状三个方面，对村级组织做出简单描述和初步分析。

第一节　村级正式组织在乡村治理中的功能定位①

村级组织是通过村民选举组成的自治性组织，它上承乡镇政府的政务，下辖村庄内部的村务，处于国家与社会的接点位置。正是由于村级组织的重要位置和重要作用，“三农”研究领域有相对集中的关注。关于村级组织的直接性研究主要集中于属性定位、治理形态两个方面，而关于村级组织的间接性研究，主要涉及村级组织在村庄政治、经济与社会管理等方面的功能、作用及影响等。下面从直接性研究和间接性研究的多个方面对当前村级组织的

① 功能定位，主要涉及近三年来，学术界对村级正式组织在乡村治理中的功能、定位及作用等方面的研究，也是对于村级正式组织在乡村治理中功能定位的文献回顾。

理论研究进行简介和评析。

1. 关于村级组织职能属性的研究

村级组织主要指村民委员会，《村民委员会组织法》规定，村民委员会是村民自我管理、自我教育、自我服务的基层群众性自治组织，实行民主选举、民主决策、民主管理、民主监督。尽管是自治性组织，但在后税费时代乡村关系发生转变的情况下，村级组织的职能也发生了变化。韩国明和钟守松(2011)认为，在税费改革前村级组织承担了基层政府赋予的大量行政职能，保持了行政化的状态；而在税费取消后，随着政府政策指向和目标要求的变化，村级的职能也转变为向农户提供服务。随着村级组织职能的转变，其属性却变得日益官僚化，欧阳静(2010)认为，后税费时代乡镇与村级组织的行政隶属关系并没有实质性的变化，但村庄权威使村干部对“村务”无为而治，乡镇权威的衰弱使乡镇不得不将村级组织日益官僚化，以此来转嫁自身的行政任务。

2. 关于村级组织治理形态的研究

当前关于村级组织治理形态的研究主要集中于农民的合村并居和集中居住，也即由传统的村落向农村社区的转变。关于这方面的研究文献较多，具有代表性的研究集中于以下两方面：在理论研究方面，林聚任(2012)认为，村庄合并已经在全国蔓延开来，以村庄合并为基础的社区化发展符合城乡转型趋势，也带来了一系列深刻的社会变革。当前应有序推进农村社区化，逐步实现城乡一元发展。在实践研究上，往往以各地市为代表分析农民集中居住的政策、模式及问题等。田珍和秦兴方(2011)以扬州市的 24 个行政村的实地调查为基础，对农民集中居住的需求进行了分析，认为有一定比例的农民具有明确的集中居住的需求，且文化程度较高、家庭收入主要来源于非农业、收入水平较高的农户集中居住的需求相对较强。赵海(2012)通过对江苏省昆山市居住模式的调查，认为昆山市开展的农民集中居住，顺应经济社会发展要求，保障农民权益，走出一条农民、村集体和地方政府“多方共赢”的发展道路，但这一模式需要有较强的产业和收入支撑，不宜在中西部地区进行大面积、激进式地推广。高岳(2012)认为农民集中居住有众多优势，但也存在一些问题。他在江苏地区农民集中居住现状和存在问题的基础上，提出了进一步加强农民住房建设管理、优化农民集中居住建设的思路和建议。

3. 关于村级组织在村庄政治、经济和社会管理等方面的功能和影响研究

第一，关于村级组织的功能及影响的当下现状，范柏乃等(2013)认为随着后税费时代村级组织外部环境的变化，村级组织出现了内部治理资源短缺、业绩考核行政化、科层化等问题，组织行为表现为组织成员“离村化”、集体资产处置“谋私化”、组织选举“资本化”、组织运行“黑恶化”和干群关系“离心化”。结果造成农村公共服务供给缺失、农民群众利益维护机制断裂、村级组织公信力下降、党和政府在农村的执政基础动摇等严重危害。可从保障组织治理资源、强化村级组织公共服务供给责任、加强村集体资产阳光监督、完善村级组织架构、培育乡村公共文化等方面促使村级组织回归正常功能状态。

第二，当前学术界还分别针对村级组织如何作用于村庄、政治及社会管理进行了相关研究，在村庄政治方面研究热点主要是经济精英治村。学术界对此的研究具有较大分歧，卢福营(2011)认为新兴农村经济能人崛起并积极参与村庄治理，将经济运行的经营理念引入村庄治理领域，这些经济精英以村庄治理为核心，以创业发展为村庄治理重心，以利益导向为村庄治理的主要方式，经营性管理是一种特殊的村庄治理新模式，是增强村庄集体能力的一种现实路径。而贺雪峰(2011)则认为富人治村会在村庄政治中树立起经济实力、道义伦理和社会活动力三大门槛，将村庄多数人排除到了公共权力结构网络之外，由此应警惕富人治村及其可能带来的不良影响，应扎扎实实地在发扬民主的基础上，做好基层组织建设工作。

第三，关于村级组织作用于村庄经济的研究主要集中于村级集体经济发展。江苏省属经济发达省份，政府对村级集体经济发展尤为重视。在《江苏农村经济》杂志中有较多关于农村集体经济发展的调研报告和个案分析，主要的研究指向属于问题-对策式研究。江苏省农村合作经济经营管理站课题组(2013)认为，当前江苏村级集体经济发展的形势和问题集中于四个方面：集体经济与市场经济是否相背离，集体经济组织法律地位是否确立，集体进行与家庭承包是否相互需要，集体经济对不同经济水平村是否需要等。研究认为，发展村级集体经济的政策建议有：把村级集体经济发展作为农村改革发展的突破口，抓住薄弱环节加大工作力度；加快村级集体经济组织立法进程，为集体经济发展保驾护航；把合作农场作为集体经济发展的重要方向，增强统一经营层次的服务；把集体产权明晰作为村级集体经济发展的前提，不断深化农村产权制度改革；把集体利益与农民利益捆绑起来，建立强村富民长效机制。陈有方等(2013)认为，江苏省村级集体经济发展应坚持责任明晰、突出重点、公平正义、尊重民意的原则，建立健全适应基本公共服务均等化要求的财政保障机制；分类指导、因地制宜发展集体经济，增强村级组织综合服务能力；提高基本公共服务资金使用效益；坚持建设和管护并重，建立健全村级公共服务运行管护机制；积极稳妥地推进农村新区建设，建设功能完备、设施配套的综合服务设施。

第四，村级组织作用于村庄社会管理的研究主要集中于新型管理模式的探索。孙立洲(2011)认为，当前社会矛盾比较多地集中在农村，农村成为社会管理最薄弱的环节，农村社会管理在实践层面上有四个问题要引起重视：农村社会管理主体缺位、农村社会构成越发复杂、农村社会利益需求增加、农村社会风险防范乏力。而应对的重点应该是从创新社会管理的思路入手，在农村的管理体制、干部的群众观念、农村的管理机制、农村的应急机制四个方面主动寻求社会管理的创新路径。徐晓菊等(2013)认为村务公开是农村社会管理的有力突破口，当前村务公开存在内容单一、程序缺失、监督机制不健全、反馈机制缺失等问题，应对措施则是村务应实现横向内容独立、纵向全程贯通的公开，建立村务监督委员会，赋予监督委员会法定的职权，保障村民群众的知情权、决策权、参与权和监督权等民主权利，还可以探索社会中介组织参与村级财务管理的新模式等。

第二节　江苏省村级正式组织参与乡村治理的政策状况①

村级组织的治理不仅是个理论问题，更是一个实践问题；不仅是学术问题，更是一个政策问题。在近几年中，江苏省委、省政府出台了多个有关村级组织建设的政策，从而有力地推动了村级组织自身及乡村社会的持续发展。具有代表性的集中于村级组织建设、村集体经济发展、推进城乡统筹发展、推进农村体制机制创新、加强乡村社区建设五个方面。

1. 在全省实施村级“四有一责”建设行动计划

江苏省委、省政府印发了《关于在全省实施村级“四有一责”建设行动计划的意见》，提出了“四有一责”建设行动计划并要求全省村级组织贯彻落实。所谓“四有一责”主要指：有持续稳定的集体收入、有功能齐全的活动阵地、有先进适用的信息网络、有群众拥护的“双强带头人”；加强基层组织建设责任。意见还针对“四有一责”的各项内容设定了具体的目标，提出了具体要求。

有持续稳定的集体收入，具体要求是：开拓村级集体经济发展多种途径；创新村级集体经济发展机制；增强村级集体经济对农民增收致富的带动作用。有功能齐全的活动阵地，具体要求是：推进村级组织活动阵地规范化建设；增强村级组织活动阵地服务功能；强化村级组织活动阵地长效管理。有先进

① 本节主要涉及江苏省近三年来的政策。

适用的信息网络，具体要求是：加快农村信息网络和资源整合；推进村级信息综合服务平台建设；建立村级信息服务网站。有群众拥护的“双强带头人”，具体要求是：创新培养选拔方式；加大教育培训力度；健全考核激励机制。强化村党组织领导责任，具体要求是：推动富民强村；服务农民群众；推进村级民主；促进农村和谐；加强基层组织。

2. 关于发展村级集体经济的意见

江苏省委办公厅、省政府办公厅印发了《关于发展村级集体经济的意见》，提出了发展村级集体经济的指导思想、目标任务和基本原则。指导思想是：贯彻科学发展观，坚持统筹城乡经济社会发展基本方略和多予少取放活方针，按照深化改革、创新机制、拓宽思路、规范管理的要求，以增强村级集体经济实力为目标，以经济薄弱村为工作重点，加快推进村级集体经济发展，为推进富民强村、加快社会主义新农村建设提供有力支撑。目标任务：到2012年，苏南、苏中、苏北地区行政村村级集体收入力争达到50万元、20万元、10万元以上，村级集体经济实力进一步增强，带动、服务和保障能力显著提高。基本原则是：深化改革、完善体制；城乡统筹、协调发展；因地制宜、分类指导；加强管理、规范运营。

意见还进一步提出了拓宽村级集体经济发展路子、扶持措施和保障措施。发展路子包括：发展资源开发型经济，发展资产经营型经济，发展为农服务型经济，发展异地发展型经济。扶持措施包括：加大财政支持，加大土地政策支持，加大金融支持，落实税费优惠。

3. 提高统筹城乡发展水平进一步夯实“三农”发展基础的若干意见

江苏省委、省政府印发了《关于提高统筹城乡发展水平进一步夯实“三农”发展基础的若干意见》，提出了六个方面的要求：强化对农业的支持和保护，推动资源要素向农村流动；加快转变农业发展方式，大力发展现代高效农业；统筹城乡就业创业，进一步拓宽农民增收渠道；切实保障和改善农村民生，缩小城乡公共事业发展差距；协调推进城乡改革，努力破除城乡二元结构；加强和改善党对农村工作的领导，巩固党在农村的执政基础。

其中，直接针对农村基层组织建设提出了要求，要求分为以下几个方面：①以加强党员队伍先进性建设和提高领导班子科学发展能力为重点，深入开展“三级联创”活动，大力实施“强基工程”，选好配强乡镇和村党组织书记，把乡村党组织建设成为推动科学发展、带领群众致富、密切联系群众、维护农村稳定的坚强领导核心。②创新农村党的基层组织设置形式，推广在农民专业合作社、专业协会和外出务工经商人员相对集中点建立党组织的做法。③完善村干部“一定三有”政策，加大从优秀村干部以及选聘到村任职的大学生中考录乡镇公务员、乡镇事业单位人员和选任乡镇领导干部的力度。④加强“大学生村官”培养和使用，充分发挥他们在新农村建设中的作用。⑤深入开展党性党风党纪教育，加强农村基层党风廉政建设。⑥完善村民自治机制，做好第九届村民委员会换届选举工作，切实落实民主选举、民主决策、民主管理、民主监督各项制度。⑦推行本村重大事项由村党支部提议、支委会和村委会联席会议商议、全村党员大会审议、村民代表会议或村民会议决议，以及决议公开、实施结果公开等做法。⑧完成村务公开和民主管理“薄弱村”专项治理任务。⑨深入开展社会主义新农村建设示范村创建活动，充分发挥先进典型的示范带动作用。

4. 关于推进体制机制改革创新进一步增强农业农村发展活力的意见

2013 年江苏省委、省政府印发了《关于推进体制机制改革创新进一步增强农业农村发展活力的意见》，提出了四个方面的要求：其一，完善重要农产品供给保障机制，加快构建现代农业产业体系。组织实施十项行动计划，深入推进农业现代化工程，加快构建现代农业产业体系，确保粮食和重要农产品有效供给；其二，完善农村基本经营制度，加快构建新型农业经营体系。

不动摇地坚持和完善农村基本经营制度，大力创新农业生产经营体制机制，培育和壮大新型农业生产经营组织，加快构建集约化、专业化、组织化、社会化相结合的新型农业经营体系；其三，完善城乡公共资源均衡配置机制，加快构建农村公共服务体系。深入实施城乡发展一体化战略，坚持把基础设施建设和社会事业发展重点放在农村，持续兴办农村实事，着力构建城乡一体的公共服务体系，促进城乡基本公共服务均等化；其四，完善农业农村发展推进机制，加快构建支持保障体系。解决好农业农村农民问题，是全党工作的重中之重。要认真落实这一要求，加强对“三农”工作的组织领导，引导社会各方关心支持，为农业农村发展提供有力保障。

意见着重提出了创新农村社会管理的要求：①加快构建党委领导、政府负责、社会协同、公众参与、法治保障的社会管理体制，建立源头治理、动态管理、应急处置相结合的社会管理机制。②依法打击损害农民利益、危害农民生命财产的各类违法犯罪活动。加强农村治安防控体系建设，深入开展基层系列平安创建活动。③加强社会矛盾纠纷排查化解工作，健全完善大调解体系。全面开展社会稳定风险评估工作，实现重点领域全覆盖。④充分发挥村民自治组织在协调利益、化解矛盾、排忧解难等方面的重要作用，加强农村流动人口、特殊人群、留守妇女儿童服务管理工作。⑤健全完善以“一委一居一站一办”为主要架构的社会服务管理组织体系，全面推行网格化、扁平化服务管理模式，推进农村和谐社区建设，提高基层社会管理科学化水平。

5. 关于加强新形势下城乡社区建设的意见

江苏省委、省政府印发了《关于加强新形势下城乡社区建设的意见》，提出了进一步明确加强城乡社区建设的目标任务：积极适应经济社会发展要求，着力完善社区服务管理体系，全面提高城乡社区建设水平。到 2015 年，全省 90%的城市社区、80%的农村社区达到省级和谐社区标准；社区管理体制更加健全，社区居民自治更加深入，社区服务体系更加完善，社区文化生活更加丰富，社区社会秩序更加稳定，社区工作者素质更加优良，社区服务设施更加完备。

意见主要提出了完善城乡社区党组织领导下的居民自治制度和加快推进城乡社区服务管理体系建设两个方面的意见。完善城乡社区党组织领导下的居民自治制度的要求包括：充分发挥社区党组织的领导核心作用；坚持以扩大党内基层民主带动社区居民民主；强化社区居民自治组织职能；完善社区民主制度；推行社区“一委一居一站一办”服务管理体制；实行社区公共服务事项“权随责走、费随事转”；理顺社区各类组织关系；深化社区共驻共建共享机制。加快推进城乡社区服务管理体系建设的要求包括：优化社区布局规模；强化社区公共服务；加强社区分类管理；增强社区维稳能力；落实社区服务管理责任。

第三节　江苏省村级正式组织参与乡村治理的实践状况[①]

江苏省关于村级组织或涉及村级组织的多个意见或政策为村级组织建设提供了建设方向，是未来一段时期村级组织建设的重要制度安排和战略性部署，全省各地市县乡也进行了层层贯彻落实，结合各自实际制定了具体的落实意见，并开展了丰富多样的实践形式，这些具有创新性的实践形式成为村级组织建设的有力抓手，在强本固基、促进村级治理发展等方面发挥了重要作用。笔者拟以各地市的具体实践为例进行简介，以引起读者的关注。

1. 推进农村社区建设和服务的实践[②]

江苏省灌南县堆沟港镇按照上级相关政策的要求，不断探索以农村社区化服务来推进基层服务型党组织建设的新途径。主要措施集中于五个方面：一是搭建起社区服务的平台。在堆沟港镇东部临港产业区拆迁安置的过程中，

---

① 主要案例来自人民网的素材。
② 来源于江苏灌南创新农村服务社区化管理模式[EB/OL].人民网网站, [2013-06-13].

专门选调农村经验丰富的同志专职调处拆迁安置中矛盾和问题，并成立了社区的志愿者队伍、妇代会、计划生育协会等民间组织，引导民间组织参与农村社区化服务。二是加强社区的基础设施建设。利用集中居住区建设的契机，有计划地加强投入，改善社区服务条件，努力建设一个室内外设施相对完备、服务功能相对集中、群众办事便捷的社区化综合服务中心。三是配备人员进行“一站式”服务。选调懂得农村事、精通于处理农村工作的干部进入社区，组成农技培训、劳动保障、医疗救助、人口计生服务、治安警务、文体服务六支服务队伍，设立服务窗口，通过集中受理、办结或统一去镇县相关部门办理等方式，为社区居民提供全过程的服务。四是健全相关服务制度。对现有制度和服务程序进行整合、完善和规范，健全了服务群众接待制度、首问责任制、限时办结制、责任追究制等，推进工作的经常化、规划化和制度化，在此基础上做好运行保障工作，解决好人员、经费问题。五是建立帮扶和关爱网络。立足于实际，建立了社区职业介绍所，规范失业登记、职业推介、就业跟踪、权利维护等制度，为就业提供指导和帮助。另一方面还建立了县、镇、村的三级帮困网络。定期对困难群众和弱势群体进行帮扶。综合说来，这些举措都有力地促进了农村社区的发展和完善。

2. 推进农民参与村级组织治理的实践①

南京市六合区八百桥镇新光社区赵坝村创新探索出来的“农民议会”已经引起了上级有关部门和全国“三农”研究专家的高度重视，认为这一创新是农民参与村级组织决策、管理的鲜活样本。南京“农民议会”具有几个方面的特点：一是现实倒逼组织创新。赵坝村没有集体经济组织，集体资产也被分光，村口大塘 20 多年没人没钱清淤。各家只顾各家，难以组织起来。赵坝全村 26 个小组，5000 多人口，只有 7 个村干部，也无法管理得过来。为

① 来源于南京：“农民议会”乡村治理鲜活样本[EB/OL]. 人民网网站, [2008-03-31].

了解决这些公益事业的难题，村委会主持大家开始选举“农民议会”。二是能做通群众工作，效果好。农民议会成立后，先后制定了《赵坝农民议会议事规则》、《赵坝农民公约》、《赵坝村庄内部管理制度》等多项制度，为了一项事务经常走家串户，反复听取群众意见，制定出详细且符合实际的方案，然后拿到村民会议上通过，从而有力地推动了全村各项工作。三是保障农民的知情权和参与权，随时回应农民。村务公开或财务公开都会经“农民议会”向村民公开，由于“农民议会”都是由村民直接选举，又与村委会成员相区别，能督促村委会及时、详尽地公布各项村务，农民将“议员”真正当成自己的代理人。来进行调研的中央编译局比较政治与经济研究中心研究员高新军认为，“农民议会”符合十七大精神，为在社会主义新农村建设中，如何坚持从各地的实际出发，尊重农民的意愿，扎实推进新农村建设，提供了可贵的现实样本。时任江苏省人大法制委副主任刘克希认为，赵坝“农民议会”最大的突破在于，填补了我国自然村农民如何进行自治的空白，为我国完善基层民主管理和乡村治理模式提供了有效途径。

3. 推进村级组织干部队伍建设的实践①

江苏宝应县结合实际制定了《关于进一步加强村干部队伍建设的意见》，对村干部工作职责、选拔机制、培养机制、管理机制、保障机制等作出了详细规定。主要特点表现在以下几个方面：①选拔机制。规定村干部可以来自多个方面，例如种养殖大户、复员军人、大中专毕业生等，同时还鼓励机关干部和民营企业人才到村庄任职。选拔方式一般是：新进村干部由县委组织部和镇党委统一面向社会公开选拔，村书记由县乡两级党委共同管理，调整新人的村党组织书记，镇党委需要向县委组织部报告，并由部务会讨论决定。村党组织书记后备建设的重点从大学生村官、事业单位或民营企业的优秀人

① 来源于江苏宝应：全面加强村干部队伍建设[EB/OL]. 人民网网站, [2009-12-24].

才中选拔，实施跟踪培养，并定期进行教育培训。②培养机制。一方面要求2010年前任职的40周岁以下村干部，到2015年底原则上要取得大专学历。另一方面又制定年度培训计划，积极编写“乡土教材”，开展日常的理论政策、岗位技能、任职资格等培训。③管理机制。加强目标责任制管理，考核结果与考核报酬、奖惩措施挂钩。建立健全村民监督委员会，完善村干部“双述双评”制度；另外还加大从优秀村党组织书记中选拔镇领导干部的力度，镇党委、政府换届时，一般要提名1名优秀村党组织书记作为候选人；镇领导班子中，至少有1名具有村党组织书记工作经历的同志。④保障机制。村干部基本报酬在财政转移支付资金中列支，考核报酬在镇财政或村级集体收入中列支，村党组织书记报酬不低于本县农民人均纯收入的2倍，其他村干部报酬参照村党组织书记发放。规定从2010年起，在自愿参保前提下，村干部养老保险原则上统一由农村社会养老保险转为城镇企业职工社会养老保险，参保对象为在编在职、报县委组织部审核备案、经镇党委政府任命、男60周岁以下、女55周岁以下的所有村干部。

4. 推进村级集体经济发展的实践①

江苏省金湖县黎城镇大力实施壮村富民工程，实现了村级集体经济新跨越。预计今年，全镇实现村集体经济纯收入超千万元，村平均超百万元。主要措施有以下五个方面：①明确目标，落实责任。村级组织年度责任目标考核时，实行“经济指标为主，经济指标以村集体经济为主”的制度，镇每年与村签订责任状，向群众公开承诺，把发展村集体经济摆在重要议事日程，主动接受党委政府的考评和广大群众的监督。②加强考核，有效激励。明确村党组织书记为发展村级集体经济的第一责任人，要求把发展村集体经济作为第一要务。确保村干部在发展集体经济过程中有干劲、干好有前途。村党

---

① 来源于江苏省金湖县黎城镇：“三措并举”壮大村集体经济[EB/OL].人民网网站, [2011-11-09].

组织书记基本报酬调至 13 200 元/年，增幅达 60%，位居全县之首。所有村干部参加企业职工养老保险，解决其后顾之忧。优先提拔重用村集体经济发展较快的村党组织书记。③建设载体，发展实力。制定了《关于加快工业集中区建设的意见》和《关于扶持村创业点发展的优惠政策》等文件，采取县赞助、镇配套、村自筹等办法，加快镇工业集中区和村创业点建设。先后投入基础设施配套资金 4000 多万元，已形成黎城村工业集中一区、二区和大兴村工业集中区，徐梁村、工农村、九里村三个创业点的“三区三点”发展格局，实现了镇得税金、村有租金、群众拿薪金的“三赢”目的。④招商引资，增强后劲。采取所有镇干部与分工村同目标、同考核、同奖惩的“三同”招商管理办法，切实提高村招商引资水平，努力改善项目质量，增强村发展后劲。规定凡各村引进到工业集中区或创业点的项目，增值税地方留存部分的 50% 返还到村，保证村集体经济平稳快速增长。⑤增值三资，增强内力。探索多元化、多样化、多业化的村集体经济发展路子，着力在开发资源、盘活资产、严管资金上下工夫。对荒地、荒水、荒滩等“三荒”农村集体资源进行优化整合，统一发包或出售。充分发挥区域优势，支持经济实力较强的村，大胆进行固定资产投资。利用闲置资金购买地段好、有升值空间的商业门面房对外出租或投资其他行业，实现集体资产的保值增值。

从总体上，近几年来对村级组织及江苏省村级组织的相关研究已经比较丰富，对现实亦具有很好的理论指导意义，江苏省委省政府对村级组织建设、发展的政策推进也及时有力、符合实际，而各地市的具体实践也方式多样、创新举措频出。笔者认为江苏省村级组织在理论研究、政策状况和实践现状的探讨大多局限于宏观和中观层面，依然缺少微观层面的解读和深入挖掘。要想实现对江苏村级组织的整体把握，最好通过苏南与苏北两个具有明显区域差异的地区来各自选取一个村庄进行深度调研，通过对照寻找其差异及共同点，从而寻求江苏村级组织推进的治理逻辑。这将实现宏观、中观和微观层面探讨的综合，有利于加深对江苏村级组织治理的全面认识。在下面两节，笔者拟通过苏北新民村和苏南花园村的调研来实现这一目标。

第四节　个案之一：苏北新民村正式组织参与乡村治理的调研

一、调研地点简介

新民村所处乡镇位于县城东南部，距宿迁市约 80 公里，所辖面积 68.8 平方公里，耕地面积 4.8 万亩，全乡镇辖 6 个居委会，10 个行政村，110 个村民小组，人口约 5.6 万人，11 600 户。镇区地处平原，属暖温带季风气候，年平均气温 14℃，205 国道、京沪高速公路及淮沭新河等水陆交通过境，交通便利。

新民村紧邻乡镇东侧，由 5 个自然村合并而成，现有 6 个村民小组，总人口 4300 人，900 多户，主要姓氏有马、史、朱、陈、曹等，全村耕地面积近万亩，主要种植作物为一稻一麦。该村为新农村建设的重点推进村，曾获得康居示范村、生态文明村等多项荣誉称号。新民村在宿迁市的地理位置如图 3-1 所示。

图 3-1　新民村在宿迁市所处的位置

图 3-2　新民村进村路口一景

图 3-3　村民开展社区绿化活动

二、调研过程和调研发现

2013 年 5~6 月，笔者来到宿迁市新民村，围绕村级组织的治理进行了为期 20 天的专题调研。在调研中，笔者对乡镇领导、驻村干部、村委领导、村民小组长、村庄精英、房头长及普通农民等三十余人进行了深入的访谈，获得了大量的一手资料和数据。

通过深入调研和分析，笔者发现：进入 21 世纪以来，农业税费取消成为农业和农村发展史上的标志性事件。随着税费时代的结束，基层行政体制改革随之展开，合村并组、集中居住等一系列举措在乡村社会铺开，而乡村社会的基础也在市场经济和现代性的渗透中发生历史的剧变，可以说村庄治理的一系列逻辑在发生质的变化。与之相随，作为国家行政体制和乡村社会"接点"位置的村级组织在治理实践和治理逻辑上也发生了质的变化。在本案例中，笔者立足新民村的微观层面进行深入剖析，以关照整个苏北地区村级组织的治理逻辑，探索处于统筹城乡一体化进程中的苏北村级组织的属性、定位和治理方向。

三、新民村村级组织的治理实践和治理特征

根据调研，笔者认为随着新农村建设政策的推进和后税费时代的到来，新民村在村庄形态、村庄政治、村庄经济和村庄社会管理上正在发生变化并表现出新的治村特征。主要表现在以下几个方面。

第一，村级组织与合村并居的关联：拆迁并居推动与准社区化治理

新民村现由多个相邻的自然村合并而成，并于2007年开始启动了康居示范村工程，即通过规划拆除原来散居的村落而代之以集中居住的小区。新民村康居示范小区位于通镇公路北侧，规划用地400亩，计划入住户数950户左右，现已经入住近900户。由于考虑到村民大多依然从事农业的实际情况，为了方便农机具停放和储藏，在建设过程中采取了一宅一院的方式，每户建设占地标准为0.4~0.5亩，为独立的两层半别墅式建筑，总面积为260平方米，院子以栅栏为界且实行全面绿化，户型由村委班子到多地考察并征询村民意见最终确定。这种规划形式实现了生产生活的统一，所以说新民村属于典型的种植型康居示范村。在建设康居示范村进行集中居住的过程中，村级组织发挥了重要的推动作用，而在集中居住的管理中村级组织又不得不调整管理方式，逐步向准社区化的管理过渡，可以说伴随着传统村落的消失和新型小区的崛起，村民的生产生活方式在发生变革，村级组织也处于不断转型之中。

(1) 村级组织是拆迁并居推动力量中的急先锋。2007年启动的新民村康居示范村工程是县乡层面自主开展的打造新农村的试点工程，当时并没有完善的土地增减挂钩拆迁补偿政策，最多属于政府推动、农民自愿性质的居住地搬迁。当时搬迁政府的补贴标准相对较低，主房为120元/平方米，偏房为90元/平方米，其他附属设施不计在内，搬迁之后进行复垦的土地依然归原户主用作种植用地。根据每户的房屋结构和户型大小不同，当时每户获得的搬迁补贴在2万~4万元不等。新的新民村康居示范村的两层半别墅由村民自筹自建，当时的造价成本为9万~10万元，新居造价与搬迁补贴的差距较大。尽管政府提供5万元的无息贷款进行资助，很多农民依然感觉难以承受从而不愿意搬迁。为了将这一新农村试点顺利推进下去，镇政府进行全镇干部动员，成立多支搬迁小组向新民村村民“做工作”，甚至通过“软硬兼施”、“恩威并重”的多种非正式策略来使农民同意搬迁。在这一过程中村级组织必然成为工作推进的重要推动力量，动用村庄社会关系和人情网络甚至利用村委会的职权连带到农户其他需要办理的事务来使农民“就范”,甚至针对个别“钉子户”采取了强拆的方式，最终达到了整体搬迁的目的。可以说在当时土地增减挂钩和搬迁政策较为模糊的情况下，村级组织在新农村集中居住点推进的过程中扮演了乡镇政府的下级准科层组织的作用，它强硬的推进方式造成了部分农民对村级组织的不满，甚至引发了上访等诸多问题。

(2) 村级组织采取的准社区化治理。新民村已不是传统的散居村庄格局，而是较为典型的农民社区：小区建筑样式和外观整齐划一，村内道路和居民门前皆为硬化路面，小区内绿化标准较高，公共文体设备齐全，村口有直通县乡的公交，总体来说各项基础设施建设基本齐备，有些方面足以与城市小区进行媲美。从村级组织的社区治理上看，也已是准社区化治理，主要表现在三个方面。

首先，新民小区成立了小区物业公司。相较于传统村落散居时期，新民村小区所涉及的公共服务项目已骤然增多：绿化管理、路灯照明、小区卫生、水电及下水道疏浚等皆需要专门管理。新民小区的物业管理并非独立运营的公司实体，而是由村委成立的专门针对新民小区的服务机构，组成人员包括村委会班子成员及村民小组长，村委会主任兼任总经理，全面管理全村的公共服务事项，村会计兼任物业公司的会计，负责管理物业的财务工作，两名组长分别兼任小区的物业收费和卫生监督。在管理层之外，聘请了四名保洁员、两名垃圾运输工及一名水电工人，保洁员主要负责将责任片区的垃圾清扫入垃圾箱，每月薪水为 400 元，而两名垃圾运输工每年的费用总包干为 2.4 万元，村里提供垃圾清理器械和运输车辆，水电工人负责维护全小区的水电及下水道疏浚等事项。小区物业的经费来源于两个方面：一是村民每年缴纳物业费，2012 年前每年每户缴纳 50 元，2013 年后则上涨到 200 元；二是村集体经济补贴一部分资金。总体来看，尽管小区物业的架构较为简单且人员较少，但基本能肩负起维护整个小区公共服务的任务。

其次，新民小区纳入了城管大队的管理范围。由于新民小区紧邻乡镇且为康居示范村和新农村建设试点村，所以小区往往是各级领导或考核组经常检查的“明星村”，同时新民小区还是乡镇推动的小城镇发展的组成部分。由此，新民小区被纳入乡镇城管大队的执法范围，按照江苏省园林小城镇的标准进行管理。例如禁止农民在别墅前的硬化院落中进行搭建、禁止农民用秸秆等燃料在户外生火做饭、禁止农民在房前屋后的绿化区养鸡种菜等。城管大队每次突击进行执法检查，总会与村民之间发生诸多小摩擦。2013 年 4 月份开始，新民小区的康居示范村标准进一步提升，要求所有的房屋粉刷统一的涂料并在硬化院落中架设标准统一的栅栏，经费由政府投入部分，另由村民自筹部分，村民对此颇为不满，因为尽管按照现代化、城市化小区的建设标准来规划农民社区，却难以符合农村的实际需求和资源利用方式，例如设置统一的栅栏导致农用车辆空间受限，而同时又加重了农民的负担，粉刷房屋涂料并设置栅栏每户需要出资近 5000 元。

再次，新民小区的准社区化给农民带来了“喜”与“忧”。搬迁进入新型集中居住小区，使农民的生产生活方式逐步在发生变化，一方面给农民带来了“喜”，主要表现在农民的生产生活更加便捷，生活的质量得到稳步提升。在与新民小区居民的访谈中发现，中青年对搬迁进入新小区满意度颇高，原因在于村落散居时村内基础设施严重缺乏，主要表现为交通条件差，而新的居住小区通往县乡交通便捷；几乎所有的小区居民对小区环境比较满意，与散居时不注重居住环境卫生不同，新小区的绿化良好、整洁卫生。另一方面也给农民带来了“忧”。主要表现为搬到新小区后生活成本大幅度上升，以前生火做饭可以使用土灶和秸秆，而现在没有储存空间只能代之以各种电器；以前房前屋后的自留地可以用来种植蔬菜自用，现在必须到小区超市或乡镇市场购买。在原散居村落时全村只有两家商品，而搬入新小区后小区有近 10 家超市，超市每月销售最多的是蔬菜和各种副食品。

(3) 村级组织的治理转型：变与不变。总体来看，正如上节分析，在由传统村落向新小区过渡的过程中，村级组织的治理开始逐步向准社区化治理转变。尽管外部的治理形态在发生变化，但村级组织的治理结构和治理机制依然没有变，主要表现在：小区公共服务的提供依然由村委发挥主导性作用，并未完全实现独立的市场化物业公司运作，村委领导班子并未像社区一样实行坐班制，依然运用各种非正式的策略借助乡村社会的人情网络来处理棘手的村务；新小区打乱了村民原来居住地的顺序，原村民小组的成员不再聚集在一起而是分散在小区内，但小组设置并没有解体，村民组长依然发挥强有力的联结作用，例如组织村民小组防汛抗旱、收取农业保险及“一事一议”费用、传达各项通知及宣传政策法规等方面。村级组织治理结构和治理机制没有彻底向社区化转变的原因在于，新小区和村民小组依然是一个生产共同体，具有共同的需求，尤其是村民小组在农业基础设施的兴修、建设及维护上依然要发挥组织作用，一些小组依然有部分集体资产用于小组成员福利等。当然村民小组依然能发挥治理作用，也与村落散居时期的地缘再生产有关，尽管现在分散居住，但由于小组内大多为血缘和地缘的双重建构，人情往来和红白喜事依然在小组发挥了较大的公共性作用，从而村民依然对小组保持了较大的认同，小组长也能在小组整合中发挥重要作用。

第二，村级组织与村庄政治的关联：结构吸纳与现实政治运作

村级组织作为村庄的正式组织，是村庄政治的中心和村庄权力的施动者。但村庄作为一个闭合的整体场域，政治过程不可能由村级组织单独完成，而必须由乡村社会中的其他多主体参与，要完成对权力的驾驭和运用，村级组织必须与乡村社会的结构基础相耦合并完成结构性吸纳。村庄政治的建设方向是民主自治，而民主自治的运作形式分为直接选举的民主和日常治理的民主。笔者通过调查两种民主建设的实际运作来分析新民村是否实现了真正的村级民主。

(1) 村庄权力结构的架构：村级组织对地缘、血缘结构的吸纳。苏北农村的家族结构是“近房”，也即通常所说的“近房头”，即一个五服血缘以内的大家庭。例如新民村的陈庄组，尽管皆为陈姓，但包括了多个“近房头”，“近房头”之外根据血缘关系外推还可以分为“远房头”。“近房头”具有典型的小亲族特点，是一个基于血缘关系的农民集体认同和行动单位，这一家族结构介于宗族和原子化地区之间，具有相对较强的内部凝聚力。一个“近房头”一般都会有一个“房头长”，一般是本家族中活动能力强、品格正直、具有权威的长辈担任，这一长辈不一定是年龄最大，但要能获得“近房”内成员的认可而对外代表整个家族发言。在新民村有 20 多个“近房头”(一些小姓不计在内)，相应也有 20 多位“房头长”。这些“房头”之间会皆具行动力和竞争能力，之间会形成或明或暗的派性斗争，但也容易达成相对均衡的格局。可以说，“近房头”和“房头长”是新民村权力结构中的基础之一。此外，在血缘结构之外，还有部分因小组或散居聚集等地缘原因所生成的民间权威，即在每个小组或聚集地内部出现纠纷或其他村民内部的公共性事务的时候，总会有一个较为权威的人物来进行协调或调节，称为“能人”，这种“能人”的标准有可能是原来做过集体化时期干部的人物，也有可能是年轻的当下比较有公心、豪爽仗义、坚持原则的人物，尤其是不同房头之间发生纠纷时，往往是找这些人进行调节和评判，他们权威的形成依靠的是个人的品性魅力和长期的地缘关系所形成的公信力。在整个权力结构的配置中，村级组织必然完成对这一社会基础的吸纳，方式主要是：将“房头长”或“能人”选为村民组长、村民代表或党员代表，将他们吸纳进入村级组织的体制之中，村级组织召开会议或进行决议时，他们就成为村民的潜在“代理人”。新民村的 6 个村民组长及大部分村民代表、党员代表都是“能人”或“房头长”，这种结构性的吸纳基本保证了新民村村级组织的政策及决议能有效地贯彻下去。

(2) 村级组织的民主选举：乡镇的干预导致名实的分离。从调研情况看，新民村按照《中华人民共和国村民委员会组织法》和《中国共产党基层组织选举工作暂行条例》进行村两委民主选举，但与全国大部分农业型地区类似，新民村村民的主要经济收入来源于非农领域，打工经济是村庄中青年劳动力的首选。一方面是劳动力大量外流，另一方面在村的农民亦更多关注自身家庭生计而对村庄政治较为冷漠，致使村民选举遭遇“尴尬”，甚至出现有些家庭没有人来投票，也无法代为投票的现象，最后只能由村干部进行变通来做出合乎规定和程序的文牍记录，以推动整个选举的进行。与村民的“选举”冷漠形成对比的是乡镇的积极干预。乡镇作为行政体制的末端，承接了需要落实到乡村的大量“政务”，因此极为期望能建设一支积极作为并能服从乡镇命令的村级领导班子，主要的策略是：党支部书记和村委会主任“一肩挑”，由一人任两职。乡镇政府首先通过重点考察和反复酝酿选出村中合适的村支部书记拟用人选，确保支书服从乡镇的命令和安排，是乡镇中意的“好用”干部，然后将村民选举和党组织换届选举同时进行，乡镇政府拟推荐的村党支部书记人选，先参加村委会选举，获得承认并顺利当选为村委会主任后，再正式推荐为村党支部书记。新民村的实践表明，在拟用的村党支部书记参选村委会主任的过程中，乡镇政府会通过多种非正式策略来向村党支部成员和村里的群众、党员代表“做工作”，让他们支持村党支部书记当选村委会主任，一般情况下都会因此而顺利当选。书记主任“一肩挑”能避免分开任职导致的村两委矛盾，能更好地积极完成乡镇政府下达的政务。乡镇的积极干预导致村级组织的选举出现了“名”与“实”的分离，也即民主选举程序的“名”与实际干预意图和干预策略的“实”出现了裂隙。从中也可以窥探出我国村级民主依然并未达到完全的代表性自治，而是依然存有大量权威性自治的因素。

村书记选举的简明程序如表 3-1 所示。

表 3-1　村书记选举的简明程序

顺序	内容：“四荐三查二评一选”
1	村级财务审计：对现任村“两委”班子成员在任职期间财务收支、集体资产管理情况进行离任审计
2	公布候选人资格条件和成员职数：以公告的形式向村民公布候选人条件、范围和成员职数
3	核清“五类党员”：“五类党员”不列为应到会党员人数。“五类党员”是指：①患有精神病或其他疾病导致不能表达本人意志的；②自费出国半年以上的；③虽未受到留党察看以上党纪处分，但正在服刑的；④年老体弱卧床不起和长期生病生活不能自理的；⑤工作调动、下派锻炼、蹲点、外出学习或工作半年以上等，按规定应转走正式组织关系而没有转走的

续表

顺序	内容："四荐三查二评一选"
4	"四荐"：通过党组织推荐、党员群众联名举荐、非公企业负责人联名举荐和个人自荐四种方法产生候选人推荐人选
5	"三查"：对被推荐人进行资格审查、考察审查、创业项目审查"三查"确定候选人初步人选，进行公示
6	"二评"：各村召开党群评议会，采取党员评议、群众评议相结合的方式，对候选人初步人选的德、能、勤、绩、廉等方面进行集中评议和定向推荐。镇党委召开党委考评会议，按照不少于20%的差额比例，确定候选人预备人选并进行公示
7	"一选"：召开支部大会，选举产生新一届村党组织书记、副书记和委员

注：根据新民村党组织换届选举文件整理而成。

(3) 村庄民主的常态机制：村委会俘获议事会、监事会。除村民直选村委会外，基层民主更重要的是常态化机制的建立，也即在选举之后的村庄治理过程中，村庄民主管理、民主决策和民主监督的实施更能检验村庄民主的实际绩效。除村民全体会议和村民代表大会之外，新民村所在的乡镇还推行了"一部三会、统分结合、三权分设、群众自治"的管理模式，主要内容是：在村民委员会之外，增设村民议事会和村民监事会，议事会主要负责村庄重大事务的决策，村民委员会负责执行决策，而村民监事会则对议事会和村民委员会的工作进行全程监督(新民村村民议事会、监事会具体职责见表 3-2)。从制度设计上看，这种"三权"分设的管理模式扩大了村民参与的空间，能对村委会日常权力的行使形成较强的约束，是基层民主推进的制度创新形式。但从新民村的实际调研情况来看，情况却并不那么乐观。

新民村的"三权"分设的实际运行状况呈现为三个方面的特点：一是议事会和监事会的成员设置，大多与村委会及村组干部、党员群众代表重叠，群众大多认为"都是村委一帮人"；二是议事会和监事会往往开会进行决策和监督很少，大多数情况是村委会决策之后，交由议事会进行审议并获得通过，以获取在程序上合法性，而监事会也往往变成了橡皮图章，村委会决议需要归档的时候，就请监事会成员去签字，也即在实际的操作过程中程序走样，难以约束；三是议事会和监事会成员大多不会去按照权力设置与村委会抗衡，他们始终感觉村委会是村民选举和乡镇认可的合法组织，而他们则是附属性的配合组织，从而“不需要太较真”。从以上可以看出，在村庄民主的常态治理过程中，尽管有“三权”分设的架构，却并不一定有实际的绩效。尽管有些其他村庄可能会取得成效，但新民村的调研起码提醒我们，村委会可能会俘获议事会和监事会，最后议事会和监事会演变成为村委会将自身决策合法化的手段。

表 3-2　新民村议事会和监事会的职责分工表

组织形式	职责
村民议事会	①按照新民村村民大会和村民代表大会的决议和部署开展工作，听取、审议村民委员会的工作报告。②广泛联系群众，听取村民的意见，对村干部能力和作风进行民主评议，对村民委员会的具体工作提出建设性和指导性建议。③讨论决定新民村宅基地使用、计划生育、基础设施建设、集体经济、土地承包等合法权益的相关事项，讨论决定涉及村庄和村民利益的重大事项。④维护广大村民的合法权益，在村委会的决策与大多数村民的利益相悖时，有权做出变更或撤销
村民监事会	①对新民村村民会议和村民代表大会负责，接受村民的监督并接受乡镇纪委的指导。②对村委会财务开支、决议执行及工作落实情况进行监督。③对议事会决策程序和村委会执行过程进行监督，监督村委会的财务开支。④开门纳谏接受村民的意见和建议，监督新民村财务、政务、村务、党务的公开情况

注：根据新民村相关文件整理而成。

第三，村级组织与村庄经济的关联：公司主义特征与无力的农业服务

村庄经济主要包括了村集体经济、农民家户经济两种经济形态，两种经济形态的发展已深嵌于市场经济之中，但这并不是表明村级组织与村庄经济的发展毫无关系。恰恰相反，村级组织是集体经济发展的第一推动力，又是家户经济发展的重要服务力量。但笔者通过对新民村的调研中发现，村级组织对两种经济形态的推动存在诸多问题。

(1) 村级组织公司主义表现：集体经济发展中可能的谋利。推动村庄集体经济的发展如同增加它的“造血”功能，增加村庄的利益关联和凝聚力。江苏省对村庄集体经济的发展尤为重视，要求村庄有持续稳定的集体收入。苏

北地区属村庄集体经济欠发达地区，甚至还存在诸多的空壳村和负债村。根据省市政策的要求，新民村所在的市县出台了推进“四有一责”的具体实施意见，结合实际提出村级集体经济收入的具体举措(表 3-3)。

表 3-3　新民村所在县市采取的推动村级集体经济收入的举措

具体措施
开展“村级集体经济质态提升年”活动，将“所有村级集体经济收入超过 10 万元、经营性收入占比超过 30%、打造一批村级集体经济收入 50 万元以上的‘明星’村居”作为今年工作目标，并及时将“三来一加”、标准化厂房建设、“明星”村居创建等纳入考核体系，通过签订目标责任状、公开承诺等方式，广泛接受群众监督
“六+N”型发展模式提升村级经济质态。在强力推进代建经济、房东经济、土地经济、服务经济、商贸经济、招商经济“六型经济”基础上，积极探索建立所有符合村居经济发展、开放式“六+N”型发展模式，并及时将有关内容纳入村级经济考核指标体系，“倒逼”村级经济发展
在电视台开辟“村级集体‘六+N’型经济发展巡礼”栏目和“村级集体‘六+N’型经济发展论坛”栏目，组织党委书记畅谈村级经济发展思路，不断总结推广好的经验做法
大力实施组织推动、宣传发动、政策驱动、典型带动、服务拉动、考评促动“六动”战略，全面激发各类群体创业的主动性和积极性
积极开展“三来一加”专业示范村创建活动，帮助广大农村留守人员走上致富道路。切实鼓励村居兴建标准化厂房，引导村居不断探索村级集体经济做大做强的新途径

注：根据新民村所在县市相关文件整理而成。

新民村也积极贯彻上级关于集体经济发展的政策，努力提高集体经济收入，主要的收入来源有以下三项：一是在合村并居集中居住的过程中售卖多余的宅基地，新民村入驻居民每个家庭可划拨免费宅基地，但如果想多购置宅基地或外村人来购买则需支付每块宅基地 5 万元；二是由乡镇统一收取村庄公益事业“一事一议”费用，标准是每人每年 84 元，在费用收齐缴纳到乡镇后，乡镇按照 40%的比例返还给村集体用作集体经济收入；三是村庄集体土地出租给小型厂房的年度租金。新民村现有的集体经济收入总数在 100 多万元，其中主要部分是售卖宅基地的收入，但现在宅基地已经基本售卖完毕，这部分收入不会再增加；而“一事一议”政策原本是国家针对村民自行组织开展村庄小型公益事业而制定的政策，原则是村民自愿、用于村庄、有上限限制，新民村上缴的“一事一议”费用乃是市县实行的地方“土政策”，并不能持续下去；而村庄集体的土地出租费用在收入中所占比例很小。

由此，可以说新民村的集体经济收入并没有“活水”，反而呈现出日益枯竭之势。更重要的是在集体经济收入积累的过程中，村级组织往往俘获了村民理财小组，村庄账目只有村委核心领导层掌握，而并没有实现真正的财务公开，反而是一个“黑箱”。新民村在合村并居的过程中，一些附属的小型基础设施建设例如下水道、门前路的硬化、院落栅栏的安装等，皆由村委会班子统一进行承包并分摊成本给农户，每户需要缴纳的费用比同等市场价要高出不少，村民的怨气很大，甚至出现了多次上访的情况。可以说，村级组织的公共属性正在发生变化，反而呈现出公司一样的谋利属性，对此应予以警惕并通过相关制度加强监督。

(2) 村级组织与家户经济：农业公共服务的弱化和规模流转的强推。新民村家户农业种植每年的投入产出情况如表 3-4 和表 3-5 所示。

表 3-4　每亩小麦的产出与收入情况表

投入产出情况	项目	成本单位和数量	总价格/(元/亩)
小麦投入	麦种	30 斤	90
	尿素	100 斤	100~125
	磷肥	100 斤	45
	农药	4 次	40
	除草剂	1 次	10
	收割机	1 亩	50~60
	翻田	1 亩	35~40
	劳动力	8~9 个工作日	不计成本
总成本			400
总收入	小麦产量	800~900 斤(单价 1.1 元)	880~990
纯收入			480~590

表 3-5　每亩水稻的产出与收入情况表

投入产出情况	项目	成本单位或数量	总价格/(元/亩)
水稻投入	稻种	22 斤	66
	尿素	120 斤	144
	磷肥	100 斤	45
	农药	4 斤	40
	除草剂	2 斤	20
	收割	1 亩	55~60
	翻田	1 亩	40
	抽水	1 亩	40~60
	劳动力	8~9 个工作日	不计成本
总成本			450
总收入	水稻产量	1100~1200 斤(单价 1.29 元)	1400~1500
纯收入			950~1050

注：根据新民村村民访谈整理而成。

笔者调研证实，近几年来苏北地区正在以加速度进行工业经济的发展，但大多数农民的家户经济依然依靠打工经济+农业耕种，也即“半工半农”的模式予以支撑，大多数情况是中青年在外务工，而老年人在家务农。按照一稻一麦的种植结构计算，新民村农民每亩的纯收入在 1400~1500 元，按户均 5 亩田计算，每年的农业纯收入在 6000~7500 元。中青年家庭往往外出务工，老年人难以在城市就业，只能回到乡村耕种自己家庭和子代家庭的农田，并做一些兼职的工作，农业收入对于农村的老年人家庭来说是主导性的收入来源。也正是这种“半工半农”的家户经济模式支撑使农民工可进城务工又可退守乡村，保证了我国现代化发展能有一个稳定的乡村基础。但问题在于随着地方政府工作重心转向招商和发展工业，农业公共服务却日渐衰弱，给农民的农业生产带来了消极影响。主要表现在两个方面。

一是，农村基础设施建设成为制约农业发展的瓶颈问题。新民村水渠损毁严重，灌溉设备常年失修，村民难以组织起来进行统一的灌溉，只能将灌溉承包到个人，但私人承包往往导致灌溉成本极大增高；新民村的小区建设环境优美、交通便捷，但农田耕种的机耕道状况却极差，较为大型的车辆就难以通过，甚至导致一些农业机械也难以有效使用，从而给农民的生产带来了障碍。

二是，农业技术服务较为薄弱，农民难以享受到服务。新民村所在的乡镇有 16 万亩的农田，负责农业技术经济服务的只有 5 个编制，而实际做事的更少，大部分都在经营自己的农资店或种子店；农民的技术培训工作也开展得极少，部分农民表示“从来没有见过农技员下乡”。从两方面的简略介绍可以看出，农业公共服务的水平和质量并没有相应跟进，作为粮食安全和农业发展基础的家户经济依然停留在低水平的经验种植层面。

与乡村两级不重视农业公共服务形成鲜明对照的是，乡村两级组织对土地规模流转十分热衷，甚至会通过多种策略来强行推动。新民村地处平原，农业种植劳动力投入相对较少，且劳动时间具有季节性，总体时间不超过 3 个月，在家庭劳动力胜任的情况下，农民不会主动放弃农业收益，所以新民村的土地流转很少且限于亲属之间。2010 年在乡镇政府推动下，新民村村委会开始力推土地流转，尽管这一行为具有极大阻力且遭到农民的抵制，但村级组织在乡镇政府的压力下通过各种非正式“策略”和手段说服农民，以每亩 750 元的价格将 300 亩土地流转给外地的蔬菜种植户。但随着市场行情的波动，在土地流转的第二年外地承包户就因亏损而潜逃，土地流转的承包费无法兑现。笔者调研截止时，这一问题依然在处理之中。乡村两级组织热衷于推动土地流转，主要原因在于发展现代农业的政绩需求，而这一行为却并不符合新民村的实际，在劳动力未实现向非农领域大规模转移的情况下强行推动土地流转，不仅损害农民利益而且不符合农业现代化稳健、审慎的整体发展战略。

第四，村级组织的社会管理功能：应付的政务与悬浮的村务

村民自治是村民实行自我管理、自我教育、自我服务的基本社会政治制度，核心内容之一是实现民主管理。村级组织的社会管理功能主要包括两个方面：对上的政务与对下的村务。

新民村的村委领导班子在选举后的治理过程中还有一个显著的特点，即主任书记在“一肩挑”的同时，还会任命副主任为常务主任，薪酬也是按主任的级别发放。正职主任“主外”，是政务工作的责任人和具体实施者，而常务主任“主内”，主要处理各种村务。通过对新民村政务和村务的调研和梳理，可以明显地感知到处于“接点”位置的村级组织的无奈和无力。

(1) 村级组织疲于应付政务：被捆绑的招商引资。基层乡镇政府下压给村级组织的政务中，招商引资和中心工作是最重要的两部分。首先是招商引资。乡镇政府面临着极大的发展压力，招商引资发展工业成为行政体制运作的第一要务。由此，基层政府便发挥动员式治理的作用，捆绑村级组织加入招商引资的行列之中。主要表现为几个方面。

一是，村级组织招商引资的具体要求。要求村书记在外招商跑项目，每个月要有一个星期的时间在外招商，外出到招商地之后需要用当地电话向乡镇党委书记汇报来予以监督，外出招商的费用由村级组织垫付，如果招商成功则乡镇予以报销差旅费，招商不成功则由村级组织自行承担费用。

二是，村级组织招商引资的奖惩措施。乡镇严格规定了村级组织的招商任务，即每年招到 500 万元以上项目两个。如果完成项目，按照项目总额度的 5%来进行奖励，如果招不到项目，则每个月罚款 2000 元，村级组织有集体收入的由集体收入垫付，没有集体收入的由村委班子的薪酬中扣除。在全镇年度招商考核大会上，完不成指标任务的村级组织负责人还要上台进行检讨，并写出书面检查。

三是，村级组织招商引资的效果。新民村所在的乡镇推动招商引资，但各个村却效果差距比较大，有些村的主要负责人社会网络较小、活动能力不强，招商引资累计完成的数额很小，不仅村级组织的薪酬被扣除较多，而且也在乡镇里没有地位，甚至有些村庄的书记感觉压力颇大主动辞职。新民村的马书记当年当兵出身，战友分布在全国各地各行业，他长期在外跑项目，能基本完成所要求指标的一半，这在乡镇内算是很不错的成绩。他自己坦言资源有限而全国中西部地区都在招商，僧多粥少感觉压力极大。

除了直接的招商引资任务之外，乡镇还会要求村级组织服务于县乡招商引资或企业发展的工作，主要是指解决入驻企业的用工问题。乡镇要求村级组织统计在村和在外人员名单，分别宣传动员，并分解任务指标给村级组织，要求必须完成招工指标数，对招工成绩突出的给予奖励，对完不成任务的给予经济处罚。村级组织完成用工任务难度较大，因为当地的薪酬水平较低，劳动力为了获得更好的效益而不愿留在本地。为了完成指标任务不被通报批评和处罚，新民村及其他村庄往往花钱“买工”，在招工完成期限内以每人每天 50 元的酬劳带人去报名，有些只要报名就算做完成任务，报完名后不需进厂工作，而有些还需要进入工厂工作半个月或一个月才算完成任务，村级组织只能以每天补贴 50 元的标准再次补贴。这一任务不仅耗费了村级组织的精力，而且更耗费了财力。此外，村庄还要完成各项招商引资或全民创业的“数字政绩”。例如，新民村所在县发动全县进行全民创业，各项小企业或个体工商户指标下压到村庄，新民村 2010 年一个月就有 30 多个工商户指标，村里只能借村民身份证去进行虚假注册。村会计无奈地表示，在村人口的三分之一都被注册成为了工商户，村委会简直成了“造假公司”。

(2) 村级组织悬浮于村务：指标化与去责任化。村务也即村级组织所处理的村庄事务，包括了农民生产生活的多个方面，重点有农村环境整治、农民纠纷上访问题、计划生育、社会综合治理等。通过新民村的调研，笔者发现，后税费时代的当下，乡镇不再要求村级组织收取税费，在村务中的硬性任务正在逐步减少，由此在对村级组织社会管理功能的考核中，软指标正在逐步地代替硬指标，甚至出现了“软指标的硬指标化”，而村级组织也正在脱去自身的责任，在组织、协调和处理村庄事务中做“老好人”，不愿意积极行政而表现出强烈的“去责任化”特征，指标化和去责任化必然给村庄建设带来一系列后果。

首先是村务的指标化特征。国家希望村级组织能建立起正规化、现代化的规则，所有对村务管理要求技术化、专门化、分工化。现在村级组织社会管理中的重头戏，就是对照考核指标准备档案。妇女主任会花费很多的力气在填报统计表格和定期汇报上，而治安调解主任也需要花费很多时间排查上访户和村庄纠纷以登记在册。因为村务涉及内容太多，笔者以村庄环境整治为例来展示指标化的精细程度(表 3-6)。

表 3-6 农村环境“四位一体”综合管理工作考核细则

序号	考核内容	考核指标	基本分	考核计分标准	扣分	考核分
一	村庄组织领导		10	建立领导小组，成立专门的工作班子 2 分，落实以奖代补配套资金 8 分		
二	村庄保洁25分	房前屋后	10	房屋整洁 2 分，无乱搭乱建 2 分，四周无垃圾 2 分，杂物堆放整齐 2 分，农忙季节后集中清整 2 分。见一例不合格扣 1 分		
		公共部分	6	村庄公共部分无暴露垃圾 2 分，主次干道两侧、河道两岸、村企业、学校和村部周围无暴露垃圾 4 分，发现一处垃圾扣 2 分		
		垃圾集中处理	9	设立垃圾填埋场，生活垃圾做到日产日清，并及时送至填埋场得 5 分，填埋场定期覆土、消毒、防止二次污染 2 分，建筑垃圾及时清运处理 2 分。见一例不合格扣 2 分		
三	河道管护 25 分		25	河面清洁，无水生植物，无漂浮物得 6 分，见一处 2 平方米以上的漂浮物扣 1 分；无乱设的障碍物得 2 分，见一处扣 1 分；水体干净，无未处理的工业污染水体、禽畜粪便水体排入河中得 4 分，无高杆和藤类植物得 5 分，规划控制范围内无违章搭建、无肆意取土、无侵占河道现象得 4 分，农桥桥面干净、整洁、无损坏，得 4 分，见一例不合格扣 2 分		
四	道路养护 20 分		20	路面做到“十无”：路面干净、道路两侧无影响道路环境的违章建筑，路口和拐弯处无遮挡视线的障碍物，路面、道路用地及道路桥下无非道路使用的堆积物，道路和道路用地无“马路市场”及摆摊设点，路肩和过坡无影响通行安全和路容路貌的种植物，道路沿线无未经许可的各式广告牌，道路两侧无未经审批的杆线，无道路打谷晒场、焚烧秸秆和损毁绿化，以及无其他损坏路产、侵犯路权等影响安全畅通的现象。每项 2 分，见一例不合格扣 1 分		

续表

序号	考核内容	考核指标	基本分	考核计分标准	扣分	考核分
五	绿化管理	20 分	20	河道内、道路两侧及其他公共部位绿化树木、草坪保持良好生长状况，保存率在 95%以上的得 8 分。开挖隔水沟，确保能灌能排得 4 分。按规定要求，做好修剪整枝工作，做到树形优美、草坪完整完好，林相整齐得 2 分。根据不同季节，不同病虫害发生期及时防治，确保树干、枝叶不被虫害蛀食得 2 分。冬天所有树木下部 1~1.2 米内要进行刷白 2 分。每年秋冬根据不同苗情搞好施肥，确保绿化效果 2 分，保存率达不到 95%的每少 2 个百分点扣 1 分；其他项目每一例不合格扣 1 分		

注：根据新民村所在乡镇政府提供的材料整理而成。

其次是村级组织在村务管理中的“去责任化”。后税费时代的新农村村委会不再像之前那样积极行政，按照村干部的说法，认为农民越来越懂法，国家政策也不让乱来，也懒得去管，管不好还惹一身麻烦。而农民则认为，现在的村干部太好当了，拿着一份工资，什么事情也不愿意管，当老好人、太平官，越来越没有威信，也不值得信任。村干部和村民的两种说法都根源于村级组织没有了压力，没有了压力也就没有了动力，从而变得消极怠工。而之所以卸去压力，正是因为国家害怕村干部非法利用职权来“作恶”，从而采取财政转移支付工资、强大的法律法规宣传等来约束村委干部。以新民村的村民纠纷为例，以前发生纠纷首先是找房支中的“房头长”来进行调节，一般小的家庭纠纷或房支之间的家庭纠纷，凭借“房头长”的权威就能解决，如果是房支之间的纠纷一般由村民小组长或治调主任进行调节，如果再大的矛盾则经村两委主要领导调节基本就可以平息。但现在村民的纠纷一般小组长和村干部不愿意多管，如果出现了纠纷能尽量避免就避免，因为他们担心自己的处理会被指不公，甚至惹来麻烦，一般会倾向于让村民到乡镇司法所进行调节。而在村庄文化建设方面更是如此，新民村文化建设活动处于放任自流的状态，很多村民因为没有辨别能力而加入了地下基督教会及顶头教、东方闪电等邪教组织，村委干部对此知晓得很清楚，但也没有积极去排查干预，认为那是村民自己的私事，不好干预，如果干预了可能会引发村委会的麻烦。可以看出，村委班子在诸多村务管理中呈现出能不管就不管、能少管就少管的消极行政状态。

四、新民村村级正式组织参与乡村治理的思考：发展主义与强人治村

从新民村村级组织的治理实践和治理特征可以窥探出，当前苏北地区村级组织的治理逻辑主线，关键词有两个：发展主义与强人治村。

第一个关键词——发展主义。所谓发展主义即地方政府将发展作为第一要务，这一发展往往被简化为 GDP 甚至进一步简化为工商业发展的产值量及城镇化率，而主要的推动渠道就是招商引资、城镇化风潮。

从招商引资看，苏北总体上属农业型向工业型转型的地区，由此招商引资发展工商业成为地方政府的最大政绩，甚至与乡镇干部的升迁直接挂钩。例如县里规定镇长不负责乡镇具体事务，主要职责是外出招商，镇政府从各部门抽调得力人员常年组建专职招商团，每年至少招到 1 个亿元项目、5 个规模企业项目。与专门组成专职招商团不同，镇党委书记也要组成招商工作小组，所有乡镇干部和村级组织领导都是组员，全部发动起来进行招商，招到项目进行奖励，招不到项目则罚款。如果按时完成项目，乡镇主要负责人可以得到提拔，如果招不到则在升迁考核中会严重落后。而累计完不成任务，还要上县电视台进行检讨并全县转播，招商严重不得力的甚至会被免职。也正是由于招商引资的巨大压力，而乡镇政府所能动员的资源又有限，所以村级组织必然被捆绑到招商引资的战车上来，乡镇政府亦将县级政府的奖惩措施如法炮制用来激励村级组织。

从城镇化发展风潮看，县乡政府层面发展的另一个重要指标即城镇化率，江苏省作为东部发达地区，又是统筹城乡发展的标杆省份，城镇化率的发展

是考核的重点指标。由此新民村所在的县乡政府倾向于建设更多的农民社区，实行集中居住。一方面，可以提高城镇化率，在城镇化发展潮流中获得更大的数字政绩，例如县乡规定让在社区居住的农民购买市养老保险、城镇失业保险及医疗保险，新民村就有 10 个指标要落实。另一方面，推动农民进行集中居住，可以通过原有面积较大的宅基地复垦为农田来获得更多集体建设用地指标，指标通过增减挂钩将转化为城市建设用地指标，部分售卖给苏南地区，部分自行留用用于县乡的小城镇建设，新民村所在的县乡 10 年前就规定村里不再批复新的宅基地，也不准在旧房原址建新房，由此农民不得不到新型的住宅小区购房，需求大于供给的购房现状逐步炒热了小城镇的房价，现在县里房价逼近 5000 元/平方米，而乡镇的房价也已逼近 2000 元，新民小区现在的别墅售价已经在 30 万元以上。对于新民村集中居住小区来说，当前依然需求大于供给，因为年轻人大多外出务工，生活属外向型，对环境优美、交通便捷的小区尤为青睐。在小城镇发展中，县乡政府也能获得更多的土地财政，从而进一步加剧了发展主义的渴求。

第二个关键词——强人治村。在发展主义的环境塑造下，村级组织往往会呼唤强人治村。

首先是乡镇政府层面对强人治村比较青睐。发展主义的大环境必然会推动乡村社会各方面的急剧变动，乡镇需要更多的发展型的指标落实到村庄，这就必然需要村庄的主要负责人要有能力、有手段落实各项任务。新民村所属乡镇在选拔村干部的原则中明确规定，要打造发展型的村干部，即将那些能增加农民收入、带领农民发展经济、有魄力有干劲的拔尖人才选拔到村干部的岗位，做乡村发展的“先行者”和“领路人”。

其二是村级组织强人治村的产生往往有村庄基础。苏北属于小亲族地区，往往家族之间力量相对均衡，在村庄政治舞台上进行较强的竞争，甚至会出现派性的斗争，从而导致轮流坐庄、相互拆台。这时候家族势力较大、自身属于村庄精英且性情比较强硬的人物往往会胜出，例如退伍军人、在外经商的经济精英等。新民村当下的治理就属于典型的强人治村，现任马书记当兵出身，性格强势，好狠斗勇，在小区合村并居过程中主动接下了乡镇的任务，并且自行带头先搬迁自己的房屋，而且强力拆迁了最后不愿意拆迁的人家，在当时激起了较大的民愤，但由于他强人治理的作风，整个自拆自建过程进行得比较顺利，新的集中居住区随着城镇化建设的升温而不断升值，很多村民反而来感谢他当时的强硬作风。

从新民村的调研可以看出，苏北地区具有强烈的发展主义特征，发展主义的连带和捆绑不断将村级组织卷入其中，从而在政治、经济和社会管理等功能中表现出鲜明的强组织-弱社会特征，这种特征必然会不断筛选或形塑村庄治理精英，不断将强人治理推向村庄舞台，而发展主义与强人治理的“互嵌”又会进一步加剧村级组织的治理循环，苏北村级组织的逻辑特征便越加鲜明。

第五节　个案之二：苏南花园村正式组织参与乡村治理的调研

一、调研地点简介

花园村所处乡镇地处长江经济开发带，所辖面积 94.4 平方公里，总人口近 20 万人，其中本乡镇户籍 8.9 万人，下辖 2 个办事处、14 个村委会、3 个社区居委会。镇区地处平原地带，204 国道贯穿南北，338 省道横跨东西，交通便利，物产丰饶。

花园村位于镇郊结合部，由三个村合并而成，辖区面积 4.3 平方公里，下辖 27 个村民小组，1 个居民委员会，村民总户数 1349 户，常住人口 13 500 多人，其中本地人口 5200 多人，外来人口 8300 多人。全村总面积 5800 亩，耕地面积 1018 亩，其中，已流转土地面积 962.48 亩。村党组织为党委建制，下辖 9 个党支部，共有党员 178 人。2012 年村民人均纯收入达 22 500 元。花园村在苏州市的地理位置如图 3-4 所示。

图 3-4　苏南花园村在苏州市所处的位置

图 3-5　花园村的小区一景

图 3-6　花园村体育广场一角

二、调研过程和调研发现

2013 年 9~10 月，笔者来到苏州花园村，围绕村级组织的治理进行了为期 20 天的专题调研。在调研中，笔者对乡镇领导、驻村干部、村庄(社区)领导、村民小组长、企业领导及普通农户等三十余人进行了深入的访谈，获得了大量的一手资料和数据。

通过深入的调研和实地考察，笔者发现：由于地处乡村经济高度发达的苏南地区，花园村的村级组织在治理形态、治理特征及治理逻辑上都与苏北欠发达地区的新民村截然不同。苏北花园村的市场经济和产业化发展已较为成熟，工业水平较高，农民已全面实现了“在地化”的非农领域就业，城市一体化已经由蓝图变成现实，甚至可以说花园村已不是普通意义上的村落，而成为了标准的城市小区。在本案例中，笔者立足于花园村的多个微观层面的治理实践和特征来透视村级组织的治理方向、治理逻辑及潜在的问题。

三、花园村村级组织的治理实践和治理特征

根据调研，笔者认为随着苏南经济社会发展的快速推进，花园村已基本完成由传统村落向现代社区“质”的转变，花园村的治理形态及政治、经济、社会管理上的治理实践已经比较成熟而完善，但不可否认的是也存在着一些隐忧。主要表现在以下几个方面。

第一，村级组织与村庄社区的关联：科层化治理和村干部职业化

与农业型地区不同，花园村基本上属于完全工业型的村庄，工业化生产方式不同于农业生产方式，它改变了村民的生产生活方式，打工经济的盛行导致外部人口的大量流入，各项专业性的事务也急剧增多。在这种状况下，村庄的治理形态发生了重大转变，最明显的特征表现在两点：一是村干部的职业化，二是村级组织的科层化治理。

(1) 村干部的职业化运行：乡村治理发展的特定需求及产生的问题。取消农业税费之后，国家所推动的“资源下乡”使村级组织的性质逐步发生了变化，村级组织成为了上传下达的中介，事务性的工作逐步增多，而且花园村属工业发达地区，经济发展带来一系列社会管理事务，从而对村级组织和村干部的专业性要求更高，同时要求在乡村管理方式上要具有规律性和稳定性，能适应工业社会的标准化和高效率要求。由此，花园村的村干部开始全面实行了职业化，主要表现在三个方面：一是“坐班制”。花园村村干部实行周一至周五每天八小时工作制，具有严格的工作流程和工作规章，并且有严格的职责分工，甚至可以说，花园村村委会已经“机关化”。二是严格的考核和薪酬制。花园村所在的乡镇制定了严格的绩效考核准则，并将考核结果与薪酬

挂钩。由于花园村集体经济发达，一般来说乡镇转移支付部分经费，主要的薪酬和奖金由村集体财政支付。村干部的考核还要经过村民代表会议的通过并经过民主理财小组签字。三是专业培训和继续教育。由于村委会管辖到多个部门，各部门的分工不同且权责明确，每年这些部门都会参加专业的培训或继续教育，以适应职业化的技术要求和职业道德要求。

总体来说，村干部职业化适应了苏南地区经济社会的需求，是必然会产生的趋势。村干部职业化也有利于村干部更好地履行专业性的职责，储备村级后备干部力量，有利于基层组织建设。但不可否认的是，村干部的职业化也存在问题，主要表现在职业化之后，村干部往往会出现唯考核指标是从的感觉，即不主动积极去介入村庄治理积极开展工作，工作重心往往转移到分解考核指标和落实考核指标上来，尤其是更容易受制于乡镇政府的干预，而村民自治的独立意识往往会减弱。

表 3-7　花园村村委主要干部的职责分工和报酬金额表

姓名	职务	职责内容	批准报酬金额/元	实发报酬总额/元
顾某某	村书记	主持青龙村全面工作	152 408	152 408
马某某	村主任	主管青龙村(居)民委员会全面工作	120 000	120 000
高某某	村副书记	分管全村纪律检查、社区建设、精神文明工作	120 000	120 000
高某某	村副书记	分管全村党建工作、工业经济、工会工作	120 000	120 000
黄某某	村副主任	分管全村农业、老龄工作，配合村委做好中心工作	107 000	107 000
徐某某	村副主任兼会计	分管村级财务工作、规费收缴、年终两次分配、各项结算，配合村委做好中心工作	92 000	92 000

注：根据花园村村干部的访谈整理而成。

(2) 村级组织的科层治理：权力的分化和治理内容的庞杂。科层治理一般指在行政机关内部上下级之间的权限关系，下级应服从上级的安排和指令。一般来说，村级组织之间也具有领导与被领导关系，具有不同的权责分工。但花园村的科层治理具有新的特点，主要表现在科层权力的分化及科层治理内容的庞杂。

首先是科层权力的分化，主要表现在村级组织政治性领导班子和事务性管理班子的分离。苏南的经济发展带来了治理项目的多样和治理内容的庞杂，村民选举出来的村委干部人手不够，难以应付日益增加的工作量。由此花园村以集体财政聘用了大量的合同制人员，也即村委会的工作人员。这样村庄就有了两套性质不同的干部：一类是以书记、主任为核心的，其他两委成员共同组成的政治性领导班子，这部分干部来自于村民选举，掌握着村庄利益及资源的分配权力，村庄的重大事项由他们进行决策并分工负责。另一类是，以村办公室和其他各条线主办人员为核心的，其他临时聘用人员共同组成的事务性管理班子，这部分干部由村委领导班子成员聘用，很难参与到村庄利益的分配秩序和重大决策之中，他们只是事务性的工作者，完成村委班子交办及村民需求的各项工作，这些人员是村庄治理重要的补充及辅助性力量，能够缓解办事人力不足的困境。

事务性管理班子的组成人员主要来源于入党积极分子、村民代表或退伍军人等。这部分人从很大程度上具有进入村庄政治的需求，但现实情况又无法直接让他们进入核心政治性领导班子。他们通过对具体村庄事务的参与，增加同村民打交道及在干部面前表现的机会，并将之作为实现其目标的一个重要步骤，特别是入党积极分子，他们表现得好坏直接关系到他们是否能够顺利入党，这类群体在村庄事务参与中扮演着十分积极性的角色。事务性管理班子之下还会有部分非正式的协助性的工作人员，例如计划生育工作每个小组都设定有计生联系员，安全检查工作也设有安检员，他们往往工作量较小，主要协助管理人员开展工作。 这部分人员大多是对本村或本组情况比较熟悉和了解的老年人。

其次是科层治理内容的庞杂。当前花园村的主要工作分为两类：一是由政治性领导班子来处理的内容，这部分内容往往与利益密切相关，例如向上级申请项目来获得村庄集体的利益，向下制定资源的分配规则，发展村庄经济的战略思路及村庄重大纠纷或涉及群体性的利益问题等。二是由政治性领导班子决策部署，由事务性管理干部具体执行的内容。这部分内容十分庞杂，涉及方方面面，往往是与利益无关涉的程序性、技术性的工作，主要包括相关文件的传达及政策解释工作，涉及环保、民政、安全检查、计划生育、治保、精神文明建设等具体内容(表 3-8)。例如计划生育工作，包括了一年两次的查孕查环，每个月随访育龄妇女，发放宣传资料、避孕药等，填写人口报表及村庄内部生育、死亡情况。除了这些工作，花园村村委会大楼的第一层还有一些程序性的服务窗口办理各种服务事项(表 3-9)。

表 3-8　花园村事务性管理干部职责内容和年度报酬表

姓名	职责内容	年度报酬/元
钱某某	负责做好民兵征兵、民政工作，配合村委做好中心工作	55 000
黄某某	负责做好安全生产、综合治理，配合村委做好中心工作	56 000
陆某某	负责做好村(居)委妇联、计划生育，配合村委做好中心工作	55 000
郑某某	负责全村村民建房、拆迁、水电管理，配合村委做好中心工作	50 000
焦某某	负责全村大环境整治，配合村委做好中心工作	50 000
徐某某	负责村联防队、协助做好大环境整治，配合村委做好中心工作	50 000
王某某	负责团委工作、协助做好大环境整治，配合村委做好中心工作	50 000
陈某某	负责文秘工作、资料归档，配合村委做好中心工作	45 000
陈某某	负责村级基建，配合村委做好中心工作	45 000

注：根据花园村村干部的访谈整理而成。

表 3-9　村委窗口服务内容、服务对象和服务程序

序号	服务内容	服务对象	服务程序
1	党员组织关系	党员	持身份证、党组织关系介绍信办理
2	流动党员登记	党员	持身份证、流动党员活动证办理
3	企业申报登记、报批	企业业主	持业主身份证、申请书、场地证明(村委会盖章)等报镇行政服务中心工商窗口
4	户口申报	本村新生儿	持小孩出生证明、户口簿、村委会出生证明、妇女信息卡、结婚证等报镇行政服务中心派出所窗口办理

续表

序号	服务内容	服务对象	服务程序
5	代办《生育健康服务证》	本村育龄人员	持户口簿、身份证、结婚证、女方1寸照一张，经镇计生办审核后办理
6	代办《独生子女证》	本村未满14周岁的独生子女	持女方户口簿、生殖健康服务证、子女1寸照一张，本人申请(村委会统一盖章)、经镇计生办审核后办理
7	代办(再生子女审批)	本村村民	1.夫妻再生育申请审批表一式两份；2.结婚证原件及复印件；3.双方身份证及复印件；4.双方户口簿(户籍证明)复印件；5.女方近期1寸免冠照片一张；6.申请当月孕环检查报告；7.生育情况证明材料；8.不同情况还需提供一些补充材料
8	代办《流动人口婚育证明》	外出、外来育龄人员	持户口簿、身份证、村委会证明、1寸照一张，已婚带结婚证并落实可靠避孕措施，经镇计生办审核后办理
9	代办老年优待证	本村60周岁以上的老年人	持户口簿、身份证、1寸免冠红底照一张，交镇行政服务中心办理
10	办理死亡证明	丧者家属	持丧者户口簿、身份证办理
11	合作医疗办理	本村村民	持户口簿、身份证审核后报行政服务中心合医办办理
12	代办低保证	本村贫困户	1.由户主向村委会提出申请；2.村委会进行调查并提出意见；3.上报镇行政服务中心审批
13	代办残疾证	本村残疾人员	持身份证、2寸免冠照三张，领取申请表，再到相关医院体检，然后交行政中心办理
14	房屋所有权变更	本村村民	1.等级申请书；2.申请人身份证明；3.房屋所有权证书或者房地产权证；4.证明发生变更事实的材料
15	五保供养审批	老年人、残疾人或者未满16周岁的村民	符合下列条件：1.无法定赡养、抚养义务人，或者虽有，但是赡养、抚养义务人无赡养、抚养能力；2.无劳动能力的；3.无生活来源的。需要提交材料：1.申请报告；2.申请人身份证、户口簿复印件；3.五保对象审批表；4.五保老人入住敬老院协议书或五保对象寄养协议书；5.其他

注：根据花园村的村级服务窗口的内容整理而成。

第二，村级组织与村庄政治的关联：政治参与监督程序的完善及潜在限制

随着经济社会的全面发展及利益的聚集，村民自治的权利意识会不断增强，从而会对政治参与和政治监督提出进一步的要求。花园村在政治参与和政治监督程序上已日益完备，各种规章制度已经比较健全。但不可否认的是，由于经济分化的日益严重，政治参与具有多方面的潜在限制，这种限制甚至可能会进一步加剧阶层分化甚至会带来潜在的阶层固化和阶层冲突。

(1) 村庄政治参与程序和监督体制的日益完备。花园村村级组织对村庄政治的推动主要表现在两个方面：政治参与程序的健全和权力监督体制的完备。主要包括五个方面内容。

村民党群议事会。花园村于 2011 年成立了党群议事会，成员共 87 人，组成人员代表性强，主要包括了村党委及村委干部、村民组长、村民代表、党员代表及普通群众等。每次党群议事会召开都会做出相应的记录和备案，事项清楚，程序完备，能比较好地代表全体村民的公共利益(附 2012 年花园村党群议事会重大事项决策情况，见表 3-10)。

表 3-10　2012 年党群议事会重大事项决策情况

序号	事项
1	新型农村合作医疗的参保补贴，每人补贴 50 元，村共计补贴了 14.25 万元
2	推进农转城工作，确保完成率达到 100%，特别针对四类人员资金困难的问题，村为 9 名四类人员贷款进入了城保
3	财险、人身意外险的参保，由村出资 3.3 万元为全村村民参保了家财险，人身意外险由居民自愿参保
4	综合减灾示范社区的创建工作，村共投入了 6 万元，建立了消防警务室，购置了物资陈列架、救生工具、应急物资等设施
5	开展“金秋助学”活动，为 18 位困难学生提供助学金
6	股份制分红方案的确定

注：根据花园村村干部的访谈整理而成。

党务公开情况。花园村党员发展情况、党员发展基金收缴情况、党费收缴情况、党员冬训计划、党员代表大会选举情况都能做到公开，上公示栏和网站进行公告，而党建工作经费使用情况也能向民主理财小组及村民代表会议进行报告，各项党建活动例如党员志愿者活动、党员结对筹集慈善基金活动等都能及时向党员公布并积极推动党员参与。

村务公开和民主理财情况。花园村的村务公开内容比较完备，主要包括了村干部薪酬发放、村委任期目标、村庄经济规划、村庄集体经济债务债权情况、土地资源流转和发包情况、计划生育及民政救助、救济工作等(以 2012

年花园村 1 组集体收支情况公布表为例，见表 3-11)，内容全面、详尽，而且重大事项皆经过村民理财小组和党群议事会的决议，总体上来看，保证了村民对村务基本情况的知情权。

责任审计情况。花园村所在市县对村级组织进行阳光审计做出了具体规定，主要内容包括任职期间的预算执行及决算情况；农村集体资产管理、使用及保值增值情况；与财务收支有关的内部控制制度的执行情况；土地承包及流转合同履行情况；与财务收支相关的主要经济工作目标、任务完成情况；遵守相关农村集体财务与资产管理以及其他财经法规和廉政规定情况等。在审计完成后会根据审计结果对村级领导任职期间的情况进行评价和建议，并以此作为党员领导干部考核及任职的重要依据，对存在违法违纪问题的依法提交纪律监察部门。总体说来，花园村村级组织的任职审计工作比较严肃，而且客观、中肯。

创新监督管理体制。按照上级要求，花园村推行村庄权力公开透明运行，花园村所在的乡镇政府以信息公开、党群互动、便民服务、立体监管为核心内容，依托现代信息网络，构建了市、镇、村三级联动，全方位覆盖的农村基层党风廉政建设综合监管平台，俗称“网上村委会”。“网上村委会”包含了三大监督预警系统(包括“三资”管理系统、干部勤廉预警系统、工程监管系统)，能为上级纪律监察部门的动态监管提供路径，同时也能实现村民对村级事务参与和对村干部的监管。通过花园村的调研，笔者认为这一技术性监督系统起到了一定的作用，在村民中也有一定的认可度。

表 3-11　花园村 1 组集体收支情况公布表

(自 2012 年 2 月至 2013 年 2 月；金额单位：元)

时间	摘要	收入	支出	结余(净资产)
	上年结存			16 790.92
2012.8.17	××意外保险		3160	
2012.12.19	××土地租金	11 165		

续表

时间	摘要	收入	支出	结余(净资产)
2012.11.7	征订 2012 年××市报		228	
2013.1.10	××××有限公司青苗费	1000		
2013.1.10	××××有限公司青苗补助费	21 360		
2013.1.10	××××有限公司青苗补助费	22 320		
2013.1.10	××××有限公司污染费	30 000		
2013.1.10	××××有限公司利息款	9828		
2013.1.10	镇政府土地租金款	78 910		
2013.1.16	××意外保险	3160		
2013.1.10	付社员合作医疗费		1525	
2013.1.20	付 70 周岁老人费		1100	
2013.1.11	付社员年终二次分配款		174 920	
	合计	177 743	180 933	13 600.92

注：根据花园村的相关文件整理而成。

(2) 阶层分化对村庄政治参与的限制。正如上文所言，在村庄治理的常态机制中，花园村村级政治的多个方面能吸纳村民参与和监督，在村民自治的选举过程中也能按照选举法的要求实行村民每人一票式的直接选举。但村民在参与选举的过程中，却遭遇了无形的门槛，这一门槛即是经济的分化。花园村当下的经济分化特点表现为经济阶层多，差距大。

当地工业经济发达，有机械加工、服装加工、纺织、贸易、物流等多种产业，经过市场经济几十年的发展，花园村的经济分层已十分明显，大约有15%的少数人是当地产业经济中最成功也最富有的部分，这部分人主要依赖于资本投资或开办大型工厂，企业规模较大，效益较好，每年的收入都过百万元，可以称之为大资本阶层。

在大资本阶层之下是中层资本阶层，这部分人的比例在 25%左右，每年获利在几十万元，主要是开办家庭工厂或店铺等，资本量比较不大，但规模和效益较好。

在中等资本阶层之下是普通农户阶层。这部分人的比例在 50%左右，他们往往投资于小型作坊、小店铺或是大型工厂里的技术人员、销售人员、运输人员等，每年获利在 20 万元左右。

处于经济分层最低端的是 10%的弱势阶层或贫弱阶层，主要是家庭有特殊情况或打零工、短工等情况的家庭，他们家庭年收入在 10 万元甚至在 5 万元以下。这部分人往往与上层和中层缺乏利益联系，形成了明显的阶层断层。

大资本阶层、中等资本阶层、普通阶层及贫弱阶层形成了分化较为严重的经济阶层，这种分化对村庄政治尤其是村民自治选举产生了决定性影响。这种影响主要表现为三个鲜明的递进关系。

一是，经济分化会逐步演变为阶层分化。花园村的经济差距相对还是比较明显，经济基础好的大资本阶层和中等资本阶层往往会将分化向社会领域延伸，比如在人情圈和交往圈上资本阶层往往更容易达成联系，从而在社会生活各领域都会表现出差异。例如花园村的资本阶层在走人情上“随礼”的档次要远高于普通阶层，而在交往圈上也要远大于普通阶层。社会网络和社会资本的进一步膨胀，反过来又推动经济上的分化。经济分化推动社会分层，而社会分层和经济分层会逐步联合形成阶层的分化。

二是，阶层分化会逐步定型为阶层固化。随着阶层的分化和资本阶层的相互联合，阶层固化必然形成，主要表现为普通阶层已难以跃升到资本阶层，花园村的普通农户表示，现在创业的最好时期已经过去，空间已经被挤压得比较小。而随着阶层分化的加剧，不同阶层在生活消费、交往圈子、人情往来甚至是通婚圈等多方面已经开始有明显的区别，这种区别已经很难被打破。

三是，阶层固化会设立村民选举的门槛。从花园村的调研看，阶层的分化往往会造成村民选举中的两极现象：参与选举村委主要领导的主要是资本阶层，很少是普通阶层，弱势阶层更是鲜见。而在参选的过程中资本阶层拥有雄厚的财力和广泛的社会网络，并在推动村庄经济发展、增加村民福利，甚至是免费投入为村庄建设服务等方面做出承诺，这些举措和承诺是普通阶层及弱势阶层所难以达到的，从而自然就将这些阶层排除在村民选举之外。花园村现在的党政班子成员大多都是企业领导人或小型企业主，很少是普通阶层，而贫弱阶层更是没有。可以说阶层分化的日益加剧设立的高门槛，使村庄政治权力主要集中于资本阶层，这会对村庄民主政治建设留下较大的隐患。

第三，村级组织与村庄经济的关联：集体经济瓶颈与农业服务探索

花园村属发达地区，一直以来坚持“强工兴村”的方针，通过招商“选资”的方式发展工业经济。在村庄范围内，现有大型工业企业 50 多家，其中超千万元资产的企业 9 家，台资企业 1 家，韩资企业 1 家。村级组织对这些在村的民营或外资企业，主要在于做好日常的服务工作。村级组织与村庄经济关联最紧密的两部分是村庄集体经济与农业经济两方面。

(1) 村庄集体经济强盛但存在一些瓶颈性因素。随着20世纪90年代之后，苏南乡镇企业的全面转制，村庄集体经济难以再依靠办企业的方式来实现发展。花园村的村庄集体经济主要来源于三个部分。

第一部分是标准型厂房和商铺的出租。这部分收入大约占到集体经济收入比例的 75%，主要是依托村庄建设用地建设的厂房和临街商铺，厂房出租标准为 80~120 元/平方米，门面房一般在 25 平方米左右，年租金 1.5 万元左右。如今村委会还在不断更新厂房并配备更完备的基础设备，以不断提高租金，获得更多的增值收益。可以说这种方式是苏南很多村庄充实集体经济的基本方式，这种方式是一个长收益、不断增值的稳定投资方式。

第二部分是村庄的资产增加和投资收益。村级组织利用现有集体资金对外进行投资，主要目的在于获得较高的投资收益。方式主要有以下三种：花园村具有临街近镇的区位优势，从而利用部分路段原有老企业“退二进三”(“退二进三”，是指将已不适应城市建设要求的工业厂房转变功能用途，用于发展创意、娱乐、宾馆、科技、教育、卫生、文化、体育等第三产业)的契机，村级组织投资部分服务业；花园村借助国道沿线开发的契机，做好沿线企业的搬迁和农户拆迁工作，通过资产回购、资本运作等方式增长村级集体资产；花园村还依托村级经济发展联合体，利用联合体的政策、资金支持本村经济发展，加快在高端物流、商业地产等项目的投资并获得较多收益。

第三部分是土地股份合作社的集体收益。尽管花园村主要依靠工业经济的发展来实现发展，但由于国家对农用地的红线保护政策，花园村依然有 700 亩左右的农用地和部分水面、林地等。这部分资源中的公共部分归属村或组集体所有，私人部分分别归属不同的农户承包。但由于农业种植经济效益较低，所有农户都无法完全依靠农业耕种生存转而到工业企业就业，由此村集体将农户的承包田重新收归集体，并成立了土地股份合作社，合作社以每亩 580 元的租金价格对外承包。所获收益由村集体按每户田亩数进行分配，属集体农业地的部分归入集体财政收入。

厂房、商铺的出租收益，村庄投资的收益及村庄集体农用地承包收益皆属于村集体经济收益，除用于村庄集体开支和公益事业外，主要用于年底村民的二次分配，也即农村社区经济股份合作社的分红。2004 年花园村成立了农村社区经济股份合作社，设置了完备的董事会和监事会，将合作社净资产量化为股份，每户皆享有。2012 年度全社净收益 119 万元，每户红利约 50 元，总股数 3444 股，红利分配 17.22 万元(表 3-12)。

以花园村为代表的苏南村庄村级集体经济远远超过中西部地区，村庄用集体资产推动基础设施建设并发展村庄公益事业，促使村庄经济社会进一步得到发展。但花园村的集体经济发展也存在瓶颈因素，主要表现在村级经济可持续增长的空间不足，受到村镇规划和土地控制的限制，发展用地极少，而外部投资也存在较多风险，集体资产的保值增值出现困难，与此同时，村级公益事业的开支却与日俱增，为了获得村民的认可，往往都将为民办实事和村庄福利的增加放在首位，从而导致村级财力收入不菲，但年终积累却比较薄弱。

表 3-12　花园村社区经济股份合作社 2012 年度收益及分红情况公布表

组别	股数	分红金额/元	组别	股数	分红金额/元
1	110	5500	16	127	6350
2	157.5	7875	17	103.5	5175
3	158.5	7925	18	163.5	8175
4	83.5	4175	19	93	4650
5	147	7350	20	86	4300
6	153	7650	21	72	3600
7	193	9650	22	141.5	7075
8	176.5	8825	23	62.5	3125
9	115	5750	24	82.5	4125
10	83.5	4175	25	109	5450
11	150.5	7525	26	138	6900
12	123	6150	27	149.5	7475
13	132.5	6625	28	36	1800
14	121	6050	合计	3444	172 200
15	175.5	8775			

注：根据花园村村干部的访谈和相关文件整理而成。

(2) 村级组织服务农业经济的“家庭农场”模式具有创新意义。花园村保留了大约 700 亩的农田，在劳动力已经实现非农就业的情况下如何实现农业经济效益成为一个需要探索的现实问题。早在 21 世纪初，花园村就成立了土地股份合作社，将全村土地按照每户折算入股进行集中经营，在村委中有专门副主任分管农业，协助土地股份合作社开展工作。

在早期阶段，花园村土地股份合作社主要探索的是“农户+村土地股份合作社+管理员”的模式运作，即由合作社统一采购种子、农药、化肥，然后聘请 7 位有经验、会管理、肯吃苦、守信用的种田能手进行专业的管理，村里按照年度标准支付薪酬，在村里有分管农业的副主任进行综合负责。由于农业种植是一种有生命周期的弹性活动，难以做到工业生产那样的标准化，实行共同管理往往会导致分工模糊、责权不对等、难以实行有效监督等情况，由此导致农业生产效益较低。

在 2009 年，花园村土地股份合作社逐步改变了管理员的农业经营模式，转而以分片承包的形式将土地承包给原 7 位管理员，每人 100 亩，实行按亩交租、自负盈亏，地租 580 元/亩，每三年一调节。农用物资依然由合作社统一采购，基本以物资出厂价的标准进行供应，种植的粮食卖出需经过村庄统一的管理，最后统一进行收入和支出的结算，分管农业的副主任负责进行总体的组织协调。这种农业经营模式属于典型的村级组织管理下的“家庭农场”，即由村级组织总体负责、农民个人或其家庭劳动为主，在农忙季节适当雇工进行一定规模种植的农业经营模式，由于责任到位，分工明确，农业生产效益一直良好(表 3-13)。

表 3-13　村农业管理办公室管理某承包户的收支账目(半年度)

(委托管理保证金：20 000 元(580 元/亩)，金额单位：元)

结算日期	项目	收入情况			支出情况					盈余
		数量	单价	金额	小计	种子	化肥	农药	其他	
1.18	化肥				4407.00		4407.00			4407.00
2.6	小麦保险				171.38				171.38	171.38
3.12	小麦除草				357.20			357.20		357.20
4.26	农药				717.60			717.60		717.60
5.17	尿素复合肥				8677.50		8677.50			8677.50
7.04	农药				600.00			600.00		600.00
7.04	稻种				1795.00	1795.00				1795.00
7.09	水稻保险				312.00				312.00	312.00
7.16	收小麦款	14 514	2.24	32 511.36						32 511.36
7.16	收小麦款	16 225	2.24	36 344.00						36 344.00
	合计	30 739		68 855.36	17 037.68					51 817.68

注：根据花园村相关文件整理而成。

花园村的农业经营已经进入相对成熟、稳定的发展阶段，主要表现为农业经营的规模化、机械化和科技化。首先是规模化，也即土地股份合作社承包出去的土地每块不低于 100 亩，是一个家庭农场进行农业种植的最佳规模，规模化才能产生预期的规模效益，现每户承包农户的年均纯收益在十几万元左右。其次是机械化。花园村农业种植的机械化水平很高，笔者访谈的种植农户大都购置有大型拖拉机、高速插秧机、收割机等机械，全村机插秧覆盖率达到了 95%，小麦、水稻亩产分别达到了 400 公斤、550 公斤以上。再次是科技化，花园村所属乡镇对农业经营十分重视，镇农业经营服务中心有专职服务人员 12 人，及时发布农业种植的相关信息，如施肥、除草和病虫害防治等。例如每次需施肥时，镇服务中心就会通知村农业负责人组织家庭农场主开会通知或电话通知，并调运化肥直接送到田间地头，可以说实现了一条龙的管理和服务。总体来说，花园村对家庭农场的操作具有超前性，适应了工业发达地区农业发展的现实需求，并基本实现了农业的现代化操作。这种探索在全国具有引领作用，值得学习和借鉴。

第四，村级组织的社会管理功能：共享的福利与综合的治理

花园村的社会管理功能主要体现在两个方面：一是为了体现村庄集体的统筹功能，花园村注重村庄福利的共享；二是实行社区化的综合治理，保持社会环境的和谐稳定。

花园村的村庄福利体现在四个方面：一是村庄大环境的维护，例如基础设施建设的更新和维护等。2012 年花园村在环境综合整治上，投入 30 多万元，新建垃圾房 8 座，改造公厕 32 座，更新垃圾箱 17 只；投入 42.5 万元新增绿化面积 50 亩；投入 15 万元完成了部分危桥改造和小区道路修补，进一步加强了对村保洁人员的管理，经常性开展检查考评，形成长效化的考核机制。二是构筑起社会保障的多样网络。2012 年花园村严格落实低保户、低保边缘户帮扶制度，对全村 8 户低保户和 3 户低保边缘户，全年发放救济金 6.7 万元；切实加大了对超龄人员进城保的宣传发动力度，全年完成超龄人员进行城保 110 人；统筹做好尊老金发放工作，全年发放尊老金 13.3 万元；发放“健康大礼包”1200 份，全村城乡基本养老保险、基本医疗保险覆盖率持续保持在 99.6%以上，全村合作医疗保险 2170 人，村里补贴 108 550 元。三是推进扶贫帮困及爱心工程。花园村加大了对困难学生、大重病人员等弱势群体的帮扶力度，为全村办理了家财保险，村里补贴 32 000 元，个人保险 3910 人，村里补贴 7.82 万元。对 14 户台风受灾家庭和 4 户意外事故家庭发放救助金 2 万元。去年累计发放临时救助金 11.2 万元，贫困学生救助金 3.75 万元。四是组织多种活动载体，营造村庄文明氛围。花园村加强了村庄电子屏等公共宣传平台，组织了“全民健身月”和“千人健步行”等活动，在暑期开办了小学生培训班 6 期，邀请锡剧团、歌舞团来村演出，还关心在村企业的职工生活，开展了“送清凉、送安全、送法律”等相关联谊活动。

花园村的综合治理体现在三个方面：一是建立专业的调解队伍。花园村充分发挥老党员、老干部和老队长的作用，按照“抓早、抓小、抓苗头”的原则，把各类矛盾纠纷化解在萌芽状态。2012 年调解各类纠纷 5 起，处理来信来访 5 批次，对已处理的纠纷建立了回访制度，有效地消除了不安定因素。村里又积极组织宣传教育活动，向各村组发放矛盾调解宣传手册 1500 份。二是全面提高治安巡防水平。花园村加强了村级联防队伍建设，开展了平安创建和“大巡防”活动，加大对重点区域、重点路段的巡查，全年共抓获各类犯罪嫌疑人 3 人；花园村还与流动人口服务中心共同成立了新市民共进协会花园村分会，针对外来人员流动大、私房出租户多的现状联合开展了多次外来人员摸底、私房出租检查等清理工作。三是推进城乡一体化建设。花园村按照城乡一体化建设的要求，2012 年重点做好了村管辖的 12 户农户的拆迁工作，现已经基本拆迁完毕，同时对辖区内房屋破损、住房困难家庭开展了排查摸底，对全村 8 户农户进行拆迁预安置。

四、花园村村级正式组织参与乡村治理的思考：“率先基本实现现代化”与富人治村

从花园村村级组织的治理实践和治理特征可以窥探出，当前苏南地区村级组织的治理逻辑主线，关键词有两个：“率先基本实现现代化”与富人治村。

第一个关键词——“率先基本实现现代化”。江苏省委书记罗志军在江苏省第十二次党员代表大会上对江苏省未来经济社会发展的状况做出了战略部署，“到 2015 年，全省以县为单位达到省定全面小康指标，全面建成体现党的十七大要求、惠及全省人民的更高水平小康社会，苏南等有条件的地方在巩固全面小康成果基础上率先基本实现现代化，使江苏的发展更科学、社会更和谐、文化更繁荣、生态更文明、人民更幸福；再经过 5 年的努力，到 2020 年全省基本实现现代化，总体上达到中等发达国家水平。”我们所调研的花园村地处苏南，所在的县市根据上级的部署相应提出了“决战 2012，确保在全省第一批基本实现现代化”的战略性目标，这一目标也成为当地经济社会发展的努力方向。

花园村所在的县市专门成立了“率先基本实现现代化”的领导小组和工作机构，并引发了相应的工作方案，要求对照市里制定的指标体系，结合实际进行逐一对比，逐条细化，确保人民群众对现代化建设成果的满意度达到 70%以上，单项指标实现程度达到 80%以上，综合得分达到 90%以上。方案要求各级政府部门精心部署、全面动员，细化指标、落实分工，全面调查、科学检测，确保各项指标在时间节点内圆满完成。笔者的调研也见证了乡镇政府对这一中心工作的高度重视，几乎各条战线和各个岗位都被动员起来参与到推动“基本实现现代化”的过程之中。

“率先基本实现现代化”并不仅仅城镇实现现代化，更主要的是乡村也实现现代化，也即实现统筹城乡一体化发展。从花园村的调研现状看，该村

的村庄治理形态已经基本社区化、工业经济强大、村庄集体财力较强、农业经济已经基本实现规模化和机械化，这些都得益于苏南地区的工业经济发展和统筹城乡一体化的推进举措。笔者认为，花园村正处于“率先基本实现现代化”的过程之中，以花园村为代表的苏南村庄发展模式将对江苏及全国的统筹城乡发展具有参考和借鉴意义。

当前花园村所在县市“率先基本实现现代化”的举措得当，效果显著。但在火热的推动中依然存在一个隐忧，即“实现现代化”尤其是村庄“实现现代化”不能只停留于政府行政体制的运动式推动，应采取切实措施让村民参与到“实现现代化”的潮流之中。笔者在花园村调研时，部分村干部和村民都认为“基本实现现代化”是政府的事，与自己无关，自己也难以有谏言与参与的空间。

针对此，笔者认为，村庄“实现现代化”不仅是政府的事情，更是村民的事情，应避免陷入“官动民不动”的误区，应切实结合群众路线，采取多种方式让村民组织起来，参与进来，村民认可和满意的“现代化”才是真正的“现代化”。

第二个关键词——富人治村。正如上文所分析，花园村是经济发达的苏南村庄，村民之间的经济差距日益加剧，各阶层之间的经济差距日益向社会领域甚至是村庄政治领域延伸，从而出现了具有普遍性的“富人治村”现象。所谓富人治村，指在村庄治理过程中，富人往往更容易进入村庄的领导层，从而在乡村治理过程中承担起重要的角色。花园村的领导班子中大部分都是企业主或小厂主，他们之所以能成为治村的主力，主要有以下几个方面的推动因素。

首先，国家层面和地方政府层面的支持。国家在基层组织建设中倡导“双培双带”，主要内容是：把党员培养成致富带头人，把致富带头人中的先进分子培养成党员，党员带领群众共同发展，党组织带领致富带头人不断进步。国家的“双培双带”基层组织建设的方针往往会在现实实践中走样，只将致富带头人中的先进分子培养成党员，乃至成为村级党组织的领导者。而在地方政府层面，也有意愿支持富人治村，原因在于基层政府认为富人有两个方面的特点：富人有资本和致富头脑。富人拥有丰厚资本并有带领群众致富的能力、门路，能有更大的带动作用；富人有较大的社会关系网络，能争取到国家资金和项目，能为村庄谋取福利。总结来说，主要是认为富人更能代表发展的方向，能发挥模范带头作用来达到预期的共富目标。

其次，富人往往有治村的意愿和积极性。经济分化产生了经济精英，而在拥有了足够的财富和社会资本之后，必然要积极参与村庄的政治。一方面可以为自己寻求社会价值的实现，另外还可以通过行使村庄权力的便利更好地维护自身的既有利益。例如在苏南村庄办企业，如果能得到乡镇政府的支持，则必然会实现迅猛发展，但是否能得到乡镇政府的支持需要多方面的条件，如果是治村的领导，则有更多的机会和优势。类似苏南的东部发达地区，由于市场经济的快速渗入，村民之间的地缘、血缘关系的约束性往往极大减弱，人情关系网往往被工具理性关系网所取代，在这样的村庄氛围中，财富的多少代表着能力的大小，富人的财富多也意味着具有领导村庄的能力，从而普通阶层及弱势阶层的村民在整个氛围中往往会不自觉地自动放弃了治村的主动参与。

综合来看，“富人治村”在苏南村庄中具有一定的普遍性，这种现象对村级组织的治理具有重要意义，富人如果具有为村庄服务的奉献精神，也确实能在一定程度上带动村庄经济的发展，但不可避免地对村级组织的治理存在潜在的消极影响，这种消极影响主要表现在对普通阶层及弱势阶层的政治排斥，这种政治排斥甚至可能会演化为经济和资源的排斥。

第六节　优化江苏省村级正式组织参与乡村治理的对策与建议

上节通过苏北新民村和苏南花园村村级组织治理的个案调研探析了江苏

村级组织治理的现实实践和治理特征，并分析了苏北与苏南各自不同的治理逻辑主线。笔者认为江苏村级组织认真贯彻执行国家和政府的政策方针，按照统筹城乡发展和建设社会主义新农村的战略部署，积极推动乡村社会政治、经济和社会管理的发展和转型，取得了瞩目的成绩。但笔者认为，在充分肯定所取得绩效的同时，也要警惕治理行为及治理方式中的隐忧，认真反思并积极应对，以更好地发挥村级组织在新农村建设中的战斗堡垒作用。

第一，在坚持推进发展的同时，应警惕并防止“冒进”型的发展主义，不仅推动现代化发展，而且要建立起建设现代化的公共规则。

发展是第一要务。改革开放以来，市场经济的迅猛发展带动了乡村社会的巨大变化，人民物质生活水平不断提高，农村的整体面貌也在发生重大变迁。尤其是进入21世纪以来，随着统筹城乡战略和社会主义新农村建设的推进，国家开始推动“资源下乡”，城市开始支援农村，工业开始反哺工业，在这种战略部署下，乡村建设和发展的理念应该如何定位，成为一个迫切需要回答的时代主题。这一主题需要联系到我国特色现代化的建设方向，即我国的现代化应走什么类型的道路。笔者认为，我国属后发外生型的发展中国家，人口众多，而人均拥有的资源量却很少，当前在国际经济分工中，我国又处于弱势地位。众多的现实国情因素告诉我们，如果走西方现代化模式的路子，不具有现实性。在这种状况下，必须结合我国的实际，“摸着石头过河”，不断探索适合我国国情的现代化之路。这又要求我们在推进现代化发展的过程中，应走稳健型的发展道路，在乡村社会的发展上，尤其要慎重。因为当前农民“半工半农”的生计模式使他们能在城市和乡村之间进行生计调整，在年轻时可以进城务工，而在年老时可以回乡务农，乡村社会成为我国实现城市化和工业化发展的“蓄水池”和“稳定器”。在这种状况下，可以通过若干年的审慎推动和稳健发展，逐步地过渡到城乡一体化。反而，如果当前急剧地推进城市化和工业化发展，甚至不惜以“冒进”的发展主义去推动，那可能会适得其反，陷入现代化发展的“陷阱”。

(1) 倡导稳健型的发展，而反对“冒进”式的发展主义。当前，苏北与苏南处于不同的发展阶段，具有不同的村级组织治理特征和治理逻辑：苏北依然处于由农业社会向工业社会的急剧转型时期，而苏南的工业化发展已经进入成熟期。由此，苏北还在大规模地进行招商引资和遍地开花的城镇建设，而苏南正在推动的是“率先基本实现现代化”。笔者认为，发展是第一要务，这一理念不可动摇，苏北和苏南乡村坚持发展的理念和发展的成效不容忽视。但需要警惕的是发展不能是“冒进”式的发展，而应是稳健型的发展；现代化的实现不是下达指标创造出来的，而是在乡村社会自身发展的基础上，通过战略引导和规划逐步实现的。

(2) 破解发展主义树立起科学的发展观，应从政府的发展理念和考核体制进行改革。苏北部分地区在发展理念上所出现的“冒进”苗头及苏南在率先基本实现现代化发展中的政府动员方式，皆与政府尤其是地方政府的运行机制相关，即对政府及领导者的考核往往集中于发展，而发展在操作中又被简化为经济发展甚至是GDP，这种不全面的发展观往往难以形成良性激励，从而造成了发展理念上会出现某些误区。针对此，应真正树立起科学的发展观，注重全面、协调、可持续的发展，不简单地以GDP论英雄，而应以人民满意度和有效益、有质量、可持续的经济社会全面发展为考核重点，逐步革除压力型体制，从而破除发展主义的消极影响。

(3) 实现真正的现代化发展，还应重视基层社会公共规则的建立。现代化的发展并非只包括经济的发展，在推进乡村经济发展和建立现代化指标的同时，应重视乡村社会公共规则和价值规范的建立，只有经济的发展和只有经济的现代化还不够，只有真正建立起现代社会的运行规则，才能使国家与社会关系良性互动，从而实现全面和谐可持续发展。而当前在乡村治理的过程中，最为缺乏的却是基层社会的公共规则，如果不建立起公开、透明、民主的公共规则，经济的发展必然也会受到钳制和阻碍，现代化也不能真正地得到充分的实现。

第二，强人治村和富人治村适应了时代的要求，具有一定的必然性，但也警惕并防止向“寡头治村”转变，夯实村民自治建设。

在当前的乡村治理中，强人治村与富人治村在江苏已成为具有一定普遍性的现象，例如我们个案分析中的苏北新民村属典型的强人治村，而苏南花园村则属富人治村。当前学术界对这一问题的认知出现了较大的分歧，一方认为应全面倡导富人和强人治村，另一方则认为应限制富人和强人治村的现象。如何客观、全面地认知这种现象成为一个公共话题。笔者认为，这一问题应辩证来看。当前我国乡村社会正处于高速发展的时期，在这一过程中，农民不再是铁板一块，而是分化为不同的群体或阶层，部分乡村经济精英将进一步登上村庄舞台，并逐步寻求政治参与空间。客观地说，强人和富人治村确实在一定程度上带动了村庄的发展，比如这部分人点子多、脑子活、能力强，往往可以凭借较广的社会关系网络和较强的经济资本，结合村庄实际寻求经济社会发展的途径，加之其中部分人确实有奉献村庄的高尚精神，从而带领村民走上了致富路。这种情况已屡次见诸报端，成为基层组织建设的模范和标杆。但问题并非一面，强人和富人治村亦存在诸多的隐患，需要从以下三个方面予以防范。

(1) 防止强人治村和富人治村转化为“寡头政治”。强人治村和富人治村在村庄的政治民主建设中不仅有形成政治排斥的可能，在村庄规章制度或权力约束机制不健全的情况下，还有发展成“一言堂”的可能，即强人和富人控制整个村委会，民主集中制形同虚设，强人或富人为了自己的利益将公权力“私人化”，进而在国家资源下乡的过程中侵蚀资源，形成对其他村民的利益损害。对村民利益的损害将进一步激发上访事件甚至是群体性事件，从而为村庄的社会管理埋下隐患，也导致政权合法性在乡村社会中的流失。

(2) 为防止出现“寡头治村”现象，应矫正乡镇基层政府对村民自治的过度干预。强人治村和富人治村本身并没有问题，问题在于乡镇基层组织为了自身的利益进而急剧地推动强人和富人治村，为了防止“寡头治村”现象，首先要破除乡镇基层政府对村庄政治的过度干预现象。去除乡镇基层政府对村民自治的干预，主要在于矫正乡镇的不断捆绑各项任务指标给村级组织的行为逻辑，而乡镇行为逻辑的矫正必须破除压力型体制。当然这并不是说乡村社会不贯彻政府的方针政策和战略部署，而是说要将自上而下的任务安排及自下而上的反馈机制结合起来，从而使体制更有弹性，也更切合乡村社会的实际。压力型体制的去除在矫正了乡镇的逻辑之后，乡镇才有可能真正转向对村民自治的支持，而不再过度干预。

(3) 为深入推动村庄民主政治建设，应夯实村民议事会、监事会、村民代表会议的公共运转规则。约束强人和富人治村，实现村庄善治的关键在于村庄民主政治的权力约束机制和制度建设。如果村民自治的民主管理和民主决策功能得到有效的运行，即使是强人或富人治村，也只能发挥积极的作用，而防止消极作用的出现。现有的村民自治中已经有村民代表大会、村民议事会、监事会等制度设计。村庄常态治理中之所以出现民主的偏差，不是因为制度设计不够，而是因为制度设计没有夯实。比如苏北的新民村村民议事会、监事会成员大部分是村组干部，只有少量的党员和群众代表，普通群众几乎完全没有参与。苏南花园村的党群议事会能例行召开，但也不一定能左右村委的重大决策。这就提醒我们，村民自治的制度在贯彻落实上有待进一步完善。笔者认为村民议事会、监事会可以实现村庄范围内的直接选举，这样才不容易出现被村委会“俘获”的现象，另外党群议事会、村民理财小组等要严格行使自己的职权，乡镇基层政府应给予充分的支持等。

第三，村庄社会管理在维护村庄共同体取得村庄福利方面取得了重要成效，但应进一步加强村级组织权威并吸纳村民的参与治理智慧，不断实现社会管理的创新。

纵观江苏村级组织的治理现状，不难看出村级组织基本上都会维护村民的切身利益，并提供相应的公共服务，不论是苏北新民村的合村并居、集中居住(当然其中也存在强行推动的弊端)，还是苏南花园村的集体经济的二次分配和各种类型的救济救助，都可以看出村级组织给村庄带来了众多福利，没有村级组织的积极行政和有力推动，乡村社会的经济社会发展不可能取得如此长足进展。但正如上文所述，苏北及苏南的社会管理都存在着一些问题。苏北的问题主要呈现为村级组织在为民服务上往往陷入指标化和文牍化，却没有真正地做到组织发动农民、团结一致推进新农村建设的目标。而苏南尽管具有较高的村庄福利，但福利也未必能解决所有的问题，村庄阶层分化的日益严重，也将会引起更多的阶层矛盾甚至是阶层冲突，如何有效地整合乃至缩小阶层差距，是实现村庄长治久安的必然选择。

(1) 在探索社会管理创新路径的过程中，需要通过多种方式实现村庄自身整合。之所以会出现社会管理上的诸多问题，最重要的原因在于苏北与苏南的部分村级组织没有充分认识到所存在的问题，只注重了上级所下派的政务，而忽视了村庄自身的整合和建设，对村庄内部的需求往往关注不够，工作没有到位。要解决这一问题，就必须结合村庄实际，通过多种方式来塑造村庄的共同体意识，例如可以通过发展多种民间组织或文化活动来弥合经济分层所导致的失衡状态，可以通过公平、公正的治理程序防止经济分层直接转化为政治分层，使村庄内树正气、有原则、讲新风。

(2) 在探索社会管理创新路径的过程中，基础性的保障是村级组织权威塑造。如果一个村级组织权威受到严重削弱，社会管理无论怎样创新都将难以达到目的。在苏北的新民村，尽管是强人治村，但村级组织并没有真正的权威；在苏南的诸多村庄，尽管自身集体经济财力丰厚，但科层化治理导致官僚化习气滋生，村干部难以与群众打成一片，难以倾听民情、了解民意，从而村级组织的管理和决策难以真正让群众满意。由此，笔者认为，当前党和国家推动的群众路线教育活动正当其时，应通过群众路线教育让村级组织受到触动，真正地深入群众吸取民智，不断让农民参与到决策和管理之中，这样才能真正增强村级组织的权威，赢得村民的认同。

(3) 在探索社会管理创新路径的过程中，关键是吸纳村民的自主管理和参与治理的智慧。在创新村庄社会管理的过程中，最重要的还是要让村民具有参与村庄治理的多种渠道，吸收村民广泛地参与到村庄管理的过程之中，这样一方面可以发挥村民的治理智慧，通过协商民主的方式吸纳村民各方面的诉求，实现村庄范围内的利益平衡；另一方面又可以对村级组织实现外部监督，防止村级组织的职权滥用。因为村级组织一旦进入常态化治理，往往成为独立的利益主体，具有较强的俘获利益的冲动。例如在发展主义的话语中，也往往会以发展为借口，在国家资源下乡的过程中进行谋利或做出有损农民利益的行为。尤其是苏北的村级组织和乡村社会关系属于“强组织-弱社会”的类型，苏南的村级组织和乡村关系属于“强组织-强社会”的类型，村级组织也有可能会侵犯村民的利益，对此我们需要通过发挥村民参与式治理的优势来防范其“恶”而倡导其“善”。而吸纳村民进行参与式治理有两种现实渠道，一种是设置科学的村庄治理协商机制，全国各地已有多样的创新形式；而另一种则是通过培植民间组织来孕育公民精神和组织力量，从而与村庄正式的权力架构形成制衡及互动。

第四章 村级非正式组织(宗教组织)：乡村社会稳定的调节阀

第一节 乡村非正式组织的“发展状况”描述

一、基本状况概述

随着新时期以来村民自治进程的推进，农村社会趋于多元化，随之产生了大量非正式组织。在非正式组织中村民由于共同的习俗、共同的价值观、共同的利益等自发地聚集在一起，相互提供支持和帮助以抵御风险。而随着国家对农村社会控制的减弱，非正式组织在经济发展、村民自治和道德教育等方面都对我国乡村社会产生重要影响。

1. 农村非正式组织存在形式

当前农村一家一户分散经营的模式使得农民对农村组织的依赖和联系程度大大降低，正式组织已经难以提供农民所需的生产、生活乃至精神需求，而非正式组织在农村的恢复和兴起能够满足农民的这些需求，因而在农村地区发展迅速。当前农村非正式组织主要包括宗族组织、宗教组织、农民维权组织等(何兰萍和陈通，2005)。

1) 宗族组织

宗族组织传统上一直是中国社会主要的基层组织，作为国家正式权力结构的补充而存在。封建时期的中国就是一个宗法国家，皇帝将国家当做自己的家来治理，家国一体的思想在中国流传了上千年。在此基础上，以家庭为基础的宗族组织发展壮大，直到新中国成立，它们才逐渐退出了历史舞台。然而随着社会发展，宗族组织也在不断适应社会发展的基础上得到复苏。

本质上宗族组织是以血缘为纽带，有着共同利益的亲缘群体，而宗族内崇尚父权、夫权，奉行强制的家长制，而触犯家族权威的族人往往受到极其严厉的惩罚。宗族组织拥有一定数量的宗族共同财产，包括田产、房产、家族企业等，这也是宗族组织能够存活所必须具有的物质基础。

当前我国的南方和东南沿海地区农村宗族组织在相当程度上得到了恢复和发展，同时现在的宗族组织形式和内容已与新中国成立前完全不同，宗族组织所有的落后性和反动性得以祛除，而一定程度上保留了联系农民的载体的作用。宗族组织能够把有血缘的农民组织起来，在生产、生活乃至精神上互帮互助，一定程度上为农村的发展做出了积极贡献。当然，宗族组织毕竟是旧社会遗留下来的东西，很多方面不可避免地对农村发展存在一定的消极影响，并且这样的影响不容忽视。

2) 宗教组织

当前中国在客观上卷入了全球性的宗教热。改革开放后，我国开始放宽对宗教的限制，曾被压抑的宗教活动开始再度活跃起来。当前的中国宗教信徒信奉的主要有佛教、道教、伊斯兰教、天主教和基督教等。据不完全统计，中国现有各种宗教信徒一亿多人，经批准开放的宗教活动场所近 13.9 万处，宗教教职人员 36 万余人，宗教团体 5500 多个。宗教在我国再度复苏，引起了大量学者的关注和重视。

随着国家的改革和发展，国家应有力量在农村的缺失、农村社会人口流动加大、农村社会主义精神文明建设不到位，相反宗教组织的各种教义和活动为精神生活贫乏的农民群众所接受(高丽娜等,2013)。宗教主要借助于信仰、感情、仪式、教义来约束和规范人们行为，相比于其他非政府组织，有着更强大的组织资源、信仰资源和道德资源，更容易集聚人力、物力和其他社会资源，并且通过宗教教义的引导和鼓励，将这些资源运用到社会服务和社会协调中。如果引导运用得当，将对农村社区人力、物力等资源的整合以及村民认同和信任程度的提高有着不可忽视的作用。

3) 农民维权组织

当前，我们经常可以看到农民集体上访特别是越级上访，甚至在部分地区出现了农民群体性事件，这已经成为典型的农民维权现象，也是社会转型时期农民维护权益通道缺乏的无奈之举。农民维权组织往往根据特定农民群体的特定利益而组织起来，少有固定的形式，它们的存在为我国农民表达和维护自己的利益提供了有益的组织形式。

改革开放后，由于农民个体意识的增强以及农村正式组织的衰落，农民急需找到一个能够表达自己利益的组织，因此各种各样的农民维权组织产生了。但是到目前为止，这些农民维权组织大都还处于集体上访和维权联盟阶段，很少有公开建立的正式的组织形式。从维权方式上看，当前的农民维权组织主要是靠组织集体行动对政府部门施加压力或者依靠民意代表与正式组织进行谈判，从而影响政策倾向。农民维权组织为农民保护自己的合法权益以及对村民自治过程产生了重要的影响，但是当前农民维权组织发展不规范、成长缓慢、维权手段单一等都是限制其发展的因素。

2. 农村非正式组织存在的原因

维系农村非正式组织的运转主要是在亲缘、姻缘、地缘、业缘、宗教等关系基础上产生的某种共同利益(陈斌等，2008)。中国的社会是熟人社会，在农村，许多传统的观念到现在还在继承着，家族继承的方式、传统的姻亲关系、同样的宗教信仰、同样的生活地域，这些都把农村联系成了一个紧密的共同体，也为非正式组织的生存创造了前提条件。

20 世纪 80 年代后，随着家庭联产承包责任制的实行以及人民公社解体，国家对农村的控制逐渐减弱，村民自治开始在全国实行，农民开始进行自我管理。同时农村基层正式组织逐渐弱化，这使得农民物质需求和精神需求得不到满足，不得不去寻求非正式组织来获得互相帮助的机会。此外，经济结构的改变及集体经济在农村的衰落也让农民改变为个体分散经营，因此与正式组织的联系越来越少，非正式组织更容易让个体经济形式的农民获得物质及精神帮助。概括来说，非正式组织能够满足农民如下几个方面的需求。

(1) 社会互助的需要。当农民生产和生活上有困难时，有血缘关系的宗族家庭遂成为农户首先求助的对象，因而宗族组织成为最基本的非正式组织形式。同时，农村合作组织把涣散的个人和分散的资源结合起来，通过分工协作发挥整体效用，为农民提供生产方面的帮助以及应对市场风险。但目前合作组织发展缓慢，宗族组织和宗教组织仍是农村非正式组织的主要形式。

(2) 健康的需要。农民加入宗教组织，更多数是出于功利性，很多农民是出于对自己健康的担忧或者是患有一些疾病特别是慢性病或某些疑难杂症。在农村，生病住院对农民来说是非常大的经济开销，“生不起病”是当前许多农村医疗健康状况的真实写照。病痛的折磨以及沉重的经济压力让农民往往寄希望于神佛能够治愈自己和家人的疾病，保佑全家身体健康，同时宗教组织往往在精神和心理上会对其成员有很大程度的帮助。

(3) 维护自身权益的需要。在当前，农民往往作为弱势群体，当各种利益受到侵害时难以得到有效保障。尤其是当农民与基层组织之间发生矛盾，正式组织难以为其提供表达和维护利益的帮助，非正式组织以集体上访、选代表谈判等方式为农民表达和维护自己的利益提供了解决方案。当农民利益受到损害时，就在“意见领袖”的带领下与政府进行讨价还价的抗衡，而这种组织形式一般是以某个特定共同利益为基础的短期行为。

(4) 精神寄托需要。当前农村空心化严重，对于那些子女外出打工的留守村民，宗教和宗教组织使他们有了群体的感觉，减轻了孤独感。加入基督教后，他们定期聚会，在聚会中互相交流自己的感情、所忧所虑。

基于上述一些原因，非正式组织在农村对于人们的生产生活具有更加特殊的意义。宗族组织、合作经济组织提供了农民对社会互助的需要，维权组织和合作经济组织提供了维护农民合法利益的需要，宗族组织和宗教组织还提供归属感和安全感，满足人们的精神需求等，这些基本构成了农村非正式组织生存和发展的社会基础。

3. 我省村级非正式组织发展状况(以宗教组织为例)

当前，在我省农村非正式组织发展快速，由于各种村级组织发展程度不一，且大多数组织形式分散程度大，难以统一量化分析，这对非正式组织的描述产生一定困难。为此，在这里重点以农村宗教组织为例介绍。农村宗教组织的分析基于江苏省东台市的调研，该地区居民的宗教信仰主要以佛教为主，具有一定代表性。

江苏是全国宗教工作重点省份之一，佛教、道教、伊斯兰教、天主教、基督教五大宗教齐全。据 2012 年统计，全省有信教群众近 400 万人，有各类宗教教职人员 9333 人，全省经过登记的宗教活动场所 5761 处，其中寺观教堂 940 处，固定处所 4821 处。全省有爱国宗教团体 246 个，宗教院校 9 所。目前全省五大宗教基本情况如下所述。

佛教：全省现有佛教场所 980 处，经国务院批准的全国重点寺院 13 处，省级重点寺庙 21 处，经认定备案的寺院僧尼 3019 人。现有中国佛学院栖霞山分院、中国佛学院灵岩山分院和鉴真佛学院等 7 所佛学院，在校生 198 名以上。

道教：全省经批准开放的道教宫观(含固定处所)有 146 所，句容茅山道院为全国重点宫观。全省在观道士 468 人，其中坤道 11 人。

天主教：目前，全省天主教有南京、苏州、海门和徐州四个教区。天主教堂 44 座，固定处所 85 处。教友约 20 万人，教职人员 129 人，其中，正权主教 4 人，荣休主教 1 人，神甫 56 人，修女 68 人。

基督教：全省现有信徒 180 多万人，登记的活动场所共 4457 处，教牧人员和义工传道 5638 人，其中牧师 241 人、长老 403 人。全省有 13 个市基督教两会和 78 个县(市、区)三自爱国会。

伊斯兰教：全省现有清真寺 52 座，阿訇 75 人。江苏省伊斯兰教协会成立于 1980 年 12 月。全省现有 12 个市伊斯兰教协会，12 个县(市、区)伊斯兰教协会。

就农村地区而言，宗教基本数据统计工作比较复杂，现有的数据均不够精确，不成系统，统计的客观性、连续性比较差。为此我们采用了 2010 年农业部农村固定观察点调查数据，选取我省东昌村、东闸村等 5 个固定观察村的宗教信仰数据进行分析(表 4-1)。

表 4-1　五村居民宗教信仰情况

村庄	总人口	基督教	佛教	其他	合计
东台市新街镇东闸村	3529	452 (12.8%)	20 (0.6%)		472 (13.4%)
句容市边城镇东昌村	4784	13 (0.3%)	1654 (34.6%)	5 (0.1%)	1672 (35%)
如皋市江安镇北小庄村	1639		105 (6.4%)		105 (6.4%)
相城区湘城镇王行村	5659		1919 (33.9%)	474 (8.4%)	2393 (42.3%)
宿豫区大兴镇农场村	4317	23 (0.5%)	2873 (66.6%)		2896 (67.1%)

表 4-1 为 5 个村的主要宗教信仰情况，这几个村一般以基督教和佛教为主，其他宗教所占比例很小。由表 4-1 可以看出，东闸村以基督教为主，而东昌村、王行村、农场村的佛教基础极为深厚，且总数很多。

从信仰宗教村民的比例来看，农场村最高，达到了 67.1%，而北小庄村最少，只有 6.4%。从这点也可以看出我省农村地区宗教信仰分布和密度不均匀。

在地区分布上，苏南地区以佛教、道教为主，苏中佛教、基督教兼有，苏北地区以基督教为主，这主要与我省各地的历史传统、经济状况、文化氛围等有关。

如图 4-1 所示，受教育程度上，东昌村和王行村的村民受教育程度较高，在 5 个村中高中及以上文化程度的村民比例最高，而不识字或很少识字的村民所占比例最小。村民受教育程度最低的农场村不识字或很少识字的村民比例接近 20%，而其具有宗教信仰村民的比例也是五个村中最高的，为 67.1%。东闸村与北小庄村村民受教育程度相当，主要集中在初中和小学文化程度，几乎占到了 80%的比例，而这两个村的居民信仰宗教的比例是五个村中最低的，分别为 13.4%和 6.4%。

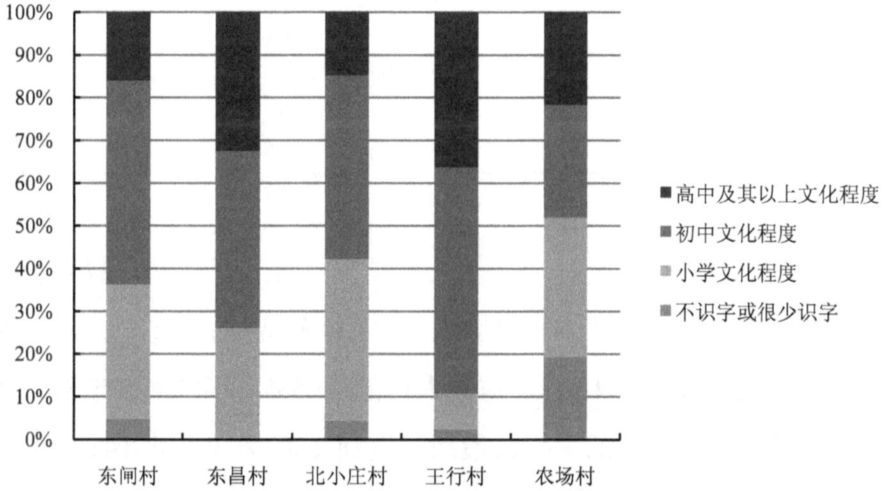

图 4-1 村民受教育程度

五村的经济发展状况差异明显(表 4-2)，王行村人均收入最高，达到 22 850 元，而最少的农场村只有 6669 元。人均收入最低的农场村的信教村民比例最高，占 67.1%，而收入最高的王行村的信教村民比例却为仅次于农场村的 42.3%。单纯从人均收入状况似乎无法找到村民信教的规律。

社会保障方面，我们统计了五村参加新农保和新农合的村民人数，经济发展最好的王行村参加新农保村民的比例是五个村中最高的，达到了 38.2%，而东闸村、东昌村、北小庄村三个村的参保比例均很低。村民参加新农合的情况却相反，王行村成为参保比例最低的村，而东昌村和北小庄村最高分别为 39.1%和 37.5%。每村建有医务室数量相当,只有农场村仅仅有一个医务室。

表 4-2 五村经济社会发展情况

村庄	总人口数	人均收入/元	电脑拥有数	网络接入数/户	参加新农保人数	参加新农合人数	医务室数量	戏剧、电影场次	民事纠纷起数
东闸村	3529	7891	17	16	83 (2.4%)	900 (25.5%)	2	20	9
东昌村	4784	18 470	117	82	68 (1.4%)	1870 (39.1%)	2	12	2
北小庄村	1639	13 788	38	36	71 (4.3%)	615 (37.5%)	2	4	0
王行村	5659	22 850	351	351	2162 (38.2%)	625 (11.0%)	2	180	8
农场村	4317	6669	109	46	796 (18.4%)	1293 (30.0%)	1	8	1

精神文化生活上，五个村存在较大差异。以接入互联网户数来看，王行村最高，有 351 户，占总人口的 6.2%，其次是东昌村的 82 户，占总人口的 1.7%，最少的东闸村只有 16 户，占总人口的 0.45%。年内演出电影、戏剧场次，仍然是经济发展最好的王行村最高，达到 180 场次。北小庄村最少，只有 4 场次。

乡村治安方面，五个村均属于正常水平，北小庄村由于人口较少的原因，年内没有发生任何民事纠纷，同时北小庄村也是信教村民比例最低的村。东闸村与王行村是五个村中最高的，分别为 9 起和 8 起，但均算不上是很高的频率。信教村民比例最高的农场村只有 1 起民事纠纷，但王行村有 8 起，信教村民的比例却占 42.3%，是五个村中第二高的。

结合实地调研，我们发现农村信教群众由于文化水平、认知水平普遍低下，信教的初衷往往具有浓厚的功利性色彩并仅仅满足于参加宗教活动，对于邪教、歪理邪说等的分辨能力较差。同样我们也发现信教群众中文盲多、老人多、妇女多、病人多的“四多”现象突出。

二、政策决策状况概述(以宗教组织为例)

我省有近400万名信教群众，几千个宗教活动场所，要把这些群众紧密团结起来，就必须贯彻落实党的宗教政策。21世纪新时期，党中央提出民族工作要牢牢把握“共同团结奋斗，共同繁荣发展”的主题；宗教工作要切实落实“全面贯彻党的宗教信仰自由政策，依法管理宗教事务，积极引导宗教与社会主义社会相适应，坚持独立自主自办原则”的基本方针，这些也是构建和谐社会的基本任务之一。

根据我国《宪法》第三十六条规定：“中华人民共和国公民有宗教信仰自由。任何国家机关、社会团体和个人不得强制公民信仰宗教或者不信仰宗教，不得歧视信仰宗教的公民和不信仰宗教的公民。国家保护正常的宗教活动。任何人不得利用宗教进行破坏社会秩序、损害公民身体健康、妨碍国家教育制度的活动。”

1) 宗教管理法治建设

依法治国，建设社会主义法治国家是党和国家政治文明建设的基本要求；建设法治政府是国务院《全面推进依法行政实施纲要》确立的奋斗目标，也是党的十六届四中全会提出的“坚持科学执政、民主执政、依法执政”的要求。党和国家提出“依法管理宗教事务”已有十多年，人们对此已基本形成共识；国家有关宗教方面的法规、规章的出台已初步实现了宗教事务管理的“有法可依”。涉及国家利益和社会公共利益的宗教事务属于社会公共事务的范畴，政府对宗教方面涉及国家利益、社会公共利益的关系和行为，对社会公共活动涉及宗教界权益的关系和行为，应当也必须纳入依法管理的轨道。2001年开始江苏省宗教局把省人大加快地方宗教立法作为“重中之重”；2002年《江苏省宗教事务条例》(以下简称《条例》)颁布，《条例》的颁布实施，对于保障公民宗教信仰自由，维护宗教界的合法权益，规范宗教事务管理，促进我省宗教和睦与社会和谐，起了重要作用；2003 年我省提出了“依法行政，强管理，保稳定”的工作思路；2005 年 3 月国务院《宗教事务条例》实施，《条例》中的一些规定与国家的有关规定已不尽一致，有的与实际工作的需要也已不相适应；2012 年，经省人大常委会修改，新的《条例》颁布实施，与旧《条例》相比，新《条例》修改了与上位法有关规定不尽吻合的条款，并且吸收了近年来行之有效的政策、规定和成熟的工作经验与做法。

2) 教职人员队伍管理

基层义工传道人队伍担负着场所日常管理、组织活动、满足广大信教群众宗教需求的任务，是政府面向基层信教群众宣传政策法规、维护场所安全、确保宗教领域和谐稳定的基干力量。重视基层传道人员队伍建设，一是培训，二是关心。

第一，重视基层义工传道人员的教育培训。为此我省基督教制定《江苏省基督教人才队伍建设五年规划纲要》。按照这个规划纲要，一方面加大力度建设省圣经专科学校，扩大对在职在岗的传道人的培训规模。另一方面，推动分级教育培训基层传道人工作，把各市、各县的积极性调动起来，建立完善基层教育培训传道人员培训机制。加快建立健全全省统一的在职教职人员培训、考核、认定体系，推动各地对场所负责人、基层义工传道人的培训工作。

第二，关心广大基层传道人员的生活待遇问题，帮助解决他们的后顾之忧，保持这支队伍稳定。目前，在苏北农村，各宗教管理人员一般都是义务奉献，工作不取报酬。他们既承包土地耕种，还要从事大量场所管理、讲道工作。有许多我们花了很大力量培养起来的骨干力量因无法养家糊口，不得不放弃基层场所管理工作，严重影响基层传道人员队伍稳定。因此，我省鼓励宗教界冲破各种传统观念束缚，制定切合实际的基层传道人员生活补贴标准，为基层场所管理留住骨干。

对于教职人员的认定和备案，目前，伊斯兰教、基督教的全国性宗教团体已经出台了本宗教的教职人员认定办法。佛教、道教和天主教的全国性宗教团体的教职人员认定办法即将出台。各级政府宗教部门应根据国家宗教事务局的两个备案办法和全国性宗教团体的教职人员认定办法，适时提出工作要求，指导宗教团体做好教职人员认定、备案和制发新《宗教教职人员证》的工作；指导宗教活动场所做好主要教职任职备案工作。

3) 宗教场所管理

宗教场所是宗教教职人员和信教群众举行宗教仪式和进行宗教活动的场所，宗教场所在遵照本宗教的教义教规开展宗教活动的同时，也必须遵守法律法规和政策。宗教场所是传播宗教思想、宗教文化，渲染宗教气氛，陶冶宗教感情的阵地，对宗教场所的管理是宗教管理中的重要环节。

宗教场所之所以社会影响大，格外受到社会各界的关注，主要有三个因素。一是宗教场所或地处人群聚居地、繁华市区或风景名胜旅游区。二是数量庞大，活动频繁。三是许多场所是百年，甚至千年历史文化遗产。除此之外，宗教问题的敏感性和国际关联性，都使得宗教场所在整个宗教工作中显得十分突出。

纵观整个江苏农村地区的宗教场所管理现状，仍存在以下问题：在少数宗教场所内部管理混乱，各种管理制度不健全，组织内部凝聚力低下，影响宗教和睦乃至社会稳定；同时场所管理人员较少，且质量较低，我省经过正规培训的专职传教人员不到 600 人，平均一位要负责 3~5 个场所的传教和管理工作，有的传教人员根本没有经过任何培训就上台讲道，难免对宗教教义产生歪曲和误读；当前农村地区私设聚会点问题仍很突出，由于管理薄弱投入不到位，在苏北地区还有大量私设聚会的现象存在；此外，大部分农村宗教场所基础条件很差，经济困难，甚至有的场所常年借用家庭用房做场所，有的年久失修，存在严重安全隐患。

三、研究进展概述

1) 非正式组织研究进展

新时期以来农村社区的权力结构和力量主体日渐复杂化、多元化，形成了以村干部为代表的正式组织阶层；以宗族长者、宗教首领、农民维权组织等为代表的乡村非正式组织力量，它们日渐影响或试图影响乡村社会的发展，形成了乡村社会正式组织与非正式组织共存的农村社区权力结构新型格局。而对乡村非正式组织的研究已经有了大量学者涉及。

村级非正式组织兴起的原因方面，何兰萍等(2005)认为基层正式组织的弱化则使得很多农民走向非正式组织来寻求社会互助和满足精神需求。李德民(1997)将非正式组织的成因归纳为五个方面：志向性因素、兴趣性因素、情绪性因素、社会性因素、利益性因素。

对于非正式组织发展对乡村社会的利与弊，众多学者存在一些分歧。王沪宁(1991)认为“村落家族文化的观念系统往往不利于社会整合，不利于社会体制的运转，不利于社会法律规范的贯彻，不利于公民文化的形成，最终不利于中国的现代化”。何清涟(1993)认为：宗法组织在中国农村中的复兴，无论从哪个角度观察，都是一次文化的退潮，必将导致剧烈的社会冲突。

然而也有学者认为非正式组织的发展具有积极意义。陆学艺(2001)强调在现代化过程中以及后现代化社会，家族文化都将长期发挥重要作用。于建嵘(2005)认为农民之所以组织起来是由于基层政府违背中央政策，农民组织起来就是要维护中央的政策，维护自身权益，农民组织起来抗争，没有什么问题，因为没有突破法律底线。

学者们还通过不同的组织形式，对农村非正式组织做了相关研究。肖唐镖(2007)在对宗族型村庄的研究中发现乡村的宗族等传统组织资源，不仅不是社区公共治理的障碍，相反有可能成为民主自治的基础。农民维权组织的研究相对来说较少，于建嵘认为“农民维权组织的宗旨不是要搞问题而是要基层政府落实中央关于农村的各项政策”，有利于村民自治的健康发展。但是当前相关政府部门和学者将维权组织定义为“非法”组织，认为它们的活动影响村民自治的正常开展，扰乱农村社会稳定。

2) 宗教组织研究进展

各个地方的具体情况不同，宗教信仰的发展情况也就不同。当前农村宗教场所、宗教活动、信徒和神职人员数量都呈现增加的趋势(李良赞，2008)。农村地区人员构成复杂，宗教呈现低层次性、盲从性、游离性、无主性、缺失性和松散性的特点(余彪等，2007；谢军，2008)。

刘君龙(2007)认为宗教在新农村建设中的积极作用主要体现为社会整合功能、心理调适功能、道德教化功能、文化传承功能、抵制邪教功能等。宗教团体的发展还可以促进中国社会慈善事业的发展，扶贫济困，对生态环境进行保护，对社区公共设施建设和教育做出贡献(李新霞等，2011；秦燕，2008)。谢军(2008)指出宗教强化的了人们的职业道德观念，提供公共服务，克服市场经济的消极影响，弥补市场的不足。秦燕(2008)通过对陕北农村庙会组织的研究发现，农村宗教组织具有扶贫济困、社区公共设施建设和教育、生态环境保护等功能，这也体现了宗教组织的社会性和公共性的特点。

3) 文献评述

农村非正式组织的相关研究国内学者已经有了非常深入和全面的研究，对非正式组织在农村社会中的影响特别是对村民自治的影响是大多数学者研究的重点。同时也有很多学者发现不同的非正式组织有着不同的影响和功能，不能一概而论，因此他们就某种特定的非正式组织进行深入研究，得出的结论也似乎更可靠，更具有实际意义。

我们在这里也借鉴部分学者的方法，着重对宗教组织这一种非正式组织形式进行深入研究。国内对农村宗教组织的研究目前成果比较丰富，我国学者基本上已经形成了有关村民宗教信仰问题发生的原因、村民宗教信仰活动的特点、宗教对农村社会生活的影响等重大问题的全面的实证分析和理论解说，但是，通过梳理还可以发现，当前学界对以上问题的研究还存在明显的不足，他们大多数是从宗教学、社会学角度对宗教的定义、功能、学派分类等，研究视角主要集中于理论层面，或从总体上进行宏观概述，缺乏从微观层面的实证检验入手深入分析农村宗教组织对农村社会的影响。

第二节　我省农村非正式组织(宗教组织)发展状况的实证分析——基于东台市的调研

本节数据主要来自于2012年在江苏省东台市A镇的调研,该镇居民的宗教信仰主要以佛教为主，该地存在一定数目非正式的宗教组织，具有一定代表性。选择宗教组织作为本节主要研究对象基于以下几点考虑：一是宗教组织在当前农村社会有着重要的影响力；二是该地区佛教盛行，具有宗教组织发展与活动的良好土壤；三是宗教组织在农村中似乎要比宗族组织更能够发挥其正向功能①。

本次调查对象侧重于对信仰宗教者的调查，同时也包含了对部分不信教人群的调研。由于各个村的人口基数比较大，与不信教人群相比，信教人群数量仍然偏少，所以在此次调查中对于不同的调研对象采取了不同的抽样方法。对于信仰佛教的人群进行的抽样方法如下：将佛教信仰者集中所在的村作为抽样框，随机调查 3 个村，对于每个村的佛教信徒挨家挨户逐一进行问

① 孙尚扬在《宗教社会学》提到当前基督教在一些社区的道德重建以及对社会秩序的维护方面，已经做出了令人注目的特殊贡献，很多基督教社区的犯罪率相对较低。

卷调查。对于不信教的人群则采用随机抽样的方法，在基层政府提供的村民名单中随机选择并进行实地调查。本次调研共发放问卷 280 份，剔除数据缺失、异常、有误的问卷，最后得到有效问卷 250 份。为更深入地了解详细资料，本次调研还对一部分当地农民进行了深度访谈。

选取东台市 A 镇作为研究个案，主要基于以下原因：第一，A 镇的经济发展状况在苏北地区处于中上水平，具有一定的经济基础，其国家的方针政策和民主建设贯彻得比较好，其新农村建设也取得了一定的进展，其研究成果具有一定的代表性和推广性。第二，该镇是佛教信仰比较密集的地区，镇内建有一些小寺庙，该镇的部分村民定时去寺庙烧香朝拜，捐献香火钱。镇中大部分村民家中供奉着观音菩萨等神像，并且定期烧香拜佛。佛教的思想和传统对村民影响较深，方便本书调研工作的开展。第三，调查者对该区域的人文地理环境较为熟悉，对问卷的顺利实施有一定的控制能力。

1. 调查区域概况

A 镇位于江苏省东台市南，总面积为 106.88 平方公里，下辖 20 个村，184 个村民小组，总人口为 53 000 人。该镇交通便利，226 省道和富许公路分别为南北、东西走向，呈“T”字状穿越全境，经省道 5 公里半径内两处进出口连接沈海高速公路。A 镇是江苏省最早对外开放的乡镇之一。改革开放以来，在党的开放政策的指引下，村民们发展市场经济的热情大为提高，创立了许多私营企业。目前，A 镇已经形成了以轻工纺织、机械、建材、饲料、工艺美术为主体的六大行业。现今，全镇现有私营企业 248 家，从业人员 8650 多名。2010 年全镇的生产总值为 14.2 亿元，同比增长 22.84%，第一、二、三产业分别达 4.21 亿元、6.46 亿元、3.53 亿元。固定资产投资为 5.68 亿元，其中规模以上工业投资 3 亿元。

在基础设施建设方面，加强对公路和河道进行改造的步伐，全镇把“村村通公路”的规划变为现实。在绿化方面，A 镇累计投入 100 万元资金，大大提高了各个村的绿化面积。在通信设施建设方面，大多数家庭安装了程控电话和有线电视，方便了人们的沟通和联系。

在文化教育方面，素质教育在 A 镇全面开展起来，九年制义务教育的成果显著，建立起了高标准的镇中、小学和幼儿园。小学适龄儿童的入学率、在校率、毕业率、升学率均达 100%，初中在校生的巩固率达 100%，学前教育与成人教育的发展也取得了一定的成果。

2. 调查思路与问卷设计

为了研究村民宗教信仰行为对其参与乡村公共事务治理的影响，笔者设计了《A 镇公共事务治理调查问卷》，对 A 镇的村民进行了实地调查。问卷的设计从“村民个人及家庭基本信息”、“村民信仰宗教情况”、“公共事务治理的参与情况”三方面，设置了 40 多个问题。

由于信仰宗教群众的集中程度不一，采取随机抽样的方法很难保证结果的有效性与可用性，因此对于信教人群进行的抽样方法是将佛教信仰者集中所在的村作为抽样框，随机调查 3 个村，对于每个村的信徒挨家挨户逐一进行问卷调查。而对不信教的人群则采用随机抽样的方法，在基层政府提供的村民名单中随机选择并进行实地调查。

3. 调查样本基本的描述性统计

本次调查共发放问卷 280 份，回收 257 份，信教比重约为 65%。对样本的描述性统计分析显示，40 岁以下的青年人只有 28.8%，而中老年人则占了相当大的比重；绝大多数已婚；性别上男女比例较为均衡；文化程度总体偏低，多为中学学历；受访者中大部分是普通村民，只有少数担任过村干部。

表 4-3　样本基本特征

变量	类别	频率/人	占比/%
性别	男	101	39.3
	女	150	58.4
年龄	40 岁以下	74	28.8
	40~60 岁	123	47.8
	60 岁以上	49	19.1
婚姻状况	未婚	16	6.2
	已婚	241	93.8
文化程度	小学及以下	69	26.8
	初中	97	37.7
	高中	66	25.7
	大专及以上	19	7.4
担任村中职务	不担任	213	82.9
	担任	32	12.5
政治面貌	非党员	212	82.5
	党员	36	14
民族	汉族	248	96.5
	其他	9	3.5
子女数量	≤1 个	207	82.3
	2 个	30	11.7
	3 个	8	3.1
	≥4 个	4	1.6
户主情况	是	168	65.4
	否	83	32.3
身体健康状况	非常差	30	11.7
	较差	57	22.2
	一般	66	25.7
	较好	49	19.1
	非常好	50	19.5
家庭收入来源	务农	93	36.2
	打工	73	28.4
	经商	25	11.1
	工资、退休金	16	7.1
	其他	18	8.0

注：各变量合计不足 257 人，是因为部分村民未回答该问题。

4. A 镇村民宗教信仰基本情况介绍

A 镇信仰宗教之风由来已久，尤以佛教为盛。十一届三中全会后，宗教活动恢复正常。在此基础上，当地政府认真落实党的宗教政策，加强宗教活动管理，逐步把宗教事务纳入依法、正常、规范的轨道。至 2005 年，东台市共有依法登记的开放宗教活动场所 35 处，其中佛教活动场所 25 处，而 A 镇就有 3 处佛教活动场所。全市共有宗教职业人员 706 人，其中，僧、尼 621 人，佛教居士、信众数万人，而 A 镇的佛教居士和信众人数远远高于其他乡镇。

由于佛教信仰的确认方式不同于西方的“受洗”制度，信众虽多，但是举行“三皈依”仪式的较少，笔者在调查中发现，大约有 80%宣称自己信仰佛教的人没有接受正式的皈依仪式。调查的受访者多为普通农村居民，他们的信仰基本是感性的，带有浓厚的积德向善、祈福避害倾向，从这个角度看来，是否“皈依”反而显得不那么重要了。在与村民的交流中，不难发现他们的信仰带有明显的功利性、模糊性和脆弱性的特点。

1) 信仰动机的功利性

虽然比起改革开放前我国农村的经济有了翻天覆地的发展，农民的生活得到很大改善。但是，从总体上看，城乡收入差距仍然很大，农民仍然处于社会的底层，属于相对弱势群体。医疗、教育、养老仍然是困扰农民的三座大山，这些困难使得他们缺乏安全感和保障感，自身没有能力解决困难，只有求助于神佛来寻求慰藉，希望得到保佑。

调查中发现，A 镇村民信仰佛教原因有三：一是治病，二是脱贫发财，三是祈求平安。由于村中的青壮年部分外出务工，所以留在家中的妻子和父母就会祈祷佛祖保佑自己家人平安。而对于治病这一诉求，主要与当前村民的收入低下有关，较低的经济收入无法应对高额的医药费，所以得病后，就会祈祷佛祖保佑健康，这样就可以减少自己的医疗费用支出。“小病拖着，大病去药店拿点药”，在访谈中一个村民这么说道。治病是村民信仰佛教的又一个原因。而脱贫发财则是几千年来中国人普遍的一种心态，希望自己的家境能够有所改变。村民信仰佛教的原始动机带有很强的功利性色彩。

2) 教义理解的模糊性

西方教徒信仰宗教是由于精神上的认同，对教义有着准确的理解。而在我国广大农村地区，村民信仰宗教并非精神上的认同，对教义的理解具有模糊性，他们对教义的理解停留在主观解释后的自我理解，对具体的教义知之甚少。在访谈中发现，A 镇的信教村民对佛教教义的理解仅停留在对“因果循环”、“善有善报、恶有恶报”等层面，没有接受过正式的布道施教，对佛教教义的理解存在模糊性。这对于信教的仪式从而产生影响，导致信教仪式简单化、随意化。调查中发现履行“皈依”仪式的信众比较少，大部分信众都是“无事不登三宝殿，有事就求神拜佛”。

3) 信仰意志的脆弱性

村民宗教信仰的功利性的特点决定了其信仰的脆弱，一旦所信仰的宗教没能为其带来利益，就会放弃信仰。因为身患疾病或者生活困难而信仰宗教的往往存在盲目性和非理性，当别人劝说或者认为信仰宗教能够给自己带来好处时，村民就会信教，甚至对其痴迷狂热，他们的信仰很大程度上容易受到外界环境的影响，当发生一些偶然事件或者变故或者别人劝说时，都可能改变他们原有的宗教信仰。在访谈中笔者也遇到不少在外界因素影响下改变自身信仰的信仰者。

5. A 镇村民宗教信仰的特点

1) 女性为主

宗教信仰在不同的性别中有着很大的差异，如表 4-4 所示，A 镇女性信仰宗教的人数更多。89.9%的女性承认自己有宗教信仰，而只有 24.2%的男性承认自己有宗教信仰。

表 4-4 性别与村民信仰宗教关系

性别		村民是否信仰宗教		合计
		不信教	信教	
男	村民人数/人	75	24	99
	所占比例/%	75.8	24.2	100.0
女	村民人数/人	15	134	149
	所占比例/%	10.1	89.9	100.0
合计	村民人数/人	90	158	248
	所占比例/%	36.3	63.7	100.0

注：合计不足 257 人，是因为部分村民未回答该问题。

2) 中老年人为主

A 镇中具有宗教信仰的村民以 40 岁以上的中老年人为主。在 60 岁以上的老年人中，75.5%的村民承认自己信仰宗教，比承认自己不信仰宗教的村民高出将近 50%。40 岁以下的村民中不信仰宗教的多于信仰宗教的人数。

表 4-5 年龄与村民信仰宗教关系

年龄		村民是否信仰宗教		合计
		不信教	信教	
40 岁以下	村民人数/人	40	34	74
	所占比例/%	54.1	45.9	100.0
40~60 岁	村民人数/人	36	87	123
	所占比例/%	29.3	70.7	100.0
60 岁以上	村民人数/人	12	37	49
	所占比例/%	24.5	75.5	100.0
合计	村民人数/人	88	158	246
	所占比例/%	35.8	64.2	100.0

注：合计不足 257 人，是因为部分村民未回答该问题。

3) 初中及以下学历者为主

A 镇中信仰宗教的村民以初中和小学等低文化程度的村民为主。A 镇中小学及以下文化程度的村民承认自己信仰宗教人数占到了 92.6%，初中文化程度的村民中仍然是信仰宗教的人数居多，达到了 80.4%。大专及以上文化程度的村民中信仰宗教的人数所占比例只有 21.1%。

表 4-6 文化程度与村民信仰宗教关系

文化程度		村民是否信仰宗教		合计
		不信教	信教	
小学及以下	村民人数/人 所占比例/%	5 7.4	63 92.6	68 100.0
初中	村民人数/人 所占比例/%	19 19.6	78 80.4	97 100.0
高中及中专	村民人数/人 所占比例/%	51 81.0	12 19.0	63 100.0
大专及以上	村民人数/人 所占比例/%	15 78.9	4 21.1	19 100.0
合计	村民人数/人 所占比例/%	90 36.4	157 63.6	247 100.0

注：合计不足 257 人，是因为部分村民未回答该问题。

4) 体弱多病者为主

对身体健康状况的统计显示，越是身体健康状况越差的村民，越容易信教。在身体健康非常差的人群中，90%的村民承认自己信仰宗教。在身体健康状况比较差的 55 人中，有 92.7%的村民信仰宗教。而身体较好和非常好的村民中，信仰宗教的村民所占比例分别为 39.6%和 12.8%。

表 4-7 健康状况与村民信仰宗教关系

身体健康状况		村民是否信仰宗教		合计
		不信教	信教	
身体非常差	村民人数/人 所占比例/%	3 10.0	27 90.0	30 100.0

续表

身体健康状况		村民是否信仰宗教		合计
		不信教	信教	
身体较差	村民人数/人	4	51	55
	所占比例/%	7.3	92.7	100.0
身体一般	村民人数/人	12	54	66
	所占比例/%	18.2	81.8	100.0
身体较好	村民人数/人	29	19	48
	所占比例/%	60.4	39.6	100.0
身体非常好	村民人数/人	41	6	47
	所占比例/%	87.2	12.8	100.0
合计	村民人数/人	89	157	246
	所占比例/%	36.2	63.8	100.0

注：合计不足 257 人，是因为部分村民未回答该问题。

6. A 镇村民宗教参与行为的描述性分析

1) 宗教捐献程度

图 4-2 显示，44%的受访者很少给寺庙捐献香火钱，但是大部分的村民都会对寺庙进行一定数量的香火钱的捐赠，但是捐献的程度普遍不高。

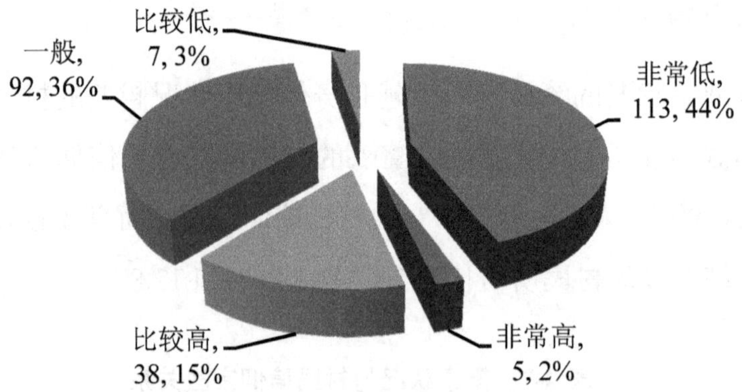

图 4-2　村民捐献香火钱的频率

而在捐赠香火钱多少的问题上(图 4-3)，78%的受访者选择了非常低或比较低，只有大约 2%的受访者选择了非常高，可见大部分村民的宗教捐献程度都比较低。

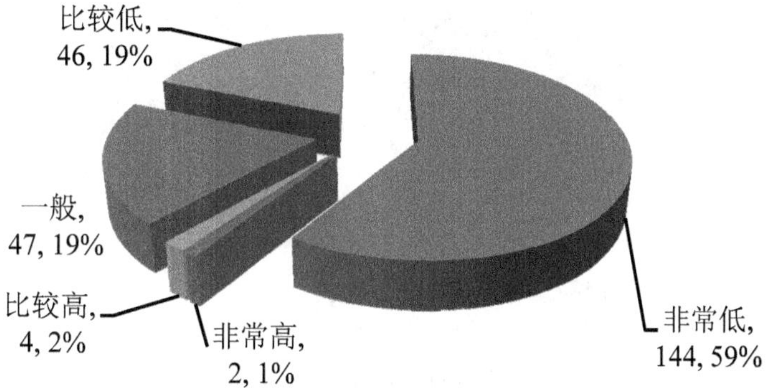

图 4-3 村民香火钱捐赠占开支比重

2) 宗教信奉朝拜的程度

对于村民宗教信奉朝拜程度的调查主要通过问题考察，即“您在家中烧香朝拜的频率如何”和“您去寺庙烧香朝拜的频率如何”。这两个问题的答案均采用利克特 5 分量表的格式设计。

图 4-4 显示，有将近一半的村民会在家中进行烧香朝拜，选择“一般”、“比较高”、“非常高”的人数之和占到了 47%。而图 4-5 村民去寺庙烧香朝拜的频率中选择“一般”、“比较高”和“非常高”的人数之和只占到了 27%，远远低于在家中朝拜的人数，只有少部分人会定期去寺庙烧香朝拜。

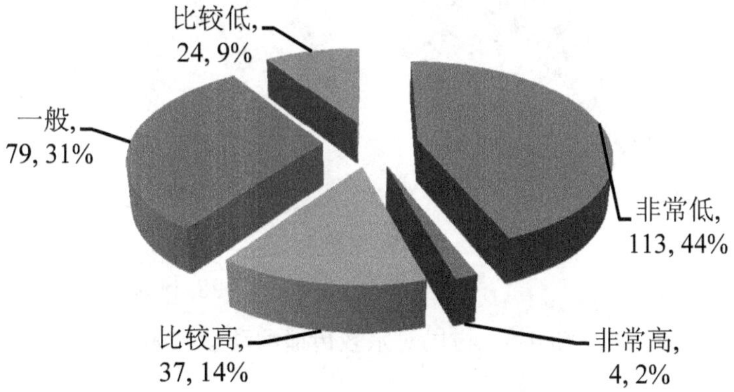

图 4-4 村民在家中烧香朝拜的频率

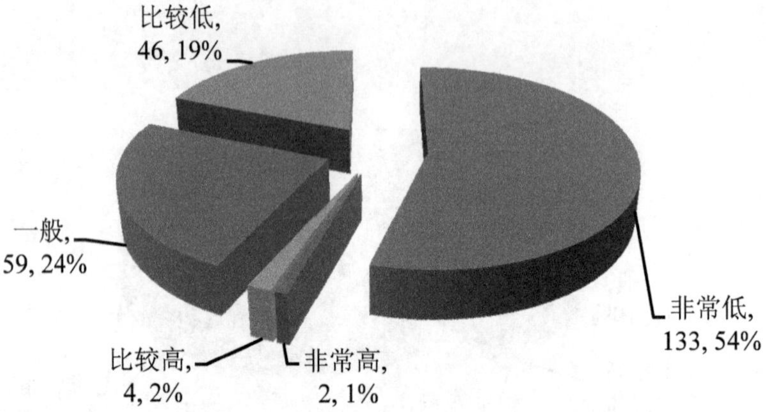

图 4-5　村民去寺庙烧香朝拜的频率

3) 宗教传播的程度

受访者对于宗教传播的参与情况如图 4-6 所示。从图中可以看出，当地村民对于宗教传播活动的参与频率比较高。在调查的村民中，选择对宗教传播活动参与程度“一般”、“比较高”和“非常高”的村民人数将近调查总数的一半，选择“非常低”的有 83 人。笔者在调查中发现，少部分信教群众会劝说或者拉拢别人信教，他们认为传播的次数越多，组织的成员越多，组织的凝聚力就会越强，成员之间的关系就会越来越牢固。

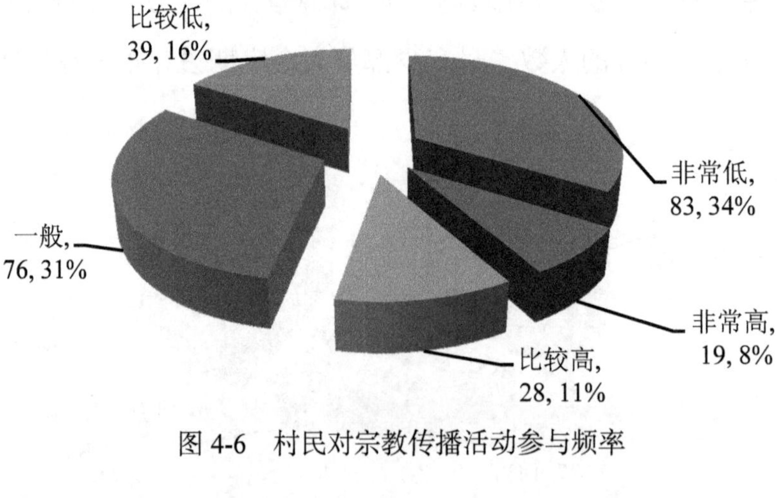

图 4-6　村民对宗教传播活动参与频率

7. 村民信仰宗教对其参与公共事务治理的影响

宗教通过教义的传播影响每一位信仰者的思想和行为，从而对全社会乃至全人类产生影响。因此要讨论宗教信仰及其团体对农村社会的影响，我们不得不回到微观层面，从信教群众的个体行为来解释。这一部分，我们将从信教群众的个体行为出发，用实证分析的方法分析村民信仰宗教行为对其参与农村公共事物治理的影响，从而反映农村宗教组织对农村社会的影响。

1) 村民参与公共事物治理数据统计分析

宗教组织是典型的“第三部门”，能为政府减轻负担、为社会排忧解难(韩月香，2011)。另外，宗教的整合功能透过宗教教义和宗教仪式强化了其信徒集体生活所依赖的社会联系，这就无形中增进了社会的整合程度。宗教在社会生活中可以提供一部分的公共产品供给。宗教在慈善事业的发展中发挥重要作用，国外的宗教组织者还会对村民的工作情况给予帮助，对教会组织的基金进行管理，创办一些宗教学校(Hadiwinata，2003)。宗教信徒还对生病人群、孕妇及幼儿、老年人提供照顾(Berman，2000)。从这个角度讲，宗教团体在一定程度上有公共产品供给的功能，能够在社会保障、社会救助、教育、医疗等方面提供一定量的公共产品供给。在公共产品供给不足的一些农村地区，宗教能够部分弥补公共产品供给不足所面临的困境，从而重新凝聚分散的群众，村民的各项需求得到满足，对农村社会各项事业的发展均有重要推动作用。

公共事务是指满足社会全体或大多数成员的需要，体现他们的共同利益，让他们共同受益的那类事务(李康，2009)。根据公共事务自身的特点的不同，可以分为政治性公共事务和社会性公共事务两种(刘笑霞，2008)。村民参与公共事务治理，则包括村民对政治性公共事务治理和社会性公共事务治理的参与两个方面，具体表现为对村中政治活动的参与、对环境保护和基础设施建设的参与、对社会保障的参与等内容。

在衡量村民对公共事务治理的参与程度的问题上，我们在调查问卷中按照政治活动的参与、对环境保护和基础设施建设的参与、对社会保障的参与三个方面设计了相关的具体问题，分别为参加乡村民主决策情况、居民互相帮助情况和参加基础设施建设情况三个。

表 4-8 按照信教与不信教，分别统计分析了村民参与村庄民主决策情况。从表中我们可以看到，信教村民参与村庄公共事务民主决策的频率总体要多于不信教的，但差距并不大。其中，选择非常少与比较少的村民中，不信教的比例均为 29.82%，而信教的比例分别为 25.96%和 24.43%，均少于不信教的比例。而选择一般和比较多的村民中，信教村民的比例明显高于不信教的比例。而选择非常多的村民中，信教与不信教的比例大致相当。

表 4-8　村民宗教信仰行为与参与民主决策

参与乡村民主决策情况		村民信仰宗教情况		合计
		不信教	信教	
非常少	村民人数/人	34	34	68
	所占比例/%	29.82	25.96	27.76
比较少	村民人数/人	34	32	66
	所占比例/%	29.82	24.43	26.94
一般	村民人数/人	34	44	78
	所占比例/%	29.82	33.59	31.84
比较多	村民人数/人	6	14	20
	所占比例/%	5.26	10.69	8.16
非常多	村民人数/人	6	7	13
	所占比例/%	5.26	5.34	5.31
合计	村民人数/人	114	131	245
	所占比例/%	100.0	100.0	100.0

注：合计不足 257 人，是因为部分村民未回答该问题。

表 4-9　村民宗教信仰行为与居民互相帮助

居民互相帮助情况		村民信仰宗教情况		合计
		不信教	信教	
非常少	村民人数/人	2	2	4
	所占比例/%	1.77	1.50	1.63
比较少	村民人数/人	8	4	12
	所占比例/%	7.08	3.01	4.88
一般	村民人数/人	49	68	117
	所占比例/%	43.36	51.13	47.56
比较多	村民人数/人	39	43	82
	所占比例/%	34.51	32.33	33.33
非常多	村民人数/人	15	16	31
	所占比例/%	13.27	12.03	12.60
合计	村民人数/人	113	133	246
	所占比例/%	100.0	100.0	100.0

注：合计不足 257 人，是因为部分村民未回答该问题。

表 4-10　村民宗教信仰行为与参与基础设施建设

参与基础设施建设情况		村民信仰宗教情况		合计
		不信教	信教	
非常少	村民人数/人	20	12	32
	所占比例/%	17.54	9.23	13.11
比较少	村民人数/人	19	29	48
	所占比例/%	16.67	22.31	19.67
一般	村民人数/人	50	59	109
	所占比例/%	43.86	45.38	44.67
比较多	村民人数/人	11	20	31
	所占比例/%	9.65	15.38	12.70
非常多	村民人数/人	14	10	24
	所占比例/%	12.28	7.69	9.84
合计	村民人数/人	114	130	244
	所占比例/%	100.0	100.0	100.0

注：合计不足 257 人，是因为部分村民未回答该问题。

从表 4-9 和表 4-10 中分别可以看到信教村民与不信教村民在参与帮助他人和基础设施建设的频率。总体而言，他们之间差异并不是非常大，但同时也能看到比起普通村民，大部分信教村民更加愿意为乡村的发展做出贡献。

2) 实证结果及其分析

为了能够更加深入地找到村民信仰宗教对乡村公共治理究竟有何影响，我们将村民参与公共事务治理数据进行多元有序 probit 回归处理。对虚拟变量采用向后对比编码，用来比较样本与前一组样本均值是否有显著差异。

将是否户主、性别、教育程度、是否担任村中职务、有无外出打工经历、有无信仰宗教、收入的对数、外出参加宗教活动的频率等分类变量用前后对比方式处理，第一组为参照组，在回归模型中忽略。

表 4-11　村民宗教信仰行为对参与公共事物治理影响实证分析

	参与乡村民主决策		为居民提供劳动帮助		参与基础设施建设	
	b	S.E.	b	S.E.	b	S.E.
是否户主	–0.648*	0.268	0.204	0.265	–0.188	0.293
性别	–0.601*	0.269	0.043	0.262	–0.512	0.298
年龄	0.072	0.054	–0.002	0.043	0.132**	0.041
年龄的平方	–0.000	0.001	0.000	0.000	–0.001**	0.000
教育水平-初中	–0.255	0.210	–0.069	0.264	–0.301	0.214
教育水平-高中或中专	0.403*	0.188	0.054	0.189	0.344	0.184
教育水平-大专以上	–0.537	0.387	0.030	0.402	–0.274	0.478
担任村中职务	1.261***	0.293	0.434	0.223	0.735**	0.261
有外出打工经历	–0.166	0.155	–0.156	0.160	0.203	0.158
收入的对数	0.220*	0.109	0.066	0.108	–0.077	0.097
有宗教信仰	1.411***	0.166	1.381***	0.163	0.982***	0.157
外出参加宗教活动频率-低	0.034	0.232	0.070	0.212	0.123	0.192
外出参加宗教活动频率-一般	0.152	0.246	–0.283	0.226	0.094	0.202

续表

	参与乡村民主决策		为居民提供劳动帮助		参与基础设施建设	
	b	S.E.	b	S.E.	b	S.E.
外出参加宗教活动频率-高	0.432*	0.217	−0.195	0.239	0.093	0.239
外出参加宗教活动频率-非常高	3.353***	0.262	2.948***	0.284	2.764***	0.275
交互项 2	0.862*	0.425	0.169	0.404	−0.988**	0.364
交互项 3	−0.737	0.461	0.063	0.439	0.735	0.409
交互项 4	0.588	0.465	0.119	0.504	−1.138*	0.489
交互项 5	5.428***	0.499	6.290***	0.534	8.012***	0.536
“宗教信仰”项系数的 Wald 检验	chi2(1) =72.29 Prob>chi2=0.0000		chi2(1) =71.43 Prob>chi2=0.0000		chi2(1)=39.21 Prob>chi2=0.0000	
交互项系数的 Wald 检验	chi2(4) =240.03 Prob>chi2=0.0000		chi2(4) =274.52 Prob>chi2=0.0000		chi2(4)=357.27 Prob>chi2=0.0000	

注：*、**、***表示统计检验分别达到 10%、5%和 1%的显著水平；b 为非标准回归系数，S.E.为 robust 标准误差；交互项为信仰宗教与外出参加宗教活动频率的交互，与第一组(参照组)做比较。

从模型处理结果可以看到：变量“有宗教信仰”的系数分别为 1.411、1.381、0.982，并且具有统计显著性，这说明与没有宗教信仰相比，有宗教信仰的农村居民参与民主决策、为居民提供劳动帮助、参与基础设施建设的频率都更高，这并不难理解。宗教所具有的整合功能，能够通过宗教理念灌输和宗教仪式的引导，逐渐将不同的信徒整合为具有共同意识的思想共同体。因此具有宗教信仰的农村居民更加具有集体意识，一旦树立社区共同体意识，他们将更愿意为这个共同体做出贡献，乡村公共事物的关心、与周围居民互帮互助和积极参与基础设施建设以及保护环境等。

变量“外出参加宗教活动频率”采用 5 分量表，1~5 分别为频率非常低、很低、一般、很高、非常高。从表 4-11 中我们可以看到第一组(即频率非常低)被当做参照组，另外四组的模型估计结果分别表示与其前一组的差异。其中“外出频率非常高”比起“外出频率高”对三个因变量都有着显著正向影响，这说明宗教信仰程度越高的农村居民越倾向于为农村建设做出贡献。

交互项表明具有宗教信仰居民在不同的外出参加宗教活动频率下，对参与民主决策、为居民提供劳动帮助、参与基础设施建设的影响。此变量主要考察不同宗教信仰程度下农村居民对乡村治理的贡献程度差异。交互项 2 代表信仰宗教同时外出参加宗教活动频率较低的居民与有宗教信仰但从不外出参加宗教活动的村民两样本之间的差异。同理，交互项 3、4、5 分别代表信仰宗教同时外出参加宗教活动频率一般、信仰宗教同时外出参加宗教活动频率较高、信仰宗教同时外出参加宗教活动频率非常高与其前一组样本之间的差异。在表 4-11 中可以看到，交互项 5 的参与民主决策的系数均为正，并且统计显著，这表明信仰宗教并且外出参加宗教活动非常多的居民要比外出参加宗教活动不是那么多的有着更高的频率参与社区民主决策。同时其在为居民提供帮助和参与基础设施建设的系数均为正并且统计显著，即有着更高的频率为其他居民提供帮助和参与基础设施建设。选择外出参加宗教活动这个变量与宗教信仰做交互，主要出于以下几个方面考虑：①当前国内宗教形式多样并且不同宗教不同个体之间信仰程度不一，仅仅用信仰与不信仰这种非是即否的衡量标准显然是不准确的。②对于不同的宗教，虽然教义、活动方式等都会有所不同，但参加其宗教活动的频率应该是最简单最直观的评价一个信徒信仰程度判断标准。③“参加宗教活动的频率”这一变量可以同其他变量一样运用 5 分量表进行主观评价，方便数据的获取与处理。

“宗教信仰”项 Wald 检验结果分别为 72.29、71.43、39.21，均具有统计显著性。交互项检验结果分别为 240.03、274.52、357.27，也均具有统计显著性。这说明模型采用“宗教信仰”和“宗教信仰与参加宗教活动频率交互项”作为自变量较为恰当。

实证分析结果合乎我们的想象，具有宗教信仰的农村社区居民更愿意参与乡村公共事务治理，并且不同宗教信仰程度的农村居民，其参与乡村治理的程度有显著差异，信仰程度比较高的更愿意参与乡村公共事务治理。

第三节　乡村宗教组织管理的进展、评价与对策建议

一、进展概况与总体评价

随着农村地区政府控制的减弱和村民自治的不断深入，农村非正式组织的恢复与发展不可避免，它日益影响着中国农村的社会结构和治理状况。当前我省农村非正式组织发展迅速，以宗教组织为代表的农村非正式组织对农村政治、经济和社会各个方面都有着不可忽视的影响。

改革开放以来，宗教信仰自由政策的贯彻不断深入，但是，由于认识上的偏差及缺乏制度上的规范，我省对农村宗教活动及宗教组织的管理体制相对混乱，宗教组织形式和结构五花八门、各式各样，许多宗教场所大部分没有专门教职人员和管理人员，乱建寺庙、乱做佛事、乱设聚会点的现象相当普遍。

《江苏省宗教事务条例》在我省的实施一定程度上使得我省宗教活动走向了法制化、规范化的轨道。但是在农村地区，由于管理的薄弱，各种宗教组织混乱局面仍没有得到根本的改善。《条例》以"保障公民宗教信仰自由，维护宗教和睦与社会和谐，规范宗教事务管理"为立法宗旨。我省注重宣传贯彻条例，对于宗教领域的历史遗留难题和影响宗教和谐的突出问题均已实现了有法可依并且得到了妥善解决，依法行政的能力得到提升，以法治的方式推动宗教事务的管理取得显著效果。对农村宗教活动场所管理体制和运行机制的整治得到了加强，通过宣传条例、理顺农村宗教场所、建立民主管理组织等几个方面的努力，为农村宗教管理的法制化、制度化奠定了基础。

然而，比起政府层面的制度完善监管得当，乡村宗教组织自身的发展仍然任重而道远。首先，农村居民宗教信仰的功利性、模糊性和脆弱性等特点使得很多农村信教居民往往只是寻求精神寄托而非真正追求某种信仰，因而在组织的管理上难以形成有效的凝聚力和规范的管理模式；其次，总体上来

说村民对宗教的信奉程度不高，再加上文化程度普遍不高，在宗教传播的过程中难免对教义有所曲解和误读，增加了农村宗教组织的不稳定因素；再次，许多农村地区还没有建立起规范的宗教活动场所，信教村民大多是小集体活动，难以有效监督管理。

同时，从信仰宗教个体层面来说，在研究中我们也发现，信教村民与普通村民比起来，参与乡村治理的程度有显著差异，信仰程度比较高的更愿意参与乡村公共事务治理。

二、成就、经验及困难与问题

1) 成就及经验

首先，依法管理宗教事务初见成效。2004 年，国务院颁布了综合性宗教法规《宗教事务条例》。与此同时，国家宗教事务局先后制定了一系列配套的部门规章和规范性文件，并推动各地建立健全地方性法规和政府规章，指导全国性宗教团体建立健全有关配套制度。我省近几年来认真规范规章和规范性文件的制定程序，推行行政执法责任制。严格依法开展宗教活动场所的设立审批、登记以及查处非法设立场所的工作，对宗教活动场所的管理日益规范。基本完成了宗教教职人员认定、备案工作，推动宗教教职人员队伍管理规范化，夯实了依法管理的基础。同时也加强宗教活动场所财务监督管理，实现了对宗教活动场所的依法管理。

其次，宗教组织自身建设逐步加强。积极推动宗教组织自身建设是我国宗教管理的一项重要内容。我省宗教部门每年召开省级宗教团体负责人学习交流会，着力引导宗教团体紧密联系信教群众，努力提高学习研究、指导服务基层及民主管理的能力和水平。同时，积极联系国际国内形势对宗教界代表人士进行思想教育和引导，促使他们加深对党在新的历史时期各项方针政策的理解，不断提高他们遵守国家法律法规进行宗教活动的自觉性。

第三，群众宗教信仰自由得到保障。多年来我省积极落实党的宗教信仰自由政策，尊重宗教信仰自由的观念在信教群众中深入人心，公民的宗教信仰自由权利得到了切实保障。目前，我省有各类宗教教职人员9000多人，全省有5名宗教人士担任全国宗教团体的负责人，有449名宗教界上层人士当选为各级人大代表、政协委员和青联代表，他们依法行使公民权利，以主人翁的姿态积极参政议政、建言献策，参与国家大事的讨论和协商。各地恢复和新建了一大批宗教活动场所，目前全省经过登记的宗教活动场所5761处，基本满足了信教群众的需求。

第四，引导宗教发挥积极作用成效显著。在对宗教组织发展方向的引导方面，着力调动发挥宗教的积极作用，取得了显著成效。我省宗教界积极走向社会、服务社会，通过多种途径和方式参与社会服务和慈善事业，为促进宗教和睦、社会和谐、经济社会发展做出了积极贡献。我省推动了宗教公益慈善事业的发展，及时指导和支持宗教界参与东南亚大海啸、四川汶川地震等重大自然灾害发生后的赈灾救助和灾后重建工作。

2) 目前的困难及问题

第一，宗教立法未完善，宗教法规在乡村层面推进困难

目前，我国的宗教立法取得了很大的进展，但也存在一些问题，主要表现在现行法规在内容规定上存在不足。首先，《宗教事务条例》对什么是合法宗教缺乏明确的界定，并且对宗教信徒与非信徒之间的划分也没有明确界定。其次，宗教事务管理法律关系的主体的法律地位不甚明晰，特别是对宗教活动场所更多地从“场所”的角度进行法律规范，却忽视了场所仅仅是作为宗教组织的一种载体。第三，其他方面，如宗教活动中除了纯粹的教务活动之外的宣传活动、慈善活动、募捐活动的内容，宗教团体的收入减免税，宗教团体与其他相关社会团体的关系，现有法规均缺乏系统的规定。第四，没有因为农村宗教组织的特殊情况而专门列出相关法规，致使很多有效的法规到达乡村一级时就失去其作用了。

除去立法本身的问题，我们也发现宗教法律法规在乡村层面推进的困难。究其原因大多是因为乡村宗教组织较为分散不成规模，难以集中管理。虽然我省在乡级政府中设立了专门宗教事务的负责人，但是面对情况复杂、组织零散的乡村宗教组织，他们的功能也仅仅停留在对非法宗教的监督上。

第二，乡村教职人员队伍建设滞后

目前，我省农村基层宗教工作人员往往是出于自发，少有经过正规培训的正式宗教传道人员。由于基层教职工作没有报酬，基本上属于义务劳动，加之基层工作人员没有经过正规培训，文化素质和宗教学识较低，所以传道质量差，对于宗教教义和教规的理解难免有偏差和误解，为邪教的滋生留下了隐患。虽然最近宗教部门加强了对宗教工作人员政治、文化和宗教知识的培训，但培训的数量和力度仅能满足城市宗教组织的实际需要，很少有村级宗教组织的管理和工作人员接受过正规的培训教育。而各类宗教院校由于办学规模有限，培养的学生较少，乡村宗教教职人员队伍新老交替速度缓慢，难以改变素质不高的状况。

第三，乡村宗教组织自身发展缓慢

我省大多数正规宗教组织全部集中在城市，农村地区则少有管理规范的正规组织，而农村地区的宗教活动场所也大多疏于管理，难以起到凝聚信众的目的，信教村民往往随着自己的意愿选择是否进行宗教活动，无组织无约束，致使很多农村信教群众对教义的曲解和误读，甚至有可能走上歧途。农村宗教组织本身发展困难，而引导和规范信教群众的行为则更无从谈起。

第四，宗教自身的扩张和利益驱动

为了生存和发展，任何宗教都希望自己的信徒越多越好。一般一个村的村民主要信奉一个宗教，多个宗教的存在往往会引发宗教之间的竞争和相互排斥。在与农民接触的过程中，笔者发现不少信教村民都有过被两个以上宗教劝说信教的经历。而对于每个宗教的教徒来说，将自己的信仰传播出去让更多的人信仰似乎是每个信徒的义务。这就不难解释在农村地区宗教的快速扩张，而这种快速的扩张也给宗教组织带来了更多的利益，信众的“奉献”、“香火钱”等也为宗教组织在农村扩张提供了经济基础。

三、进一步发展的思路、政策建议及工作重点

随着农民政治素质和文化水平的提高，这些农民自发建立起来的非正式组织只要规避其消极因素并消除其对村民自治的消极影响，它们必将在社会主义新农村建设中发挥越来越大的作用。作为宗教组织，首要任务是稳定，其次是引导，引导他们与社会主义新农村建设的主旋律相适应。

1) 以维护社会和谐稳定为前提

我国有 55 个少数民族，1 亿多信教群众。要把这些群众紧密团结起来，就必须贯彻落实党的民族宗教政策。伴随改革的深化、体制的转变、利益关系的调整和社会矛盾的新变化，构建和谐社会的重要性和紧迫性越来越显得重要。宗教问题处理得好，能促进社会和谐；而如果处理得不好，则会加剧社会矛盾的激化，破坏社会和谐与稳定。社会主义和谐社会的内涵，核心是人，社会的和谐，核心是人的和谐。对于宗教组织的管理与引导，就是对信教群众的管理与引导，保持宗教领域的和谐与稳定，共同致力于全面建设小康社会的伟大目标，为经济社会发展服务。

2) 提升政府部门管理和服务能力

第一，提高管理水平和服务能力

宗教管理工作的敏感性要求相关政府管理部门不断获取时代发展的新知识、新政策，不断了解世界发展趋势和各国处理宗教问题的方法，要从时代发展、世界格局、历史经验、国情国策、科学规律出发来对宗教问题进行理论思维。同时也需要提升教育引导的水平，通过各种形式的教育，强化共同

的理想信念和法治意识这两个基础，从而达到政治、文化和各教办教路线的认同。同时建立完善长效协作机制，保证教育的普及化、经常化和多样化，取得实实在在的效果。

第二，重视基层宗教组织建设

基层宗教组织中的工作人员担负着场所日常管理、组织活动、满足广大信教群众宗教需求的任务，是政府面向基层信教群众宣传政策法规、维护宗教团体稳定、确保宗教领域和谐稳定的主要力量。首先应当重视和加强基层工作人员的教育培训，建立健全全省统一的在职教职人员培训、考核、认定体系，推动各地对场所负责人、基层宗教工作人员的培训工作。与此同时，我们还要关心广大基层工作者的生活待遇问题，目前，在苏北农村，基层基督教场所负责人一般都是义工，工作不取报酬，只讲“奉献”。我们帮助解决他们的后顾之忧，保持这支队伍稳定，才能保证基层宗教组织的稳定。

第三，为基层宗教代表提供服务

信教群众中的代表是宗教组织中最活跃的份子，从信教群众的构成、特点和现状来看，基层宗教代表具有一定的活动能力和影响力，做好这些代表的工作，将对宗教政策的推行与实施产生事半功倍的效果。在实际工作中首先下工夫了解熟悉情况，清楚各地信教群众的构成、历史渊源、现实状况；其次就要与信教群众中的代表人物保持密切的联系，争取信教群众以及他们的代表人物对我们宗教工作的支持，同时也要为他们提供一些服务。

3) 强化宗教组织认同和管理机制

转型时期的中国，社会经济成分、组织构成、利益关系、分配形式等逐渐多样化，人们的思想也逐渐开放，独立性、多变性、差异性等特点日益凸显。在新时期要实现宗教群体的和睦、社会和谐，也必须有新的认识、新的举措。

首先要强化思想认同，奠定坚实的思想基础。建设中国特色社会主义、构建社会主义和谐社会始终是我国主流意识形态，只有在这种共同的理想和信念的支持和引导下，才能实现多元信仰的共存，互相尊重，互相包容，体现多元的统一。其次要强化法治观念，建立良好的社会秩序。在社会主义市场经济和宗教信仰自由的条件下，特别需要提高宗教方面法律法规和政策的普及程度，自觉贯彻民族宗教政策，保护他们的权利。同时，要提高信教群众知法懂法程度，自觉在法律法规允许范围内坚持自己的信仰，维护自身合法权益。

同时在思想认同的基础上建立健全有效的机制，才是实现宗教和睦、社会和谐的最直接、最实际的手段和方式。当前农村地区各种宗教组织繁杂，各宗教团体内部人员混杂，各种矛盾在所难免。我们要从维护宗教组织和信教群众的合法权益着手，依法处理宗教组织和社会方方面面的利益关系，防止这类矛盾演化为群体性事件。同时建立健全矛盾化解机制，实行宗教情况定期分析制度，找准可能引发各类矛盾的原因，锁定可能引发事端的关键，通过教育引导，形成浓厚的民族团结、宗教和睦、社会和谐的氛围；对可能出现的矛盾冲突，通过建立各种预案，做到防范在先，措施得力，及时化解，防止矛盾积累、振荡和激化。

4) 引导宗教场所规范和加强管理

宗教活动必须要有相应的宗教场所，宗教场所是宗教组织存在和发展的基础，特别是在宗教组织散乱的农村地区，只有管理好宗教场所也就可以顺藤摸瓜管理好宗教组织。

第一，为宗教场所选择合适的管理人员

选用合适的人管理宗教场所是必要的也是更好地对宗教场所进行管理所必要的条件。宗教活动场所的管理，首先要按照条例赋予的职责，引导宗教活动场所构建一些合适的管理人员。让一批经过一定神学、管理培训、在信徒中有威信、善于与政府协调一致的人走上各宗教场所负责人岗位，使场所注入新的活力，形成一个负责任、能办事、信徒满意的管理团队。采取民主的方式选好场所的负责人和讲道人、建立场所民主管理组织是做好宗教场所管理十分关键的一部分，也是做好信教群众工作最基础的部分。

第二，推进宗教场所的社会化管理

由于宗教场所的宗教特殊性，都是由教职人员自行管理，宗教部门是宗教场所行政管理主体。但这并不意味着政府相关部门不能介入，宗教场所作为社会法人就必须纳入社会化管理体系。农村信教群众大多是普通农民，有改善生活、提高生活质量，进而投入当地经济社会发展的良好愿望。我们应当在这些方面多下工夫，帮助生活上困难的信教群众谋划发展、脱贫致富。使宗教场所管理向政府相关部门、基层组织、社会团体、企业延伸，最大限度地调动各方面积极性、参与度，也是推进宗教工作社会化管理的有益实践。

第三，用制度确保场所活动规范有序

一个管理健全的宗教场所，必须要做到用制度来规范场所组织和个人的行为。因此，宗教部门一定要加强对场所的制度建设，建立健全人事、财务、会计、治安、消防、文物保护和卫生防疫等各项法定制度，要通过制度建设，来实现政府部门对场所的依法监督和管理，确保宗教活动规范有序。其中解决好场所财务管理问题是关键，宗教团体内矛盾常由利益冲突引起，因此实行奉献箱公开、收支公示等制度，从根本上解决利益分配问题引发的各种问题。

第四，对私设聚会点问题进行分类处理

基督教私设聚会点是基督教工作中的一个难点热点问题，由于私设聚会点容易成为基督教非法组织的土壤、容易产生邪教危害群众、容易被境外渗透势力拉拢利用。农村基督教私设聚会点成因多种多样，绝大部分因路途远参加政府批准点活动不便，而就近聚会，也有因内部矛盾、教派不和而另立“山头”，还有少数人因个人私利拉拢部分信教群众私设活动点，真正出于政治因素，从事危害国家安全、影响社会稳定的是极少数。因此，在处理私设聚会点时不能一棒子打死，应当区别对待，分类处理。对那些没有危害社会活动的私设聚会点，积极主动地与其进行交流沟通，根据实际情况将其并入合适的正规团体或者将其按照正规宗教活动场所引导和管理。对于那些蓄意破坏社会安定和谐的，必须会同有关部门严厉打击，但同时要最大限度地争取信教群众的觉悟，必要时采取措施予以取缔或解散，但仍然要安排好一般信徒过宗教生活的地方。

5) 加强农村宗教组织的自身建设

任何一个社会组织都有一个自身建设和自我管理的问题，宗教组织也不例外。加强宗教组织的自身建设是全面贯彻党的宗教政策的必然之路，也是引导宗教与社会主义社会相适应的内在要求。宗教组织的自身建设就是要围绕爱国宗教团体的性质作用、基本任务，来提高自身素质、强化组织功能，使宗教组织更加合理，制度更加完善。

第一，强化思想基础

宗教组织特别是农村的宗教组织应该通过平时的宗教活动，不断提高信教群众的热爱祖国、拥护社会主义制度、拥护中国共产党的领导、遵守国家的法律法规和方针政策、服从和服务于国家的最高利益和民族的整体利益的自觉性；增强中国特色社会主义共同理想和信念，在尊重差异中扩大认同，在包容多样中增强共识，巩固全党全国各族人民团结奋斗的共同思想基础；强化大局意识、公民意识、责任意识，强化维护法律尊严、维护人民利益、维护民族团结、维护祖国统一的意识，强化自觉为建设中国特色的社会主义事业贡献力量的意识。

第二，规范组织制度

宗教组织的作用是桥梁和保障，没有强有力的组织保障，宗教组织体难以发挥作用。要积极引导农村宗教组织构建一个合理的管理队伍。而制度是规范宗教组织工作行为、工作程序，保证宗教组织的活动能依法进行。应该根据《宗教事务条例》及相关规定健全各项制度，细化农村宗教组织管理和活动的相关制度，保证农村宗教组织的各项活动有章可循，促进农村宗教组织的法治化、制度化。

第三，提供经济支持

经济是保证宗教组织活动和发展的基础。在各种宗教组织自给自足的基础上，政府部门应该根据实际情况给予一定的经费支持，不仅保证了农村的宗教组织能够有充足的经费进行宗教活动，还可以减少农村宗教组织为利益所产生的一些问题。同时政府部门也应加强对农村宗教组织管理人员培训上的经费支持，使得农村宗教组织的教育引导工作能够与城市同步。

第四，坚持依法管理

我国宪法规定了公民享有宗教信仰自由的权利，宪法、法律、法规规定了宗教信仰自由的内容、权利义务、各项规定、法律界限，宗教组织特别是农村宗教组织要坚持法律至上的原则，坚决反对以宗教信仰自由为名，进行超出法律法规规定的活动和行为。农村宗教组织要在宗教活动中宣扬法律法规，让信教群众做到知法守法。

第五章　大学生村官：乡村治理中“嵌入性制度”的作用

一般认为，制度是由道德、禁忌、习惯、传统、行为准则等非正式规则约束，以及宪法、法令、产权等正式的法律规范组成的。从规则的起源来看，制度可以划分为内生性制度和嵌入性制度两类(蒋达勇，2010)。内生性制度是从人类经验中演化而来的，体现着过去曾最有益于人类的各种解决办法，如习惯、伦理规范、良好礼貌和商业习俗等，违反内生性制度通常会受到共同体中其他成员的非正式惩罚。人们活动中占有重要地位的规则，多数是在社会中通过一种渐进式反馈或调整而演化、发展起来的内生性制度。嵌入性制度是由政府等政治权力机构自上而下设计的、强加于社会并付诸实施的制度规范。它们被清晰地制定在政策、法规与条例中，并由一个诸如政府那样的权威机构来正式推行，对社会成员的行为具有规范性影响。运用这一分类方法考察大学生村官制度建构，我们认为，当前推行的大学生村官政策，正是由大学生群体以外的执政党、政府及其他社会组织等机构自上而下设计，并通过一定的政策执行方式嵌入中国乡村社会，使大学生村官在参与乡村治理的过程中能够发挥重要作用的“嵌入性制度”。

从概念上来看，大学生村官有广义、狭义两层含义。从广义角度上讲，大学生村官是指具有大学学历的基层村干部，主要包括“一村一名大学生计划”[①]、“三支一扶”计划[②]、“选聘生”[③]；从狭义角度来说，大学生村官是指到农村(含社区)担任村党支部书记、村委会主任助理或其他村“两委”职务的具有大专以上学历的应届或往届大学毕业生。本书研究的对象主要是指狭义上的大学生村官。大学生村官政策，从操作层面上讲，就是在高校毕业生中选拔人才，并派驻到农村党支部和村委会任职的一项制度安排。

伴随着家庭联产承包责任制这一经济体制上的变革与人民公社体制的终结，中国乡村治理模式由依托乡村集体的间接治理，转变为以村民自治为核心的直接治理。在乡村基层政权管理体制上形成“乡政村治”模式。然而，实践中“乡政”的地位与角色不断得到强化，并因缺乏有效监控使得乡镇权力异化，而村民总是处于受支配地位，村民自治频遭侵扰。由此，农村税改后国家促进新农村建设的许多政策措施都试图绕开乡村基层组织，进入乡村社会直接对接农民。特别是，大学生村官政策作为国家加强村庄治理和推动新农村建设的一项重要政策，嵌入我国乡村治理，在村庄的执行、运作过程中对乡村治理带来了重要的影响和作用。这种嵌入性制度在乡村治理中具有不可替代的作用，可以供给乡村公共服务人才、搭建村委与村民间的沟通桥梁、提升农村“两委”的整体素质、增强村民自治能力、培育乡村社会组织等。尽管大学生村官政策有很多不成熟的地方，但随着制度的不断完善，大学生村官作用空间将得到更大拓展，可以成为乡村治理发展瓶颈的突破口，以激发出真正符合村民自治和乡政村治的功能与作用。

---

①“一村一名大学生计划”是为落实《国务院关于进一步加强农村教育工作的决定》，把高等教育延伸到农村，为新农村建设提供人才保障，2004 年由教育部组织、中央广播电视大学实施的面向农村、面向农业、面向农民的远程高等教育。

②“三支一扶”是从 2006 年 2 月，连续五年，由中央组织部、人事部、教育部等八部委联合组织开展高校毕业生到农村基层从事支农、支教、支医和扶贫工作。

③ 即选聘高校毕业生到村任职的简称。2008 年，中组部联合其他部门下发《关于选聘高校毕业生到村任职工作的意见(试行)》，提出用五年的时间选聘 10 万名高校毕业生到村任职，大学生村官计划上升到国家人才战略。

第一节　大学生村官在乡村治理中的功能定位

诚然，大学生村官计划已纳入国家政权建设范畴，成为国家建设社会主义新农村的重大战略与国家政权制度创新的重要内容。据2012年5月在北京举行的第六届全国大学生村官论坛发布的《2012 中国大学生村官发展报告》显示，从2008年中央启动“一村一名大学生村官”计划至今，全国累计有200多万名高校毕业生报名应聘。2011年底，全国在岗大学生村官数量超过21万人，到2015年，中国的大学生村官数量将达到40万人，覆盖2/3的行政村，到2020年将达到60万人，实现“一村一名大学生村官”的目标①。同时，大学生村官问题也是近年来党与政府、社会及学界非常关注的热点问题。

1. 大学生村官孕育的历史背景

作为一个新生事物，大学生村官有其产生的历史境遇。就学界研究来看，主要把视角落定在新农村建设、农村人才培养、大学生就业、农村基层组织与乡村干部队伍建设等时代背景方面，并强调大学生村官工程与知识青年上山下乡运动的差异。如从解决“三农”问题角度阐述大学生“村官”产生的背景，认为要破解“三农”怪圈，使农村经济走出发展凹地，急需构建新的发展理念和发展平台，于是一场新的“知识青年上山下乡”的大学生村官计划应运而生(吕书良，2008)。从当前社会背景角度出发，认为实施大学生“村官”计划并不是新时代的“上山下乡”，而是当前社会背景下的必然选择：新农村建设之初，农村发展相对缓慢，特别是农村人才结构失调，需要具有一定年龄优势和知识能力的人才；实施大学生村官计划是拓宽就业途径、缓解严峻就业形势的有益尝试等(张敏，2008)。

---

① 全国在岗大学生村官超2/3[EB/OL].人民网，http://politics.people.com.cn/GB/1026/17932405.html [2012-05-20].

2. 大学生村官工程的主要功能

就学者观点，大多对实施大学生村官工程的作用都给予了积极、正面的肯定，总体上，认为大学生村官工程的实施，对促进新农村建设、培养农村科技人才、加强乡村干部队伍建设、缓解大学生就业等方面具有重要意义。如从加强乡村干部队伍建设来看，大学生村官制度优化了农村干部年龄与知识结构，提高了农村基层组织发展经济的能力，增强了基层民主建设与党的执政基础，储备了农村基层组织建设方面的人才等(殷殷，2008)。尤其是，选聘大学生村官，有利于优化农村基层干部队伍的知识和年龄结构，为基层干部队伍注入新思路、新观念和新活力，是基层干部队伍建设的“源头活水”等(郑素娟，2008)。当然，也有部分学者质疑大学生村官的作用，认为大学生毕业到农村去，对于大学生自身的发展是不利的。因为一个大学生顺利毕业，国家和大学生个人都付出了很大的成本，既然农村环境不利于大学生发挥聪明才智，那么大学生还是应该留在城市，这样才能为国家做出更大贡献(党国英，2005)。既有的经验和逻辑表明，大学生当“村官”这条路，可能出现拥堵甚至消化不良。大学生就业，严格来讲是社会和学校的事，不是政府的事，选派大学生村官，其动机是好的，但政府插手学生就业的硬措施，也可能正面效果不佳，而副作用倒不少(张鸣，2008)。甚至有学者认为，大学生村官政策与中国宏观经济结构不符，占中国 90%的传统村庄是不可能在短期内发生巨大变化的[①]。

3. 大学生村官工程实施中的大学生村官

近年来在中央、地方政策的推动下，全国各地先后采取了多种渠道、多种举措吸引大学生，由此，大批高校毕业生离开城市进入乡村担任村官。大

① 贺雪峰. 给大学生村官计划泼冷水[EB/OL].三农中国网，http://www.snzg.cn/article/2008/0719/article_11122.html.

学生村官工程实施以来，已经取得了较为显著的成效。然而，作为一种新生事物，大学生村官工程在实施过程中仍然面临一些困境与问题，主要集中在以下几方面：就政府来说，一方面存在认识误区，如盲目跟风，脱离实际，对政策的导向性缺乏正确的认识；虎头蛇尾，前紧后松，把大学生村官计划看成短期行为；认识不清，重视不够，不拿大学生村官当干部等(赵晓凯，2008)。另一方面，财政资源分布不均，政府缺少区别化举措，使得东西部村官政策冷热差异。就高校来看，缺少实施村官政策的校园氛围，如高校专业城市导向，实践教学环节薄弱，学生不具备农村工作能力(周玮等，2007)。就大学生村官自身观之，存在功利心态、投机心理，把大学生村官计划当成“跳板”。中国人民大学的调查数据显示，超过 57%的受访者认为大学生村官是自己在就业压力下的无奈选择，而且有接近一半的受访大学生村官在服务期满后选择考公务员、事业单位工作人员或者研究生①。尤其是，大学生村官缺乏农村工作的实践经验，在农村出现“水土不服”，难以长期扎根乡村等。

4. 破解大学生村官工程困境的相关对策

针对大学生村官工程在实施过程中仍然面临一些困境与问题，学者从不同角度探讨了大学生村官工程的体制机制建设。当前我国对大学生村官问题没有统一的制度设计，实践中基本依照中共中央办公厅、国务院办公厅印发的《〈关于引导和鼓励高校毕业生面向基层就业的意见〉的通知》，缺少制度化、科学化的刚性规定和操作依据(万银锋，2007)。有学者结合海南省大学生村官选拔计划工作渐趋停滞的现状，认为大学生村官工程的长期性、连贯性应有制度性的支持和保障。在有效的调查和总结后，从村官的选拔、培训、与当地村干部衔接和村官安置等方面使制度健全起来(余思含和司乃捷，2007)。有学者强调，要统筹考虑大学生村官队伍的进口、管理和出口机制，

① 胡跃高．大学生村官发展研究报告(2009)[EB/OL].大学生村官网，http://www.54cunguan.cn/diaoyan/fazhan/200907/9667.html.

让村官们来的有条件、干的有舞台、留的有希望、走的有收获；一方面，着力抓好当前大学生“村官”队伍的管理工作；另一方面，要长远统筹地考虑这支队伍的建设和发展，积极探索完善大学生“村官”工资递增机制；探索完善鼓励“村官”自主创业的机制和办法；探索改革村委会选举法，允许户籍不在当地的大学生村官参加村委会主任的竞选；探索完善从大学生“村官”中选拔优秀人才充实各级机关单位的途径和办法等，以建立大学生村官缺口递补、多需递增的长效机制，使这支队伍保持稳定、正常流动、逐步壮大等(冯建平，2008)。

综上所述，学界对大学生村官问题已经开始了积极探索，并有了初步的研究成果。尽管大多学者认识到，作为一种新生事物，大学生村官工程在实施过程中仍然面临一些困境与问题，但总体上赞同，大学生村官工程实施以来，已经取得了较为显著的成效。大学生村官政策作为国家加强村庄治理和推动新农村建设的一项重要政策，让大学生到村任职，是农村治理关系的一次重大调整，是“在国家与村庄、城市与乡村、干部与群众之间嵌入的一个重要变量”(朱鱻灏，2011)。因此，大学生村官嵌入我国乡村治理，在村庄的执行、运作过程中对乡村治理带来了重要的影响。这种嵌入性制度在乡村治理中具有不可替代的功能与作用，主要表现在以下几方面(丁芝燕，2013)。

第一，供给乡村公共服务人才。在城市化的进程中，越来越多的人才向城市聚集，出现“城市化偏好”。尤其是，农村公共服务人才紧缺，现有人员服务意识淡薄、综合素质不高、公共服务能力低，影响到农村社会经济发展。大学生村官具有现代知识、思维与眼光，拥有较强的服务群众、发展生产和宣传动员能力，满足了公共服务所需要的人才问题；另外，他们具有较强的专业技术能力，可以指导农民科学种植和养殖，改变传统落后的生产方式，提高农业生产率，促进农村经济社会发展，从而满足农村发展公共服务的经济条件。

第二，搭建村委与村民间的沟通桥梁。大学生村官具有上下联系协调、左右信息通畅的优势。大学生村官既是村委会领导的助手，又是与本地村民没有利益牵扯和冲突的局外人，使其容易得到村委会、村党支部和村民的共同信任，因而大学生村官在沟通协调村民间、村委会与村民间、村委会内部成员间的关系时，能起到积极的作用。

第三，提升农村“两委”的整体素质。农村干部队伍年龄老化，知识层次偏低、结构不合理、思想观念落后等现象不同程度存在。大学生村官党员文化水平高、知识新、年纪轻、干劲足、社会责任感强，他们的到来，可以为农村基层党组织注入新鲜的血液，使党组织内的知识结构、年龄结构也得到一定程度的优化。

第四，增强村民自治能力。对于乡村社会，大学生这一新的群体进入，积极向村民传输民主意识和法制观念，在民主选举村委会等村民自治实践过程中，利用自身优势引导并组织村民积极参与选举工作，并对选举过程进行合法性的监督，积极协调村民间纠纷，润滑村民间关系，加强村民对乡村公共事务管理的认知，从而在一定程度上提高了村民的自治意识，提升村民自治的参与度和自治能力。

总之，大学生村官是国家在乡村社会培育的新型“代理人”，介于国家与乡村社会之间，嵌入乡村社会关系网络之中，是参与乡村治理的重要主体之一，这一新型治理主体嵌入乡村社会，是为了实现乡村经济社会的持续发展与和谐稳定。

第二节　江苏省大学生村官的发展历程

大学生村官是为适应农村改革发展需要产生的。从 20 世纪 90 年代中期开始，江苏省为解决“三农”问题，在全国率先招聘高校毕业生到村任职。大学生“村官”从无到有，到快速发展，经历了长时间的积累发展过程。近 20 年来，江苏大学生村官工作大致经历了三个发展阶段。

第一，自发探索阶段(1995~2005 年)——江苏省以县域为主选聘大学生到村任职

1995 年 8 月，江苏丰县为适应乡镇企业发展需要，“为推动实施农村人才战略，全面提升村级干部素质”，开始实施“雏鹰工程”，招聘了 13 名应届大中专毕业生到村任村长助理职务，成为全国第一批大学生村官，拉开了大学生村官投身“三农”建设的序幕，对解决农村发展人才匮乏问题的新路子进行了初步探索，也开启了改革开放以来知识分子回流到农村的正式渠道。此后，江苏其他部分地区以及其他省份部分地区开始跟进，选聘范围逐步界定为具有大专以上文凭的大学生，至 1999 年，“大学生村官”称谓初步形成。江苏各地积极鼓励和引导大学生到村任职，大学生村官如雨后春笋般蓬勃兴起。从 1995 年到 2005 年，全省有 26 个县(市、区)开展了 90 多批次选聘工作。

第二，重点突破阶段(2006~2007 年)——江苏省集中选聘大学生到村任职

中共中央办公厅、国务院办公厅于 2005 年 7 月 4 日出台了《关于引导和鼓励高校毕业生面向基层就业的意见》和 2006 年 2 月 25 日印发的《组织开展高校毕业生到农村基层从事支教、支农、支医和扶贫工作的通知》。2007 年 12 月 18 日，胡锦涛总书记在中共中央组织部报送的《关于选聘高校毕业生到村任职的建议》上作出重要批示，从战略高度肯定了开展选聘高校毕业生到村任职工作的重要意义。同时，这一阶段正值江苏农村产业结构发生深刻变化，全面小康建设步伐加快，新农村建设开始起步，农村发展急需一大批有知识、有文化的大学生。为适应新农村建设需要，解决经济薄弱村脱贫致富问题，围绕“全面达小康、建设新江苏”目标要求，重点突破经济薄弱村全面小康建设的“短板”。因此，2007 年 5 月，江苏省委、省政府作出决策部署，选派了 1011 名大学生到苏北 1011 个经济薄弱村任职，任期 3 年，这批大学生村官工作业绩和个人出路一直是社会关注的话题。

表 5-1　江苏省 2007 年苏北五市选聘大学生村官分布表

	徐州	连云港	淮安	盐城	宿迁	合计
数量	219	218	223	97	254	1011

数据来源：江苏省选聘高校毕业生到村任职工作领导小组办公室。

第三，加速推进阶段(2008 年至今)——江苏省全面选聘大学生到村任职

2008 年 4 月 11 日，中共中央组织部、教育部、财政部、人力资源和社会保障部四部门联合印发《关于选聘高校毕业生到村任职工作的意见(试行)》(组通字〔2008〕18 号)，决定“用 5 年时间选聘 10 万名高校毕业生到村任职”。同年 10 月，党的十七届三中全会作出《中共中央关于推进农村改革发展若干重大问题的决定》，提出要“引导高校毕业生到村任职，实施‘一村一名大学生计划’”。2009 年 5 月，中共中央组织部等 12 个部门又联合下发了《关于建立选聘高校毕业生到村任职工作长效机制的意见》，目标指向使大学生村官真正成为社会主义新农村建设的骨干力量和党政干部后备人才。这一系列重大举措的制定，标志着大学生“村官”计划由地方实践正式步入国家主导实施阶段。

根据中央的统一部署，江苏省委、省政府开始加快实施“一村一社区一名大学生”工程，采取省市联动、分级选聘、一次规划、分年实施的方式组织选聘。2008 年，江苏省组织选聘了 1670 名高校毕业生到全省村和社区任职，把大学生村官工作纳入了江苏全面建设更高水平小康社会的战略部署。这一阶段大学生村官工作有了跨越式发展，但也存在着发展不平衡、不完善等问题，培养中国特色社会主义接班人，需要进一步实践创新，科学推进，提高层次。2009 年，省市联动选聘 5010 名省内外高校毕业生到村和社区任职，计划到 2012 年全面实现“一村一社区一名大学生”目标。省、市、县(市)积极探索，深入推进，初步建立了择优选聘、跟踪培养、激励保障、管理使用的工作机制，把大学生村官工作推向新的发展阶段。

表 5-2　江苏省各地区 2008~2013 年选聘大学生村官分布状况

城市	2008 年	2009 年	2010 年	2011 年	2012 年	2013 年	合计
南京	120	710	511	140	—	66	1547
无锡	100	238	175	93	14	—	620
徐州	161	501	347	500	500	400	2409
常州	120	171	200	80	140	86	797
苏州	120	220	—	—	—	20	360
南通	140	530	500	235	355	280	2040
连云港	120	332	252	455	221	255	1635
淮安	140	307	260	356	300	200	1563
盐城	140	433	417	417	350	270	2027
扬州	120	512	261	228	216	171	1508
镇江	129	211	159	230	85	—	814
泰州	120	465	485	493	327	240	2130
宿迁	120	310	392	600	220	270	1912
合计	1650	4940	3959	3827	2728	2258	19 362

数据来源：江苏省选聘高校毕业生到村任职工作领导小组办公室，经笔者整理。

经过近 20 年的不懈努力，江苏大学生村官制度迈上了全面实施的新阶段，从江苏省各地区 2008~2013 年选聘大学生村官分布状况来看，苏南地区已经基本实现了“一村一社区一名大学生”的目标，其中，苏州早在 2010 年即已完成。2010 年 7 月，随着无锡市新区新一批到村(社区)任职大学生招录工作的结束，至此无锡市新区的 107 个村(社区)已选聘了 232 名大学生，率先在全省完成了“一村一社区两名大学生”的目标。①当然，由于大学生村官的流动，近年来苏南地区也有少量的村官选聘。

根据江苏省委组织部提供的数据，全省 2007 年选聘到苏北 1011 个经济薄弱村任职、3 年期满的 1011 名大学生中，507 人续签合同继续留村任职，

① 来源于无锡新区在省内率先实现一村一社区两名大学生村官[EB/OL].中国江苏网，http://www.jiangsu.gov.cn/shouye/shfz/sqjs/201007/t20100711_472906.html[2010-07-08].

即继续留任的大学生村官达到 50%，205 人考上公务员，174 人进入企事业单位，15 人考取研究生，110 人自主创业或自谋职业。至 2011 年底，江苏省各地区选聘大学生村官在岗人员分布如下，总计 7051 人，而至 2008~2011 年的村官选聘总数为 14 476 人，也可以得知有近一半的大学生村官续签合同继续留村任职。

表 5-3　江苏省各地区选聘大学生村官在岗人员分布(截至 2011 年 12 月)

	南京	无锡	徐州	常州	苏州	南通	连云港	淮安	盐城	扬州	镇江	泰州	宿迁	合计
数量	844	425	613	444	232	749	468	481	573	517	347	752	606	7051

数据来源：江苏省委组织部，经笔者整理。

总之，大学生村官工程现已纳入国家政权建设范畴，成为国家建设社会主义新农村的重要战略举措和国家政权制度创新建设的重要内容。大学生村官政策作为国家加强村庄治理和推动新农村建设的一项重要政策，嵌入我国乡村治理，在村庄的执行、运作过程中对乡村治理带来了重要的影响和作用，取得了明显成效。一方面，大学生村官的创新创业热情高涨，使得新农村建设开始向知识化、科技化迈进，加速了传统农民向新型农民的历史性转变；另一方面，延伸了人才到基层锻炼、干部从基层选拔的党政干部培养链，农村基层党组织建设也变得更有活力，基层党组织的创造力、凝聚力、战斗力显著增强；另外，农村干部素质和农民群众的民主意识也有了明显提高，推进了基层政治民主化进程等。

第三节　江苏省大学生村官的政策实施状况

本节将以江苏省委、省政府及其相关部门出台的关于大学生村官的政策、文件与措施为对象，分析江苏省在大学生村官方面的政策实施状况。

1. 江苏省大学生村官政策的文本分析

大学生村官工程，不仅具有理论取向、实践理性，更表现出政策意义。

从 20 世纪中期至今，江苏大学生村官已经走过了试点、重点突破、组织与制度化推进三个阶段。从制度的形式、内容与影响这三大构成要素看，选用大学生村官已经成为一种制度。近年来江苏省委、省政府出台了多个有关大学生村官建设的政策文件，从而有力地推动了大学生村官工程及乡村社会的持续发展。

第一，选聘高校毕业生到村任职工作的实施意见

江苏省委办公厅、省政府办公厅转发省委组织部等部门《关于选聘高校毕业生到村任职工作的实施意见》(苏办发〔2008〕13 号)的通知，选聘高校毕业生到村任职工作，要着眼于扎实推进我省社会主义新农村建设，加强农村基层组织建设，引导和鼓励高校毕业生到基层和生产一线锻炼成长，培养有知识、有文化的新农村建设带头人，培养具有坚定理想信念和奉献精神、对人民群众有深厚感情的党政干部后备人才，为全面建设更高水平的小康社会、把江苏的明天建设得更加美好提供坚强的组织保证和人才支持。

省有关部门要各司其职，重点把好选聘“入口”关、抓好政策待遇的落实、搞好服务保障工作。各高校要认真做好毕业生的思想教育和宣传工作，引导毕业生树立正确的世界观、人生观、价值观，动员和鼓励毕业生到基层锻炼成长，同时还要关心高校毕业生在村工作情况，在技术、信息、培训等方面给予支持和帮助。各市、县(市、区)组织、人事部门要加强对高校毕业生村干部的日常管理和服务。要不断总结经验，积极探索并形成有利于高校毕业生扎根基层的长效机制，确保高校毕业生下得去、用得上、干得好、留得住，努力实现党组织满意、群众满意、高校毕业生满意的目标。

第二，加快实施“一村一社区一名大学生”工程的意见

中共江苏省委组织部、中共江苏省委宣传部、江苏省机构编制委员会办公室、中共江苏省委农村工作领导小组办公室、江苏省教育厅、江苏省财政厅、江苏省人事厅、江苏省人力资源和社会保障厅、共青团江苏省委印发《关于加快实施“一村一社区一名大学生”工程的意见》(苏组通〔2009〕12 号)，紧紧围绕我省经济社会发展大局，着眼于推进农村(社区)改革发展，加强党的基层组织建设，培养中国特色社会主义事业接班人，积极引导和鼓励高校毕业生到基层一线成长成才，为全面建设更高水平小康社会、把江苏的明天建设得更加美好提供坚强的组织保证和人才支持。

该工程的目标任务在于，一方面，从 2009 年到 2012 年，采取省市联动、分级选聘、一次规划、分年实施的方式，将省、市、县三级选聘高校毕业生到村(社区)任职工作纳入实施“一村一社区一名大学生”工程总体计划。2012 年底前，全面实现“一村一社区一名大学生”工作目标。另一方面，省选聘工作领导小组统筹制定下达全省选聘计划。其中，省级年度选聘计划每年选聘 1600 名，按比例分别下达各市。各市可结合本地区实际，协调各县(市、区)制定年度选聘计划，报省选聘工作领导小组审定，具备条件的地区可提前完成选聘计划。

第三，选聘高校毕业生到村任职工作领导小组主要职责和工作制度(苏选〔2009〕1 号)

为进一步加强和改进选聘高校毕业生到村(社区)任职工作，建立一支结构合理、素质优良、充满活力的到村(社区)任职高校毕业生队伍，确保到村(社区)任职高校毕业生下得去、待得住、干得好、流得动，就省选聘高校毕业生到村(社区)任职工作领导小组主要职责和工作制度提出如下意见。

省选聘高校毕业生到村任职工作领导小组主要职责：贯彻落实中央和省委、省政府的决策部署，提出推进选聘高校毕业生到村(社区)任职工作的政策措施；研究选聘高校毕业生到村(社区)任职工作中的重大事项，提出年度重点工作安排，统筹组织、指导、协调“一村一社区一名大学生”工程实施工作；建立健全省、市、县、乡、村五级联动联管的责任体系，掌握大学生“村官”工作动态，检查培养管理措施落实情况；完成省委、省政府交办的有关任务等。

第四，深化大学生“村官”信息服务(中电信苏〔2009〕378 号)

为认真贯彻落实中央和江苏省委、省政府的决策部署，扎实推进全省“一村一社区一名大学生”工程，进一步拓展信息服务内容，构建信息系统平台，健全信息服务体系，不断提高大学生“村官”带领农民开展信息致富的能力，就深化大学生“村官”信息服务工程有关事项通知如下。

拓展信息服务内容：一方面，继续提供免费宽带服务。中国电信江苏公司继续为新选聘到村(社区)任职高校毕业生免费安装一条宽带，并按月提供免费宽带服务。另一方面，提供手机免费服务。以市为单位，由中国电信江苏公司为进入“一村一社区一名大学生”工程的高校毕业生提供天翼工作手机，为大学生“村官”之间通话提供免费服务。各级选聘办与当地电信分公司要加强大学生“村官”信息服务的工作指导，建立健全各项管理制度，形成统一协调、各方配合、齐抓共管、综合利用的工作格局，确保这项工作扎实推进，取得实效。

第五，妇联组织参与做好到村(社区)任职女大学生工作的意见(苏妇〔2009〕28号)

到村(社区)任职的女大学生，既是妇联组织的联系服务对象，也是基层妇女工作的重要力量，更是妇女干部队伍和人才队伍的重要来源。为积极引导到村(社区)任职的女大学生立足基层、干事创业、成长成才，就妇联组织参与做好到村(社区)任职女大学生工作提出如下意见。

首先，加强教育培养，储备优秀人才：组织多形式教育培训活动，大力营造有利于女性人才成长环境；建立结对帮带制度，配合做好跟踪培养工作；建立到村(社区)任职女大学生人才库，扩大基层优秀人才的储备。其次，发挥妇联优势，支持干事创业：充分运用妇联组织的政治、组织、人才等优势，开展创业教育；鼓励和支持女大学生“村官”发挥自身优势和专业特长，立足农村农业实际自主创业。第三，主动关心服务，充分发挥作用：加强与到村(社区)任职女大学生联系；积极发挥到村(社区)任职女大学生的作用等。

第六，到村(社区)任职高校毕业生考核办法(试行)(苏组通〔2009〕41号)

为正确评价到村(社区)任职高校毕业生(以下称大学生“村官”)任职期间

的德才表现和工作实绩，规范大学生“村官”考核工作，江苏省委组织部特制定该考核办法。大学生“村官”考核坚持客观公正、注重实绩的原则，实行领导与群众相结合、平时与定期相结合、定性与定量相结合的方法，按照规定的条件、标准和程序进行。

对大学生“村官”的考核，以大学生“村官”的岗位职责和所承担的工作任务为基本依据，按照“德才兼备、以德为先”的要求，全面考核德、能、勤、绩、廉，着重了解大学生“村官”的思想政治素质、履行岗位职责和完成工作目标任务情况以及品德和作风等，注重考核工作实绩。

大学生“村官”考核分为平时考核、年度考核和聘期考核。平时考核重点考核大学生“村官”完成日常工作任务、阶段工作目标任务情况以及在岗工作表现情况，可以采取查阅被考核对象工作日志、专项工作检查、总结、考勤等方式进行，由乡(镇、街道)党(工)委负责同志予以审核评价。年度考核以平时考核为基础，在每年年末或者翌年年初进行。聘期考核以平时考核和年度考核为基础，一般在聘期结束前一个月内完成。大学生“村官”一次聘用期限为三年。

2. 江苏省大学生村官政策的实施状况

第一，从政策文体角度分析实施状况

从政策的不断出台、完善，可以看出江苏省政府对大学生村官政策的高度关注。这些政策性文件主要集中于省委、省政府以及各级机关关于决定实施大学生村官工作的意见、决定和通知等，它们对现实亦具有很好的指导意义。同时，各级地方政府也投入了大量的人力和物力。这些政策文件与物质保障不断地促进大学生村官工程的实施，使江苏大学生村官实践经历了一个从自发探索到全面试验，再到自觉整体推动的过程。然而，大学生村官作用的发挥，不仅需要依赖于良好的政策设计，而且需要充分考量政策运行的社会基础，何况现有政策文件的滞后性也深深影响该项嵌入性制度功能的释放。

大学生村官政策在实践中遭遇的困境，表明了当下建构大学生村官工作长效机制的急迫性。

第二，从政府管理部门与管理者的角度来分析政策实施状况

大学生村官政策，作为国家加强村庄治理和推动新农村建设的一项重要政策，目的在于嵌入我国乡村治理，在村庄的执行、运作过程中对乡村治理带来了重要的影响和作用。从调研情况看，普遍的政府管理部门与管理者都能认识到大学生村官政策的国家战略意义。同时，相当一部分基层政府的管理者认为，大学生村官政策在现实中的实施状况，与设计制度时的愿景并不完全契合，甚至有较大的距离。村官流失严重，大部分村官并未成为“有知识、有文化的新农村建设带头人”。在谈及如何解决这一困境时，许多管理者表示，希望中央政府与江苏省政府继续投入大量的人力、物力，地方政府要实施财政配套政策，形成制度上的“人物保障网”，以增强这一职位对大学生的吸引力。对于这一观点，我们不敢苟同。既然把大学生村官政策作为国家长期农村发展战略中的重要一环，当前亟须从两方面着力：一方面，建构大学生村官工作长效机制，把那些职业感觉良好、村务工作能力强、愿意扎根基层的大学生村官留下来；另一方面，健全大学生村官退出机制，将那些职业感觉较差、村务工作能力不强、不愿扎根基层的大学生村官请出去。由此，让那些立志于“美丽乡村”建设的大学生村官发挥更大的积极作用。

第三，从大学生的角度来分析政策实施状况

自 1995 年 8 月江苏省丰县实施“雏鹰工程”算起，江苏大学生村官政策已经走过了十八年的历程。纵观十八年的发展历程，从中央到地方，有关大学生村官优惠政策不断出台，已经鼓励了越来越多的优秀大学生到村任职，“到基层去，到艰苦的地方去，到祖国最需要的地方去”成为高校大学生就业的重要途径。然而，在与盱眙县的六名大学生村官访谈中，他们纷纷表示：“大学生村官不是一个稳定的职业，甚至不算一个职业”。越来越多的大学生村官开始关心“服务期以后怎么办？”、“研究生录取中高校不认可村官职业经历怎么办”、“考不上公务员怎么办？”等这样关乎自身前途的问题。我们认为，这一现象在大学生村官政策实施中具有较大的代表性。

显然，大学生村官政策环境在苏南、苏中、苏北地区存在地区差异，而村官政策的变动性也比较大，如在2013年的中央国家机关及其直属机构公务员招考政策变化之一，针对服务基层项目人员的招录，要求“服务期满、考核合格的大学生村官才能报考，这和往年只要求两年的服务期相比，显然限制更严了。我们在访谈江苏省某高校招办一位工作人员时获悉，在研究生招考中，高校更多地注重研究能力，尽管村官可以享受加分进入面试，而高校并不认可短暂的村官经历能给录取增加筹码。另外，总体上，从中央到地方的大学生村官政策中对村官的职业生涯是不明朗、不完善的，缺少前瞻性的职业规划。因此，大学生村官存在后顾之忧，很难嵌入乡村社会，他们需要花费更多的时间、精力去考虑未来前途，难以沉下心来投身乡村社会服务。

第四节　江苏省大学生村官发挥作用的个案展示

大学生村官作为乡村治理的基本主体之一，是国家政策嵌入乡村社会并实现有效治理的一项重要措施。大学生村官在乡村社会开展了丰富多样的实践形式，在促进乡村治理方面发挥了重要的作用。以下撷取大学生村官在江苏市县创新创业创优的典型案例，试图再现其在江苏大地积极实践的生动图景。

1. 大学生村官用专业知识服务于新农村[①]

第一，李永红的“DV光盘”——毕业于江苏广播电视大学传媒艺术系广播电视编导专业的如东籍女大学生村官，现任沙沟镇石梁村党支部副书记的李永红，一踏进集镇所在村的石梁村古朴的石板巷，便对这里产生了浓厚兴

① 来源于大学生村官用专业知识服务兴化新农村[EB/OL]. 江苏大学生村官网, http://www.jsdxscg.gov.cn/html/2008-9/237.shtml [2008-09-27].

趣。她迅速熟悉沙沟的人文历史、古迹，还计划自编自导、自己拍摄制作 DV 光盘《古镇——沙沟》，为推介、宣传沙沟，发展当地旅游经济做点事。

第二，李小芳“让景区发挥效益最大化”——“回到家乡徐马荒，是我梦寐以求的愿望。”毕业于苏州科技学院旅游管理专业的兴化籍大学生村官李小芳说，她的家就在西郊镇的徐马荒。她告诉记者，徐马荒生态景区，兴化市和西郊镇政府正在按照东南大学设施的规划进行打造。目前，李小芳正在思考徐马荒景区开发后的票位定价问题，找准最佳点，让景区发挥效益最大化。

第三，顾新燕：乡村新闻的传播者——顾新燕在大学里学的是汉语言文学专业。她担任董北村副支部书记，除参加村里突击性的拆违工作外，还是村里的“土记者”、“秘书”。顾新燕到村任职后，要承担全国卫生村的软件资料准备工作，还创刊《董北村新闻简报》，负责简报的采编印。2008 年 9 月 15 日，首期《董北村新闻简报》已与村民见面。

“目前，兴化的 45 名大学生村官，已基本完成了从大学生到村干部角色转换，他们已融入了农村和农民，其工作正渐入佳境。”兴化市委常委、组织部长万永良说。

2. 大学生村官创业先进集体受政府表彰[①]

灌云县在大学生村官培养中突出创业主线，积极引导大学生村官“人人上项目，人人有项目，立志创大业”。并在全县组织实施“4100”工程，计划用两到三年时间，在全县建设 4 个大学生村干部创业示范园，创办 100 个大学生村干部创业项目，通过上项目把大学生村干部压向基层，通过项目把大学生村干部引向基层，也通过项目把大学生村干部留在基层。

据统计，目前灌云县大学生村官已领办和协办致富项目 63 个，起到了较好的示范带动作用。他们以自己的干事创业实践赢得了组织的认同和群众的

① 来源于灌云县 5 个大学生村官创业先进集体受县委县政府表彰[EB/OL].江苏大学生村官网，http://www.jsdxscg.gov.cn/html/2010-9/5015.shtml[2009-02-11].

信赖，也激发了扎根基层、奉献社会、致力富民的热情和动力。因此，在灌云县三个文明建设总结表彰大会上，陡沟乡、穆圩乡、下车乡、侍庄乡、沂北乡的5个大学生村官创业先进集体受到县委、县政府表彰，并各获1万元的创业奖金。

第一，李雨轩的蔬菜大棚——下车乡前门村的大学生村官李雨轩，主动协调扶贫部门争取资金，为村里铺好了600米水泥路，得到了广大村民的交口称赞。她还带头领办了2个西红柿、1个甜瓜蔬菜大棚，在她的影响下，前门村设施栽培面积迅速扩大到400亩。2008年9月，她又带领村民辟出12亩大棚用作设施栽培示范基地，并和她的母校扬州大学农学院联系，引进了彩色辣椒、水果黄瓜等新型蔬菜品种，并邀请到扬州大学农学博士进行技术指导。

第二，汪磊的创业试验田——穆圩乡吴南村大学生村官汪磊，通过村土地流转，开辟出6亩地作为大学生创业试验田，积极开展创业实践。从种植紫糯玉米、“暑绿”小青菜到种植大白菜，在创业过程中体会过失败的苦闷，也品尝了成功的喜悦。

第三，张露阳的豆丹养殖——侍庄乡朱胥村大学生村官张露阳与他人合作，引进新技术，开展反季节豆丹养殖。豆丹养殖分为育种和青虫养殖两部分，其中育种技术含量高、投资大，这一环节采取由村集体承担风险的方式进行运作，依托淮海工学院研究成果，由张露阳提供技术支持，村民负责青虫养殖，目前项目实施状况良好，市场前景看好，预计2009年5月份可产生效益20万元。

3. 大学生村官田间地头调解纠纷[①]

栖霞区现有大学生“村官”26名，其中有4名是法律系毕业生。考虑到

---

① 来源于大学生“村官”田间地头调解纠纷[EB/OL].新华网江苏频道，http://www.js.xinhuanet.com/xin_wen_zhong_xin/2009-02/16/content_15706670.htm [2009-02-16].

这些“村官”文化素质高、工作能力强，2008 年 8 月，栖霞区委组织部和区司法局给这 26 名“村官”增加了一项新的工作内容，聘用他们担任村里的普法宣传员。

2008 年底，靖安街道马渡村村民吴海相(化名)与他人因土地承包问题发生矛盾。村委会主任助理、大学生“村官”毛臻得知后，积极与区法律援助中心联系，并几次带着吴海相找律师咨询，最终使问题得到妥善处理。毛臻是南京理工大学公共事业管理专业毕业的。自担任普法宣传员后，毛臻特意买了法律书学习。“基本的法律知识我还是要认真学习的，否则村民问我，我怎么回答？”毛臻说，遇到不懂的问题，他就向街道司法所工作人员请教。

24 岁的骆俊是句容人。2008 年 6 月从苏州大学毕业后，骆俊放弃了去张家港电力公司工作的机会，应聘来到营房村担任村委会主任助理。由于是“科班出身”，骆俊一到村里就接手了法制宣传方面的事务，负责制作法律墙报、送法入户，宣传关系村民切身利益的法律法规，还定期给村民开法律讲座。

据介绍，将大学生“村官”聘为普法宣传员在南京市还是首次。栖霞区司法局局长金旭说，大学生“村官”刚出校门，工作热情高，法律知识丰富，且能长期驻村，有效弥补了基层农村普法组织和宣传力量上的不足，为解决农村法律问题发挥了作用。但如何从制度上稳定发展大学生“村官”普法宣传员队伍，保护他们的热情，激励他们的干劲，需要司法行政部门进一步思考、探索和实践。

4. 大学生村官成立义务维修服务队①

宿迁宿豫区大学生村官发挥自身的专业和技术优势，自发成立远教设备义务维修服务队，面向全区 166 个村居终端站点，做好设备维护、故障排除、学用督查、需求反馈和教学辅导等工作，服务参学党员群众。

① 来源于宿迁宿豫：大学生村官成立义务维修服务队[EB/OL].江苏大学生村官网，http://www.jsdxscg.gov.cn/html/2013-3/7171.shtml[2013-03-28].

第一，突出便捷，分片设置。大学生村官远教设备义务维修服务队由18名具备专业基础和技能特长的大学生村官自发组成，按该区区域划分四个片区设置四个服务分队，分别服务片区内各村级终端站点。服务队统一配备故障检测装置和设备维修工具，公布报修电话、报修程序和处置结果，同时开展经常性的巡查巡访，及时做好片区站点软硬件故障的排除。

第二，突出服务，明确职责。大学生村官远教设备义务维修服务队制定服务章程，要求片区服务队每两周召开一次工作例会，定期组织举办“远程教育专家讲座”，成员每月提供一条“有价值的涉农信息”和一部“有价值的课件”，参加一期集中站点巡查维护活动，定期开展辅导党群学用、监看节目收视、反馈学习体会、制定学用计划，调查站点开放率和党群参学率，搜集、刻发优秀教学课件，服务基层站点。

第三，突出高效，科学管理。服务队员在各自片区发展一定数量的优秀站点管理员组成“远教维护服务岗”，为其配置外接数据卡和移动维修系统，为集中培训、流动教学、广电直播中的设备运行提供保障。采用“远教服务QQ群”开展线上报修，承诺维修响应时限。平时“服务岗”和“服务QQ群”做好各终端站点的正常开放和学习，排除一些常见故障，在机动时统一行动，听从调配。

5. 大学生村官打造“微平台”发挥“大作用”①

近年来，泰州市海陵区根据新时期信息传播方式、接受群体的变化，积极引导大学生村官不断创新宣传载体，打造一系列“微平台”，更好地服务群众、发挥作用。

第一，“微电影”反映生活引共鸣。组织大学生村官自编、自导、自演微电影来反映他们的真实生活，简洁的场景，质朴的语言，真挚的情感，将多

① 来源于泰州海陵大学生村官打造“微平台”发挥“大作用”[EB/OL].江苏大学生村官网，http://www.jsdxscg.gov.cn/html/2013-4/7187.shtml[2013-04-22].

彩的村官生活转化成精彩的画面，表达对生活的感悟，展现积极的人生态度，向社会传递“正能量”。

第二，“微博微信”高效快捷贴民心。以镇街为单位，组建大学生村官微博和微信公众平台，一方面及时发布村情动态、政策措施、时政大事和生活信息等，另一方面迅速掌握群众需求、帮助排忧解难，构建起信息传递、交流、反馈和响应的“快车道”。

第三，“微型党课”化整为零求实效。利用村级重大活动、重要会议以及非公企业、党小组活动中的零散时间，由大学生村官结合实际需要自主选题，采用演讲、小品、案例分析等群众喜闻乐见的形式，用“身边事”宣讲“大道理”，把党的创新理论还原到社会实践和现实生活中，形成情理交融的“强磁场”。

6. 大学生村官挑梁社区公共服务项目①

为深化推进民生幸福建设，新区新安街道对社区公共服务项目实施项目化管理，并依据“能为可为”原则，积极发挥大学生村官特长，让大学生村官担当项目负责人，运作管理公共服务项目，为大学生村官成长搭建广阔平台。

第一，“乐龄之家”项目。针对社区老龄群体养老利益诉求，大学生村官积极改革传统居家养老服务方式，变“老龄”为“乐龄”，创新开设集餐厅、书画苑、健身房等站室为一体的乐龄之家。同时，延伸服务触角，推出乐龄送餐、乐龄助洗、乐龄医生等服务，让老年人感受到家的温暖、子女的关怀，老年人对街道、社区的归属感不断提升。入驻“乐龄之家”的大学生村官，也吸引了《江南晚报》记者前往开展专题采访。

第二，“幸运草”残疾人工疗站项目。大学生村官针对残疾人康复需求，积极探索残疾人社会服务体系建设，创新残疾人职业康复模式，建立“幸运

① 来源于无锡市新区新安街道大学生村官挑梁社区公共服务项目[EB/OL].江苏大学生村官网，http://www.jsdxscg.gov.cn/html/2013-10/7392.shtml[2013-10-29].

草”残疾人手工坊。在主动学习、熟练掌握DIY串珠、十字绣、丝袜花等手工制作方法的基础上，向参加人积极推广，鼓励心灵手巧的残疾人通过制作各种手工艺品，将自己的劳动转变成社会财富，实现自身社会价值。目前，手工坊在原有项目的基础上，正在尝试金丝沙画、服饰加工等外包服务，并开设网店，拓宽销售渠道，提高残疾人积极性。

第三，“禾木坊”睦邻调解项目。大学生村官针对民事调解中经验缺乏、人头不熟等困境，积极开动脑筋，在拓展调解工作力量上下工夫，把原各村居具有较高威望的老党员、老干部、老教师、老调解、老模范等资源整合在一起，成立调解工作室，共同开展调解工作。同时发挥大学生自身专业优势，与法院、律师事务所开展共建，积极学习相关业务知识，加强实践锻炼，促进和谐社区建设。

总体而言，江苏大学生村官参与乡村建设方面的实践案例有很多，大学生村官政策的实施，对乡村的政治、经济、文化、社会等各方面产生了非常积极的影响。然而，就政策的初衷来说，大学生村官制度嵌入我国乡村治理，在乡村建设和基层民主建设的实践中推行。换言之，选聘高校毕业生到村任职工作，目的是推进江苏新农村建设，加强农村基层组织建设，引导和鼓励高校毕业生到基层和生产一线锻炼成长，培养有知识、有文化的新农村建设带头人，培养具有坚定理想信念和奉献精神、对人民群众有深厚感情的党政干部后备人才，为全面建设更高水平的小康社会提供坚强的组织保证和人才支持。实践中，基于多种因素困扰，大学生村官并没有在江苏乡村社会建设中发挥决定性作用，其大多是辅助村委会或党支部书记工作的“秘书人员”，扮演着事务性的“配角”角色。以下通过对江苏常熟、宝应、盱眙大学生村官的调研、访谈，我们可以理解，由于国家政策逻辑与乡村社会逻辑的断裂，大学生村官徘徊在国家政策与乡村社会之间。由此，当下亟须建构大学生村官工作长效机制，以充分发挥该项嵌入性制度的功能与作用。

第五节 江苏省大学生村官现状分析——基于常熟、宝应、盱眙的调研[①]

大学生村官政策作为国家加强村庄治理和推动新农村建设的一项重要政策，嵌入我国乡村治理，在村庄的执行、运作过程中对乡村治理带来了重要的影响和作用。然而，大学生村官作用的发挥，不仅需要依赖于良好的政策设计，而且需要充分考量政策运行的社会基础，为此，需要对大学生村官嵌入乡村社会关系的现状进行分析，而分析大学生村官现状，可以从大学生村官入职前准备、在职期间状况与任职期满后的诉求等方面着手。

为了了解江苏大学生村官的工作、生活状况，掌握大学生服务乡村社会的现实状况，课题组在 2013 年 7~10 月对江苏省常熟、宝应、盱眙地区大学生村官进行随机抽样调查与乡村两级领导访谈。调查共发放问卷[②]130 份，回收 126 份，回收率 97%，其中有效问卷 126 份，问卷有效率 97%。

被调查者的分布情况如下所示：第一，就性别而言，在被调查的大学生村官中，其中男性 66 人，占 52%；女性 60 人，占 48%，男女比例相近。第二，就被调查大学生年龄而言，最大 28 岁，最小 22 岁，年龄主要分布在 23~26 岁，村官选拔基本不存在性别、年龄歧视。第三，就学历来说，调查对象的学历以大学本科为主，占 97%，研究生占 3%。第四，就专业分布而言，人文社科类人数占 65%，理科占 20%，工科占 15%。

调查发现，很多拥有学士学位的大学生对从事村官工作热情较高，有利于村官队伍素质的提高。专业的多样化有利于农村的多样化发展，然而人文社科类大学生村官占绝对数量，可能说明文科生更难在其他领域就业。另外，

---

① 课题组考虑到大学生村官是因国家政策走入乡村社会的群体，在一个省域范围内，政策及其执行具有高度相似性，并就嵌入乡村社会关系而言，具有普遍的“嵌入难”问题。因此，基于常熟、宝应、盱眙的调研，可以大致代表江苏大学生村官的基本状况。同时，该观点在课题组与江苏大学生村官主管部门，以及乡村两级领导干部的访谈交流中也在很大程度上得到了印证。

② 该调查问卷来源于王兆萍《大学生村官工作长效机制研究》（经济科学出版社，2012）一书中，并略有修改，请参见附录。

调查中发现，直接与农业相关的专业大学生村官数量较少，这似乎有悖政策初衷。就籍贯、家乡所在地而言，95%的调查对象籍贯是江苏省，大学生村官的家乡以农村为主，占 66%，其次是城镇，占 24%，城市仅占 10%。从籍贯和家乡所在地的分布情况来看，本地人占绝大多数。可以认为，一方面，本地大学生村官对该地区情况更为了解，便于开展工作；另一方面，这也是当下阶层固化的重要表征，尤其是农村大学生流动机会狭窄。

本次问卷的调查内容分析如下所述。

1. 大学生获取村官职业信息途径多元化

职业决定的好坏取决于所获取的信息，收集职业信息是个人职业生涯规划的核心内容。在被调查的大学生村官中，有 58%的人通过电视、网络、报纸杂志等新闻媒体获取职业信息，22%的人通过身边同学或朋友获取信息，15%的人通过校园或社会招聘获取信息，另有 5%是通过学校老师介绍。可见，大学生了解村官途径主要是“新闻媒体”、“身边同学或朋友”，而从学校获取职业信息的人所占比例比较少，说明高校在宣传大学生村官有关政策，动员大学生去乡村基层就业、创业等方面工作有待加强。

2. 大学生应聘村官是一种就业选择

在被调查对象中，有 37%的人应聘村官是为了“在乡村建设中实现自身价值，获得社会经验”；31%的人出于“先就业再择业”的动机应聘村官；14%的人认为应聘村官是正常职业选择；15%的人是被考研、考公务员加分政策所吸引；3%的人认为村官待遇还不错。一般认为，大学生村官计划是具有政府导向性的公共政策，因此会出现各种优惠待遇，而大学生应聘村官多是功利性动机使然。在调查中，这一认识也得到了一定的体现，但随着大学生就业形势的日益严峻，大学生就业观也在发生改变，从大学生做村官能否得到家庭的理解和支持来看，也有 68%的家庭持理解并支持的态度。因此，选择乡村就业已逐渐被相当一部分大学生所接受，认为“下乡”同样能实现自身价值。

3. 大学生村官在职期间多从事一些形式化工作

访谈中发现，大学生村官工作内容主要是写村务报告、总结和协助村干部做村务决策；同时整理村委文件、看报、接电话、宣传政策法规等一些较基础、很形式化的工作，更有少数村官整天喝茶、看报，几乎没什么事可做。大多数的大学生村官并没有真正接触到农村的实质性问题，比如与农村集体经济相关的事务等。在大学生村官政策中，对于职务安排有详细规定：中共党员一般安排担任村党支部书记或支部委员职务，中共预备党员或非中共党员一般安排村委会主任助理或依法选举为村委会副主任职务，是共青团员的，可安排兼任村团组织书记、副书记职务，使之成为新农村建设带头人。这种状况表明：一方面，当地村干部对大学生村官是持欢迎态度的，因为大学生有知识、有技术、文字语言功底较强，但对大学生村官在几年聘期后能否形成对乡村认同并成为其中一员是难以确定的；另一方面，大学生村官缺少乡村工作经验，而乡村仍然属于熟人社会，人际关系比较复杂，当地村干部担心，如果让大学生村官参与一些重要的生产社会活动和决策，反而会把事情搞糟，甚至有的村干部会担心重用大学生村官将削弱其权力与影响。相应地，这种状况也强化了大学生村官将自己当成乡村的“过客”，工作上表现得比较浮躁，很难沉下心来积极参与农村事务，在心理上难以完全认同村官角色等。

4. 大学生村官对工资待遇比较满意

根据大学生村官政策，大学生村官工资待遇比照本地乡镇从高校毕业生中新录用公务员试用期满后工资水平确定工作、生活补贴标准，在艰苦边远地区工作的，按规定发放艰苦边远地区津贴，补贴、津贴按月发放；在村任职期间，参加养老社会保险，办理医疗、人身意外伤害商业保险。但具体到各个地区，待遇标准和经费支付来源各有差异。根据江苏省贯彻落实《关于引导和鼓励高校毕业生面向基层就业的意见》的实施方案(苏办发〔2006〕18号)，规定对毕业后自愿到省内县以下基层单位、艰苦地区、艰苦行业工作的，可直接执行转正定级后的工资待遇。服务达到一定年限并符合相应条件的，可享受国家助学贷款代偿政策。对符合条件且到苏北地区就业的普通高等学校全日制本科以上(含本科)应届毕业生，按照《苏北发展急需人才引进专项资金管理办法(暂行)》(苏组通〔2004〕56号、苏财教〔2004〕148号)和苏财教〔2005〕195号文件的相关规定给予一次性补助：博士研究生、硕士研究生、本科生的补助标准最高分别为8万元、6万元和4万元。调查中，有82%的大学生村官对就业的预期比较客观，对目前的工资待遇也基本表示认可。这种状况说明，基于对严峻就业形势的考量、身边参照群体待遇的比较以及付出的劳动量，大学生村官对工资待遇的评价也就相对比较客观。然而，就业的权宜之计、社会潜在的失业人群、暂时性政策的优惠、年轻人生活的城市化取向等，仍然在消解大学生村官对职业的认同，如果有其他机会，相当部分村官便会选择离开，其最终结果必将影响大学生村官政策实施的效果。

5. 大学生村官融入乡村社区比较困难

调查显示，在农村生产方面，有75%的大学生村官认为，他们在学校所学的知识在农村生产中“大部分不能用上”；另有10%的人认为“完全用不上”；只有15%的学生认为所学知识“能用上”。在农村人际关系交往和处理方面，有35%的大学生村官认为最难处理“与农村宗族势力的关系”，25%的人选择了“与一般村民的关系”；18%的人选择了“与乡镇领导的关系”；22%的人选择“与原两委班子的关系”。此外，大学生村官的日常生活存在生活单调、精神文化生活不够丰富等问题。92%的大学生村官认为农村物质条件较差，生活枯燥、单调、平淡，娱乐设施极少，人生地不熟，交往圈子比较狭窄，有些时候很难耐得住寂寞。显然，大学生村官对农村情况缺乏了解，对党和国家的农村政策不太熟悉，现有的知识结构不可能完全胜任农村的生产工作，和农村居民在生活方面也存在很大的差异性，特别是，大学生村官自身与乡村居民双方都对大学生村官持有“过客”意识，造成了大学生村官同农民在生产、娱乐交往中难以产生互动和交流。由此可见，当前大学生“村官”在农村社会融入比较困难，他们大多虽然身在农村，但无法顺利融入农村工作、生活和农民圈子，很难成为村民眼中的自己人，这也在很大程度上限制了大学生“村官”作用的发挥。

6. 大学生村官的社会认同度与价值满足度较低

现有大学生村官的知识、能力以及农村工作经验存在一定缺陷，如许多大学生村官所学专业不对口，没有农业技术专长，生活阅历较浅，不能争取到项目和资金，缺乏带领群众脱贫致富的能力等。在日常工作中，他们面临着管理能力、技术能力、沟通能力和解决复杂问题能力的提升问题。大学生村官内在知识素质因素、村民致富发展诉求以及村干部期待大学生村官协助其工作的期望等，导致大学生村官在短时间内其工作能力难以满足农村社会需要，使其在农村的社会认同度偏低。在被调查对象中，就意见采纳程度而言，有 36%的大学生“村官”的意见“常被采纳”；意见“从未受重视”的占 30%；另有 23%的人“根本没有提出建议和意见的机会”；11%的人“从未提出过意见和建议”。就领导及其同事对大学生村官工作认可状况而言，15%的人认为领导及同事“很认可”他们的工作；27%的人选择了“认可”，51%的人选择了“一般”，5%的人选择“不认可”，2%的人选择“很不认可”。就村民对村官的欢迎程度而言，18%的人认为“很欢迎”，30%的人认为“村官”受村民欢迎程度一般；46%的人认为“不太欢迎”，6%的人认为“很不欢迎”。

大学生村官成就感的高低，主要取决于大学生村官工作的价值满足度。调查发现，大学生村官对当初职业选择的评价，有 30%的人认为“不后悔当初的选择，但没有做出应有的成绩，感到愧疚”，有 18%的人认为“实现了自身的价值，当初选择是正确的”，有 22%的人认为“反正是来‘镀金’的无所谓”，另有 21%认为“后悔当初的选择，觉得浪费了时间和精力”。可见大学生村官在农村工作中自我实现的价值满足度较低。相应地，大学生村官对职业发展前景持较悲观态度：有 50%的人对发展前景“说不准，迷茫”；31%的人认为“一般，说不上好”，9%的人认为“不好，失望”，有 10%的人对大学生村官职业发展前景有信心。

7. 大学生村官任职期满后的诉求

2010 年 4 月 29 日，中共中央组织部下发通知，计划由原来 5 年内选聘 10 万名大学生“村官”增长为 5 年内选聘 20 万名大学生“村官”。随之很多省份提出了“一村一名大学生村官”计划。其实，江苏早在 2009 年就提出了加快实施“一村一社区一名大学生”工程的意见(苏组通〔2009〕12 号)，要求从 2009 年到 2012 年，采取省市联动、分级选聘、一次规划、分年实施的方式，将省、市、县三级选聘高校毕业生到村(社区)任职工作纳入实施“一村一社区一名大学生”工程总体计划。2012 年底前，全面实现“一村一社区一名大学生”工作目标。就在大学生踊跃报考村官的同时，那些聘期届满的大学生村官面临任职期满后的再流动问题。因此，2010 年 5 月 10 日，中共中央组织部等 13 个部门又联合下发了《关于做好大学生“村官”有序流动工作的意见》，要求建立大学生村官有序流动机制，引导聘用期满大学生村官通过留村任职工作、考录公务员、自主创业发展、另行择业、继续学习深造等，实现有序流动。

从调查来看，即将任满的大学生村官，对出路的第一选择，有 75%的人认为“考公务员”、“考研读书深造”，有 16%的人认为“续签、继续做‘村官’”、“在乡村创业，发挥更大作用”，有 8%的人认为“还没有考虑清楚”。从聘期届满的大学生村官的流动情况来看，虽然公务员考试将安排专门职位面向大学生村官，省级公务员的招考也越来越重视基层工作经历，但毕竟能从中得到的优惠有限，具有基层工作经历的人并不仅限于大学生村官，其他如在企、事业单位工作的很多人也同样具备条件，大学生村官和他们相比，竞争未必占优势。被调查的大学生村官中，尽管有 30%的人选择了“续签，继续做村官”，但实践中如愿以偿的并不多。对于既缺资金又没有权力背景的大学生村官来说，“在乡村创业，发挥更大作用”的成功案例非常少见，只有被分配在一个资源基础较好的村庄才最有希望创业成功。因此，对绝大多数聘任到期的大学生村官而言，自谋出路将是最终必然要面对的结局。

第六节　江苏大学生村官参与乡村治理的困境、对策与建议

大学生村官参与乡村治理，会面临错综复杂的乡村社会关系。可以说，嵌入乡村社会关系是大学生村官参与乡村治理、发挥积极作用的前提条件。从国家政策视角观之，大学生村官政策发挥作用的关键，在于能否与乡村社会环境相耦合，而乡村社会环境中的基本要素就是乡村社会关系。大学生村官参与乡村治理的困境，指的就是大学生村官在乡村社会存在嵌入难的问题，可以从国家、大学生村官和乡村社会这三个角度进行分析。因此，梳理大学生村官问题与提出相关对策建议，需要放在乡村社会关系网络中进行考量。

1. 江苏大学生村官问题透视

尽管大学生村官工作已创新和积累了丰富的经验，在江苏乡村治理中取得了一定的成效，但由于缺乏前瞻性地预测和整体性规划，缺乏制度层面的长效机制，尤其是难以嵌入乡村社会关系，这些在很大程度上制约了该项嵌入性制度功能与作用的发挥，影响了大学生村官工程的可持续推进，具体问题主要表现在以下方面。

第一，大学生村官计划缺少整体规划

大学生村官整体规划是国家人才发展战略规划的重要组成部分，也是各项大学生村官工作的基础和依据。当前我国大学生村官工作，无论从宏观上

还是微观上、国家层面还是地方层面、乡村集体还是大学生个体，都对大学生村官整体规划缺乏足够的重视。作为国家政策嵌入到乡村治理的大学生村官制度，强调的是一种外部力量对乡村社会建设的干预。大学生到乡村任职的有效实施，源于政府的授权或制度推进，靠的是党政机关或部门自上而下的政策设计并付诸社会实施。这种自上而下的制度供给模式，意味着国家政策对大学生村官赋予了很高的期待。为了达成制度设计的目的，国家机关或相关部门便必然要求大学生村官在农村社会发挥应有的作用。

然而，事实上，党政机关或部门缺少对农村现有人力资源状况的分析，缺乏对大学生村官需求-供给的预测，缺少对大学生村官流动性和稳定性的分析，缺少政府部门、乡村社会与大学生群体在政策决策前的沟通与辩论等。特别是，缺少农村社会内部存在着传统社会遗留下来的、自发形成的、反复实践的并指导村民的“隐形”的行为准则和秩序规范来制约大学生村官在农村社会作用的发挥(郭明，2013)。毫无疑问，如果两者之间不能相互协调，必然会导致大学生村官计划的临时性和盲目性，使得地方政府在具体落实过程中，很容易把大学生村官计划当成是临时解决大学生就业难的“面子工程”和自身重视人才的“政绩工程”。而国家政策逻辑与农村社会逻辑的背离，会使大学生村官计划沦为延迟就业的“蓄水池”——满怀激情的加入，无可奈何的退出，对于政府部门、乡村社会与大学生群体来说都是不利的。

第二，大学生村官选聘标准过于宽泛化

大学生村官的招聘，尽管在一定程度上参照公务员的考录程序，但在操作时并没有像公务员招录那样，充分考虑农村情况的具体性，根据不同类型村对村官的具体需求，提出相应的标准。就《2013 年江苏省大学生村官招考公告》中的招聘要求来看：选聘对象为 30 岁以下(1983 年 1 月 1 日以后出生)应届全日制普通高校本科及以上学历毕业生。选聘的基本条件是：思想政治素质好，作风踏实，吃苦耐劳，组织纪律观念强，志愿到农村基层工作；有一定的组织协调能力和社会实践能力；学习态度认真，能如期毕业；身体健康。在具体选聘过程中，坚持同等条件下党员和优秀学生干部优先，回原籍任职的优先。在这种泛化和模糊的描述，思想进步远胜专业水准的要求中，我们很难了解国家究竟想选择什么样的大学生到乡村基层，如何才能契合政策文本中要求为全面建设江苏更高水平小康社会“提供坚强的组织保证和人才支持”的宏伟目标。

在调查中，就专业分布而言，人文社科类人数占 65%，理科占 20%，工科占 15%。可见，很多拥有学士学位的大学生对从事村官工作热情较高，有利于村官队伍素质的提高。专业的多样化有利于农村的多样化发展，然而人文社科类大学生村官占绝对数量，可能说明文科生更难在其他领域就业。尤其在调查中发现，直接与农业相关的专业大学生村官数量较少，这似乎有悖政策初衷。因此，从国家到地方，关于大学生村官的选聘标准似乎都是不清晰的，在这种模糊的选聘标准的指导下，选出的大学生村官是否适合在乡村基层、能否能够扎根乡村，这是值得怀疑的。

第三，基层政府对大学生村官使用不到位

大学生村官计划自实施以来，在改善农村干部队伍结构、增强农村基层组织生机活力等方面均取得了显著成效，大学生村官自身也从中获取了许多宝贵的经验。由于基层管理者经验不足，在大学生村官的管理和使用上还存在着许多缺陷，主要表现在对大学生村官的工作安排、教育培训、角色定位等方面。在针对大学生村官的访谈中，发现基层政府对大学生村官使用存在以下问题：如常被借调，“村官”变“乡官”。根据中共中央组织部、教育部、财政部、人力资源和社会保障部关于印发《关于选聘高校毕业生到村任职工作的意见(试行)》的通知(组通字〔2008〕18 号)，明文规定“选聘到村任职的高校毕业生聘用期间必须在村里工作，乡镇以上机关及其他单位均不得借调使用”。然而，现实中大学生村官被上级政府和单位借调现象却十分普遍。借调使大学生村官脱离基层、脱离群众，从长远来看，十分不利于他们在农村发挥自己应有的作用。

又如日常工作烦琐，能力难发挥。在农村基层干部组织中，大学生村官承担了大部分类似撰写计划、总结、报告、文件档案整理等文秘方面的工作，甚至有的村官还承担了打扫卫生、接待来访者等工作，使得自身能力没有得到充分发挥。再如缺乏有效的教育培训，工作难开展。虽然各地基层主管部门对选聘的大学生村官都会进行岗前培训，但培训形式单一、内容简单，对大学生的实际工作及未来职业发展并没有太多的实效，缺乏在培训组织、培训需求、培训预算、培训内容、培训方式、培训原则、培训流程、培训时间长度、培训评估等方面的深入分析和研究。

另外，身份不明确，难以受组织重视。大学生村官不是学生、农民，更不是公务员，当这些“空降”村官来到基层后，乡村社会常常把他们当做过客或临时工。由于大学生村官身份的不确定性、任期短暂性特点，大学生村官很难得到乡村干部、村民的信赖与认同，大学生村官服务农村多以“助理”身份，日常工作多集中于撰写计划、总结、报告、文件档案整理等一些琐务，能够参与到农村具体事务中的机会很少，更难以深入基层管理核心，因此大学生村官的自身价值也就很难发挥。由此，在大学生村官的使用上，基层管理者并没有充分开发和利用这一优秀的人力资源，致使大部分村官感到“英雄无用武之地”。长此以往，不仅会严重挫伤大学生村官工作的积极性，也造成了人才的浪费。

第四，大学生村官职业发展环境较差

大学生村官职业发展环境主要包括物质环境和社会环境两个方面。一方面，相对于城市来说，乡村偏僻、交通不便、办公设施缺乏、居住条件落后等基层物质生活条件差，这是不争的事实。经历了多年的大学校园生活，不论原本来自农村还是城市，大部分学生都已经习惯了都市生活，对生活质量也有了一定的要求。在面对农村艰苦的生活条件时，很多大学生村官感到不适应。访谈中发现，大学生村官对农村环境的不适应，集中体现在对住宿、交通、娱乐等方面的不适应，尤其是娱乐生活。多数大学生村官认为，在农村工作最难忍受的是“精神生活的匮乏”、“感觉与村民有隔阂，没有共同语言”等，这些都在一定程度上影响了大学生村官对农村环境的适应。

另一方面，大学生村官职业发展环境差更体现在社会环境上。农村工作琐碎敏感，人际关系错综复杂，利益纠葛纷繁，村民文化素质不高，法律意识淡薄，处理事务多靠传统经验和习俗等。访谈一些基层干部和村民的结果表明，他们对大学生村官基本持欢迎态度，但也有相当部分基层干部和村民对大学生村官缺乏认同，觉得村官“没有实职，像个摆设”、“上面派来的官，混几天就走了，不会起多大作用”。有些村民对大学生村官存有偏见，不认同其村官身份，工作上不予理解、支持与信任。个别乡镇干部对大学生村官怀有防备和抵触心理，认为大学生村官是上级领导派来的监督者，从而形成自我保护意识，对大学生村官表面客气、矜持，心理上却将其视为外来者，时时提防，不让大学生村官插手村务，只给他们安排一些文书类等形式化的琐事。另外，农村人际关系复杂，利益纠葛纷繁，宗族、亲情关系根深蒂固，也给大学生村官扎根农村，融入基层带来了不小的阻力。以上种种都在客观上决定了大学生村官难以融入基层社会，加大了大学生村官在农村开展工作的难度。

第五，大学生村官职业发展前景不明

在中共中央组织部、人力资源和社会保障部等部门联合下发了《关于建立选聘高校毕业生到村任职工作的长效机制意见》(组通字〔2009〕21号)中，我们发现，其尽管给任职期满的大学生村官提供了五条出路，即支持大学生村官创业、鼓励大学生村官留任农村担任村干部、推荐大学生村官考公务员、支持大学生村官继续深造、引导大学生村官另行择业等，但由于保障机制、相关配套政策的不完善，每一条出路对任职期满的大学生村官而言几乎很难走得通，实践中能留任村干部、考录公务员毕竟是少数，绝大多数人还是要面临再就业。虽然大学生村官任职期满后的去向令人担忧，但他们在对待再就业的态度上比较乐观。

调查显示，40%的人认为“如何出去还是靠自己的努力，即干得好自然就能流得动，任何行业都是如此”；28%的人认为应该“在公平、公正、公开的环境下竞争择优”；33%的人认为“国家有必要为其解决出路问题”。调查显示任职期满后，仅有 12%的人愿意继续留任乡村，留职意愿低在一定程度上影响了大学生村官的职业发展。总体上，“出路在哪里”成为了大学生村官最大的职业困惑。面对职业发展前景的不明确，一部分人选择了得过且过地混日子，还有一部分人丢下本职工作复习考研、考公务员或兼职做生意等，这些对其职业发展都会产生十分不利的影响。

因此，在大学生村官政策设计中，政府应充分了解大学生村官的供需状况，制定大学生村官配置与发展规划；同时还要在出口方面予以扩大，提高大学生村官考录公务员比例；建立大学生村官培训长效机制，努力提升大学生村官综合素质与实际工作能力；创造公平、公正、公开的就业市场和竞争环境，为已经选派的大学生村官谋出路，确保他们职业发展无后顾之忧。

2. 优化大学生村官政策的对策建议

大学生村官工程的成败，关键在于能否真正“嵌入”我国的农村社会。大学生村官制度嵌入我国乡村治理，在乡村治理与基层民主建设的实践中推行，根本目的在于向基层输送新鲜血液，希望大学生村官能够在乡村治理中发挥积极作用，缓解农村人才流失的现状，从而大力推动社会主义新农村建设。如果任职期满后选择离开甚至在任职期间就丢下本职或辞职，农村状况就难以得到实质性改变，大学生村官政策的目的也难以真正实现。因此，为了充分发挥该项嵌入性制度的功能与作用，当前亟须建构“下得去、待得住、干得好、流得动”的大学生村官工作长效机制，使大学生村官在乡村内部拥有展示其能力的平台。

第一，夯实大学生村官工作发展的制度基础

诚然，大学生村官工作在一定程度上有利于缓解当前严峻的就业形势，然而，我们必须明确，其绝不是解决当前高校毕业生就业难的短期行为，而是引导和促进大学毕业生面向基层就业的长期政策，更是培养社会主义事业合格建设者和可靠接班人、夯实党的长期执政基础的长远战略。政府和全社会都要充分认识到大学生村官工作的长远意义和战略意义，深刻认识到大学生村官工作的长期性和艰巨性，深入分析和妥善处理大学生村官工作中存在的问题，努力改善大学生村官的工作、生活环境，使大学生村官工作步入良性发展的轨道。

因此，各级地方政府要切实把握政策目标，首先，要改善大学生村官生活条件。各基层组织要切实解决好大学生村官日常实际问题，解除他们在食宿、交通、安全、网络信息等基本生活条件上的后顾之忧，使其能够安心工作。其次，要尊重大学生村官意愿，给予更多的自主权。基层干部要牢固树立“人才是第一生产力”的观念，在实际工作中给予大学生村官更多的理解、支持和帮助，放手让他们担任实职、充当骨干，为其日后成才提供条件。最后，要营造益于大学生村官发展的舆论氛围。在日常工作中，基层干部一方面要大力宣传村官政策；另一方面，也要积极引导大学生村官到群众中去，让那些心存误解和质疑的村民充分认识到大学生村官的价值和意义，从而为大学生村官工作的开展营造良好的舆论氛围。另外，还要切实做好大学生村官的选聘、培养和日常管理，多出实招，不断建立和完善促进大学生“下得去、待得住、干得好、流得动”的大学生村官工作长效机制，不断夯实大学生村官工作发展的长期制度基础。

第二，强化大学生村官工程的整体规划(王兆萍，2012)

(1) 编制大学生村官配置计划：当前诸多地区按照“一村一社区一名大学生”进行配置不具有科学性，临时性特征明显。因此，需要根据江苏农村人才发展的战略与规划，结合农村基层组织的人力资源需求进行摸底调查，明确人才需求的真实情况。同时，还要结合农村现有相关职位的人员数量、职位可能出现的变动情况、职务的空缺数量等，以全面地掌握农村人才资源的数量、职务变动以及职务人员空缺数量等，制订大学生村官配置计划。另外，随着大学生村官计划实施，越来越多的大学生将会选择在农村发展，不仅可以担任“村官”或“村官”助理，还可以从事农村社区组织或经济组织的工作，在编制大学生村官规划的同时还需注意职务计划。

(2) 合理预测大学生“村官”的需求与供给：根据大学生村官职务编制计划和人员配置计划，使用科学的预测方法，合理预测农村对人才的需求状况。在做人才需求预测时，应注意将需求的职务名称、人员数量、希望到岗时间等详细列出，形成一个标明有人才数量、技能要求、工作类别及为实现农村人才目标所需的大学生“村官”人员数量和层次的列表清单，据此实施日后的大学生村官补充计划。大学生“村官”供给计划是大学生“村官”的对策性计划，主要阐明了大学生“村官”供给的方式(如外部选聘、内部留任等)、大学生“村官”的流动政策、大学生“村官”的获取途径以及获取实施计划等。

(3) 大学生“村官”规划的评估和反馈：作为国家一项重要的人才发展战略，大学生“村官”的规划应该是一个长久持续的动态过程。各级相关部门将大学生“村官”的总规划和各项业务计划付诸实施后，要根据实施的结果进行评估，并及时将评估结果进行反馈，以修正大学生“村官”规划。倘若只重视大学生“村官”规划的制定与实施，而忽视了大学生“村官”规划的评估工作，这可能导致大学生“村官”规划流于形式，最终导致战略目标无法实现。对大学生“村官”规划的实施结果进行评估可以明确规划的有效性，了解问题所在，促使规划得以更好地落实。

第三，创新大学生村官选聘机制

建立科学可行的选聘机制，把好准入关口，是大学生村官政策有效实施的前提。

(1) 制定科学合理的选聘标准。大学生村官选聘政策要细化选聘标准，增加对选聘对象专业背景、特长能力、心理素质等方面的规定。特别是，要注重对选聘对象基层就业意向的考查，着重选拔那些对“三农”具有深厚感情，并有志于扎根基层的大学毕业生。唯有具备这些条件的大学生村官，才能在基层发挥自身优势，真正地奉献基层。

(2) 增强选聘的针对性。政府要把选聘机制与当地需要结合起来。在选聘工作中要做到实事求是，一切从实际出发，充分调研分析，积极听取当地农民的建议。政府要根据本地农村的发展特色，农民的实际需求，做好需求的人才类型规划，选聘农村真正需要的大学生村官。在选聘过程中对选聘标准做一些限定，使选拔的大学生村官真正符合当地需要，从而加强选聘的针对性。

(3) 坚持涉农专业优先选聘原则。涉农专业优先，充分体现了学以致用、才尽其用和用其所长、避其所短的用人原则。一方面，涉农专业的大学生的专长和优势就是服务“三农”的理论知识和专业技能，只有到广阔的农村去，才能人尽其才、大有作为，才能发挥应有作用、实现自我价值。另一方面，农村紧缺的就是农业和农村经济中具有一定科学文化知识或掌握一定专业技能的农村实用人才以及在种植、养殖、农产品加工、农产品流通、企业经营管理等方面掌握了一定科技知识的管理营销人才，只有涉农专业的大学生才更能具备这个条件(张群喜，2011)。

(4) 规范选聘程序和条件。科学合理的选聘机制才能保证整个大学生村官计划的顺利实施，因此要通过严格的选拔程序，选聘真正有志于农村工作的优秀大学毕业生到农村基层服务。在选聘中要严格限制选聘标准和选聘名额，着眼于政策的长远发展量力而行，选聘机制要严把质量关，不能一味地追求大学生“村官”工程的速度和规模。

第四，加大力度做好对大学生村官的分类培养

分类培养是大学生村官管理部门在综合大学生村官性格特质、专业特长和社会实践经历等方面的基础上，依据“适应需求，科学定位，因材施教”的原则，把大学生村官划分为“基层干部型”、“创业富民型”、“培养提高型”等不同类型的一种培养模式。

(1) 把那些职业感觉良好、村务工作能力强、愿意长期扎根基层的大学生村官作为“基层干部型”。实施“青蓝工程”，充分发挥“双强”型村支部书记的“传、帮、带”作用，侧重安排一些急、难、险、重的工作任务帮助提高大学生村官解决基层矛盾、驾驭复杂局面、推动经济发展的能力，使其快速成长为农村工作的行家里手。利用村“两委”换届或乡镇党委、政府换届契机，把熟悉农村基层情况、工作方法灵活的大学生村官调整到村“两委”正职岗位或乡镇领导班子里面锻炼使用，让他们大展拳脚，在新农村建设中发挥模范带头作用。

(2) 把市场信息灵通、经营头脑灵活、管理经验丰富、有自主创业项目的大学生村官归类为“创业富民型”。成立大学生村官创业指导中心和创业发展研究中心，大力举办创业培训班、经营管理知识培训班，加强与农林、水利、扶贫、交通和金融等部门协调，在优惠政策、项目资金、技术支撑等方面加大扶持力度，合力提升其创业项目质态和层次，逐步实现项目向社会化的转变，引领带动更多的群众融入创业大潮中。

(3) 把不适应农村环境、进入基层工作状态慢、有继续深造学习意向、愿意服务乡村的大学生村官归类为“培养提高型”。在实行“三级帮带”指导开展工作的同时，帮助解决生活难题，鼓励其继续学习深造。主动与教育部门及高校联系，举办针对大学生村官的学历学位研修班，推荐部分成绩优异的大学生村官进入高校免试就读研究生。开设工商管理、农业推广、公共管理等硕士冲刺班，邀请相关专业学者授课，免费为大学生村官提供相关指导，鼓励其参与竞争以实现更高的发展。

第五，引导利益相关者积极参与大学生村官工程建设

大学生村官作为政府动员的结果，是完善基层治理结构的基础性制度安排，要坚持“政府主导、高校主体、部门协调、多方参与”的原则，充分发挥政府主导职能，引导利益相关者共同促进大学生村官工作的可持续发展。

一方面，高校尤其是农业高校，要切实担负起服务地方经济社会发展的责任，扭转在课程设置中的“城市化偏向”，适当开设部分有关农村经济发展和农业科技知识方面的通识课程，使大学生早有专业知识准备；高校的就业服务部门要引导高校毕业生自觉转变就业观念，有意识地帮助志在村官工作的大学生合理规划个人职业发展。

另一方面，政府相关部门和社会各界要坚持服务和管理并举、严格要求和真情关怀并重思路，使大学生到村任职后有归属感、认同感和安全感，提高社会对大学生村官的群体认同度。乡镇政府和村级组织要在生活上多关心、工作上多支持，让他们更好地参与到农村基层的实际工作中去。

第六，建立健全大学生村官的退出机制

任何制度都是利益及其选择的结果。为了充分发挥大学生村官这项嵌入性制度的功能与作用，还要建立完善的大学生村官退出机制。

(1) 相关部门可通过加强宣传、创造舆论环境等措施，积极制定与完善具有针对性的大学生村官职业指导政策，引导大学生村官充分认识到，完成村官服务期后可供选择的职业有多种，避免职业选择的单一性。

(2) 完善后续保障制度，为大学生村官的各种出路提供保障。如为愿意继续留任的大学生村官，打通晋升渠道，扩宽职业发展空间；为自主创业的大学生村官，适当提供资金、技术和政策上的支持；对那些参加公务员考试、考研的大学生村官，政府应兑现加分等优惠政策的承诺；对于另行择业的大学生村官，政府也应当提供必要的就业服务和就业指导。

(3) 要按照科学、民主、公正、公开的要求，建立和完善以业绩为导向、注重品德和潜能的多元评价体系，全面考核大学生村官的德才表现、履职情况、群众认可、自我要求、工作实绩和工作潜力等。对于表现优秀的大学生村官要给予充分的激励，对于考核合格的要建立正常的补贴逐年提高制度，对于考核不称职的大学生村官要予以辞退，以形成稳定的竞争择优机制等。

参 考 文 献

包心鉴. 2013. 道德与权力：人伦背景下的乡村治理——评《传统人伦关系与转型期乡村基层政治运作——以南镇为中心的考察》[J]. 当代世界与社会主义, (1).

薄贵利. 2004. 完善公共服务：地方政府职能转变的核心和重点. 新视野, (5).

陈斌, 李金龙. 2008. 农村非正式组织对村民自治的影响探析[J]. 云南行政学院学报, (6): 113-115.

陈有方, 孙国贵, 汤成国. 2013. 发展村级集体经济 建设农村基本公共服务平台[J]. 江苏农村经济, (8): 29-32.

陈占锋. 2013. 农村民间组织参与乡村治理的实证分析——基于某省两村的调研[J]. 行政管理改革, (6).

党国英. 2005. 大学生到农村中去能做什么[J]. 中国社会导刊, (17).

丁芝燕. 2013. 我国乡村治理中大学生村官制度的嵌入与功能定位[J]. 湖南农业科学, (3).

董颖鑫. 2013. 社会变迁与乡村治理转型——基于村民自治对乡村典型政治影响的分析[J]. 求实, (8).

范柏乃, 邵青, 徐巍. 2013. 后税费时代村级组织功能异化及其治理研究[J]. 浙江大学学报(人文社会科学版), (3).

冯建平. 2008. 关于晋城市选聘大学生"村官"的实践与思考[J]. 前进, (4).

高丽娜, 罗春尧, 段婷, 等. 2013. 农村非正式组织类型分析[J]. 合作经济与科技, (1): 92-93.

高岳. 2012. 关于农民集中居住问题的再思考——以江苏地区为例[J]. 江苏城市规划, (10).

郭明. 2013. 政策的期待与实践的背离：一个分析框架[J]. 广州公共管理评论, (1).

韩国明, 钟守松. 2011. 税费改革前后村级组织职能的转变——兼论国家与农村社会的关系[J]. 湖南农业大学学校(社会科学版), (1).

韩海侠, 陈文芳. 2013. 论乡村治理模式的变迁由道德巨人治理到经济能人治理[J]. 改革与开放, (17).

韩庆龄. 2013. 合村并组对乡村治理的影响——基于辽宁省凤城市 C 村的调查[J]. 中国乡村发现, (1).

韩月香. 2011. 宗教：一种不可或缺的社会资本——对宗教社会功能的再认识[J]. 当代社科视野, (7-8): 60-64.

郝涛. 2013. 村书记视角下的乡村治理——基于湖南 Z 市的调查[J]. 重庆科技学院学报(社会科学版), (10).

何兰萍, 陈通. 2005. 农村社会控制弱化与农村非正式组织的兴起[J]. 改革与发展, (5).

何清涟. 1993. 当代中国农村宗法组织的复兴[J]. 二十一世纪, (4).

贺雪峰. 2004. 乡村研究的国情意识[M]. 武汉：湖北人民出版社.

贺雪峰. 2007. 乡村的前途[M]. 济南：山东人民出版社.

贺雪峰. 2011. 富人治村与“双带工程”——以浙江 F 市农村调查为例[J]. 中共天津市委党校学报, (3).
贺雪峰, 董磊明. 2005. 中国乡村治理: 结构与类型[J]. 经济社会体制比较, (3).
黄韬, 王双喜. 2013. 产权视角下乡村治理主体有效性的困境和出路[J]. 马克思主义与现实, (2).
江苏省农村合作经济经营管理站课题组. 2013. 发展村级集体经济加快推进强村富民[J]. 江苏农村经济, (8).
姜裕富. 2013. 熟人社会、跨村任职与乡村治理——基于常山县跨村选任村党组织书记的研究[J]. 湖北社会科学, (4).
蒋达勇. 2010. 高校党建: 一种嵌入性的制度建构[J]. 学校党建与思想教育, (6).
孔德斌, 刘祖云. 2013. 社区与村民: 一种理解乡村治理的新框架[J]. 农业经济问题, (3).
李冰冰, 王曙光. 2013. 社会资本、乡村公共品供给与乡村治理——基于 10 省 17 村农户调查[J]. 经济科学, (3).
李德民. 1997. 非正式组织和非权力性影响力[J]. 中国行政管理, (9).
李付宝. 2009. 农民协会: 乡村治理的新主体[D]. 武汉: 华中师范大学.
李康. 2009. 跨区域公共事务治理中地方利益协调机制研究[D]. 南宁: 广西民族大学.
李克龙, 许建文. 2013. 经济欠发达地区乡村治理主体优化组合研究[J]. 四川理工学院学报(社会科学版), (3).
李莉, 卢福营. 2010. 当代中国的乡村治理变迁[J]. 人民论坛, (3).
李良赞. 2008. 论商洛新农村建设中的村民宗教信仰问题[J]. 安徽农业科学, (3).
李新霞, 吉秀华. 2011. 浅谈农村地区的宗教信仰与和谐社会的构建——以济南市历城区为例[J]. 河北省社会主义学院学报, (1).
李宇征. 2013. 草根领导、社会资本与乡村治理[J]. 领导科学, (17).
林聚任. 2012. 村庄合并与农村社区化发展[J]. 人文杂志, (1).
林修果, 郑心瑜. 2007. 对转变乡镇政府职能的几点认识[J]. 天水行政学院学报, (3).
刘君龙. 2007. 宗教在社会主义新农村建设中的作用探析——由台风“桑美”来袭后的心理干预引出的思考[J]. 丽水学院学报, (8).
刘婷, 邱新有. 2013. 农民意见表达中的四种困境——以乡村治理过程为视角[J]. 新闻世界, (8).
刘笑霞. 2008. 论公共财务管理[J]. 生产力研究, (17): 144-146.
卢福营. 2011. 经济能人治村: 中国乡村政治的新模式[J]. 学术月刊, (10).
陆学艺. 2001. 内发的村庄[M]. 北京: 社会科学文献出版社.
吕书良. 2008. 新农村视角下大学生村官及其政策考量[J]. 中国农村观察, (3).
罗大蒙. 2013. 社会发育与管控型治理: 我国乡村治理面临的挑战[J]. 攀登, (4).
聂火云, 郑利华. 2007. 新农村建设中的乡村治理结构问题探讨[J]. 江西社会科学, (2).
欧阳静. 2010. 村级组织的官僚化及其逻辑 [J]. 南京农业大学学报(社会科学版), (4).
秦燕. 2008. 西部农村宗教组织从事公益事业的地域特征——以陕北农村庙会组织为例[J]. 中国宗教, (Z1).

任艳妮. 2011. 乡村治理主体围绕治理资源多元化合作路径探析[J]. 农村经济, (6).
尚娅. 2006. 集体化时期政治主体在乡村治理中的利益博弈[J]. 南通纺织职业技术学院学报, (1).
宋惠芳. 2007. 农村公共产品: 乡镇政府职能定位的逻辑起点[J]. 湖南农业大学学报, (1): 1-6.
孙立洲. 2011. 创新农村社会管理思路探析[J]. 江苏农村经济, (11).
谭德宇. 2009. 乡村治理中农民主体意识缺失的原因及其对策探讨[J]. 社会主义研究, (3).
唐绍洪, 刘屹. 2009. “多元主体治理”的科学发展路径与我国的乡村治理[J]. 云南社会科学, (6).
唐喜政. 2013. 黑灰势力对乡村治理的影响及对策——以豫南 Y 镇为例[J]. 古今农业, (3).
田珍, 秦兴方. 2011. 基于农民视角的集中居住政策选择——以扬州市为例[J]. 学海, (1): 110-114.
万银锋. 2007. “大学生村官”: 一种值得推广的制度安排——对河南省实施“大学生村官”计划调查与思考[J]. 中州学刊, (4).
王国勤. 2009. 先富参政与民主恳谈的治理逻辑[J]. 甘肃行政学院学报, (5).
王沪宁. 1991. 当代中国村落家族文化[M]. 上海: 上海人民出版社.
王生. 2013. 基础与方向——探析社会资本在乡村治理中的作用[J]. 法制与社会, (6).
王四小. 2013. 论民间信仰的乡村治理功能[J]. 求索, (1).
王兆萍. 2012. 大学生村官工作长效机制研究[M]. 北京: 经济科学出版社.
吴晓军. 2013. 关系嵌入强度视角下的乡村治理格局[J]. 农村经济, (2).
肖唐镖. 2007. 村庄治理中的传统组织与民主建设——以宗族与村庄组织为例[J]. 学习与探索, (3).
谢军. 2008. 社会主义新农村建设中的宗教问题研究[J]. 江苏省社会主义学院学报, (2).
谢妮霞, 郭大林. 2010. 乡村治理主体的利益冲突与规制[J]. 辽宁行政学院学报, (11).
徐晓菊, 龙献忠, 向松林. 2013. 社会管理创新视域下深化村务公开的思考[J]. 中国行政管理, (9).
徐勇. 2002. 县政、乡派、村治: 乡村治理的结构性转换[J], 江苏社会科学, (2).
徐勇. 2007. 建构“以农民为主体, 让农民得实惠”的乡村治理机制[J]. 理论学刊, (4).
杨春娟. 2013. 乡村治理中农民主体性缺失问题分析——基于对河北农村的考察[J]. 经济论坛, (2).
杨嵘均, 张浩书. 2008. 农村区域发展非均衡性与乡村治理结构的改革[J]. 云南行政学院学报, (5).
姚望. 2010. 转型期中国农民利益表达链条的断裂与铸合[J]. 中国特色社会主义研究, (6).
殷殷. 2008. 大学生“村官”与农村基层组织建设——以苏北农村为例[J]. 中国青年研究, (6).
于建嵘. 2005. 当代中国农民维权组织的发育与成长[J]. 中国农村观察, (2).
余彪、沈永真. 2007. 做好农村宗教工作, 服务社会主义新农村建设[J]. 高职从论, (1).
余思含, 司乃捷. 2007. 大学生村官: 新农村建设的朝阳[J]. 中国社会导刊, (11).
曾红萍. 2013. 去公共化的乡村治理及其后果——以利益密集型村庄为例[J]. 学习与实践, (2).
张富良, 刘书英. 2004. 从治理主体角度透视乡村治理危机——河南省 Z 县村支书、村主任现状调查[J]. 阿坝师范高等专科学校学报, (2).
张丽琴. 2013. 法制悬浮、功利下沉、信任流失: 乡村治理的三重困境分析[J]. 农村经济, (9).
张露露. 2013. 宗族自治在中国传统乡村治理中的作用——以《颍州罗姓族谱》为考察对象[J]. 重庆科技学院学报(社会科学版), (10).

张敏. 2008. 对“大学生村官”计划的解读与思考[J]. 河北青年管理干部学院学报, (4).

张鸣. 2008. 大学生村官的隐忧脉相[J]. 新世纪周刊, (11).

张群喜. 2011. 农村基层自治与农村文化建设[J]. 湖南科技大学学报(社科版), (2).

张晓山. 2005. 简析中国乡村治理结构的改革[J]. 管理世界, (3).

张艳娥. 2010. 关于乡村治理主体几个相关问题的分析[J]. 农村经济, (1).

赵海. 2012. 农民集中居住模式调查——对江苏省昆山市的调查分析[J]. 调研世界, (11).

赵晓凯. 2008. 大学生村官计划实施中存在的认识误区及解决对策[J]. 山西农业大学学报(社科版), (4).

郑素娟. 2008. 大学生当村官利与弊若干思考[J]. 经济研究导刊, (18).

周玮, 吴兆基, 王娇, 等. 2007. 高校在大学生村官实践中的对策研究[J]. 农村经济与科技, (4).

周学勤. 2013. “四权”工作法邳州乡村治理新探索[J]. 农村工作通讯, (16).

朱鑫灏. 2011. 发挥大学生“村官”参与农村治理的作用[J]. 中国人力资源开发, (6).

Berman E. 2000. Sect, Subsi and Sacrifice: An Economist’s View of Ultra-orthodox Jews [J]. Ouarterly Journal of Economics, (3): 905-953.

Hadiwinata B S. 2003. The Politics of NGOs in Indonesia: Developing Democracy and Managing a Movement [M]. UK: Routledge Curzon: 236-251.

附　　录

附录一　2013 年江苏省乡村治理发展统计数据

1. 江苏乡村基本情况及其发展走势

2010 年苏南、苏中和苏北农村基本情况

区域	苏南	苏中	苏北
乡村户数/万户	372.24	463.60	674.42
乡村人口/万人	1162.10	1303.90	2499.20
乡村劳动力/万人	676.71	712.04	1281.93
第一产业/万人	133.90	166.29	559.64
第二产业/万人	397.43	328.97	414.91
第三产业/万人	145.38	216.78	307.38
耕地面积/千公顷	833.09	1225.84	3478.85

资料来源：《2011 江苏省农村统计年鉴》，其中，苏南包括南京、镇江、常州、无锡和苏州；苏中包括南通、泰州和扬州；苏北包括徐州、宿迁、淮安、盐城和连云港。

2006~2010 年江苏农村乡镇个数　　(单位：个)

行政级别	2006 年	2007 年	2008 年	2009 年	2010 年
镇	1006	954	934	922	893
乡	110	111	111	109	108

资料来源：《2011 江苏省农村统计年鉴》。

2006~2010 年江苏村委会、村民小组变化情况　　(单位：个)

	2006 年	2007 年	2008 年	2009 年	2010 年
村委会	17 605	17 095	16 679	16 278	15 820
村民小组	263 120	255 459	253 384	255 347	251 038

资料来源：《2011 江苏省农村统计年鉴》。

2. 江苏乡村治理中“经济发展”情况与走势

2010 年苏南、苏中和苏北乡镇企业基本情况

指标名称	单位	苏南	苏中	苏北
企业数	个	335 838	124 985	192 146
从业人员	人	8 655 366	3 469 231	3 919 772
增加值	万元	108 692 057	49 609 946	30 028 949
现价总产值	万元	482 417 695	219 097 998	123 174 873
工资总额	万元	20 644 911	8 456 766	5 451 911
营业收入	万元	490 159 017	212 270 697	118 896 648
利润总额	万元	26 738 658	11 729 955	7 505 640
上交税金	万元	14 175 302	6 651 833	4 067 743
出口产品交货值	万元	61 211 001	22 562 952	4 230 637

资料来源：《2011 江苏省农村统计年鉴》，苏南包括南京、镇江、常州、无锡和苏州；苏中包括南通、泰州和扬州；苏北包括徐州、宿迁、淮安、盐城和连云港。

主要年份乡经济组织管理人员变化情况 (单位：万人)

	2000 年	2005 年	2009 年	2010 年
乡经济组织管理人员	15.87	12.46	11.88	12.08

资料来源：《2011 江苏统计年鉴》。

3. 江苏乡村治理中“村民增收”情况

“十二五”期间江苏农民人均纯收入变化趋势 (单位：元)

	2005 年	2006 年	2007 年	2008 年	2009 年	2010 年
农村居民人均纯收入	5276	5813	6561	7357	8004	9118

资料来源：《2011 江苏统计年鉴》。

2010 年苏南、苏中和苏北人均收入差异 (单位：元)

区域	苏南	苏中	苏北
人均总收入	14 713	11 567	10 399
工资性收入	8608	5651	30 698
家庭经营收入	4415	5038	6198
财产性收入	640	167	131
转移性收入	1049	711	372

资料来源：《2011 江苏省农村统计年鉴》，苏南包括南京、镇江、常州、无锡和苏州；苏中包括南通、泰州和扬州；苏北包括徐州、宿迁、淮安、盐城和连云港。

2010 年苏南、苏中和苏北人均支出差异　(单位：元)

区域	苏南	苏中	苏北
人均总支出	12 101	9662	8008
家庭经营费用支出	1246	1549	2377
购置生产性固定资产支出	73	220	167
建造生产性固定资产雇工支出	1	7	1
税费支出	38	27	37
生活消费支出	9499	6898	5023
财产性支出	20	43	14
转移性支出	1225	919	389

资料来源：《2011 江苏省农村统计年鉴》，苏南包括南京、镇江、常州、无锡和苏州；苏中包括南通、泰州和扬州；苏北包括徐州、宿迁、淮安、盐城和连云港。

2010 年苏南、苏中和苏北全年人均纯收入差异　(单位：元)

区域	苏南	苏中	苏北
全年人均纯收入	12 978	9626	7724
工资性收入	8608	5651	3698
家庭经营纯收入	2934	3245	3582
财产性纯收入	640	167	131
转移性纯收入	795	562	313

资料来源：《2011 江苏省农村统计年鉴》，苏南包括南京、镇江、常州、无锡和苏州；苏中包括南通、泰州和扬州；苏北包括徐州、宿迁、淮安、盐城和连云港。

4. 江苏乡村治理中“城镇化建设”情况

2009~2011 年江苏乡村城镇化发展情况

项目	2009 年	2010 年	2011 年
村镇建设投资总额/亿元	899.76	1046.58	1209.03
乡镇年供水总量/亿立方米	12.99	13.68	14.39
自来水受益人口/万人	1393.66	1439.57	1480.87
农村用水普及率/%	90.91	96.11	92.70
乡镇排水管道长/万千米	1.67	1.81	1.89

续表

项目		2009 年	2010 年	2011 年
	年污水处理总量/亿立方米	3.48	3.98	4.62
	乡镇实有铺装道路/万千米	3.27	3.42	3.53
	乡镇拥有环卫机械数量/辆	8877	9379	10 400
	公共厕所/万座	1.12	1.22	1.22
建制镇	建制镇绿地面积/万公顷	3.57	3.88	—
	公园绿地面积/公顷	6896.76	7240.23	—
	人均公园绿地面积/平方米	4.95	5.04	5.06
	绿化覆盖率/%	21.07	21.9	23.58
集镇	绿地面积/公顷	1474.13	1398	—
	公园绿地面积/公顷	208.40	194.61	—
	人均公园绿地面积/平方米	3.33	3.48	—
	绿化覆盖率/%	20.48	21.57	—

资料来源：江苏省住房和城乡建设厅。

5. 江苏乡村治理中“基本公共服务”情况

2009~2011 年乡镇文化站机构数和从业人员变化情况

类别	机构数/个			从业人员/人		
	2009 年	2010 年	2011 年	2009 年	2010 年	2011 年
乡镇文化站	1037	1017	992	3271	3478	3509

资料来源：《2011 江苏统计年鉴》；《2012 江苏统计年鉴》。

2010~2011 年农业科技类图书出版情况(新农村建设)

年份	出版图书种数/种	总印数/万册	总印张/万印张
2010	174	247	1194
2011	279	435.34	18 988

资料来源：《2011 江苏统计年鉴》；《2012 江苏统计年鉴》。

附录二　2013年江苏省乡村治理发展政策文件

1.《2013年江苏省政府工作报告》(节选)

(2013年1月20日，政府工作报告，省长李学勇)

三、2013年主要任务

今年是全面贯彻落实党的十八大精神的开局之年，是实施“十二五”规划承前启后的关键一年。要紧紧围绕主题主线，继续把握好稳中求进的工作总基调，立足全局，突出重点，开拓创新，保持经济持续健康发展和社会和谐稳定。

今年经济社会发展的主要预期目标是：地区生产总值增长10%左右，公共财政收入增长10%左右，固定资产投资增长18%，社会消费品零售总额增长15%左右，外贸进出口总额增长5%左右，全社会研发投入占地区生产总值比重达到2.35%以上，城乡居民人均收入实际增长10%左右，居民消费价格总水平涨幅3.5%左右，节能减排确保完成年度目标任务，城镇登记失业率4%以内，人口自然增长率4‰左右。这些指标是综合考虑各方面因素、慎重权衡提出的，体现了稳中求进的要求，体现了“两个率先”的要求，体现了全面协调可持续发展的要求。完成这些指标有一定的压力，但经过全省上下共同努力是能够实现的。

实现以上目标，要扎实做好十个方面工作：

(一) 全力推动经济持续健康发展(略)。

(二) 深入实施创新驱动战略。充分发挥江苏科教人才资源优势，大力推进科技创新工程，切实增强自主创新能力(略)。

(三) 加大产业结构调整力度。按照调高调轻调优调强的思路，加快构建现代产业体系(略)。

(四) 更大力度统筹城乡发展。毫不放松抓好“三农”工作。大力实施农业现代化工程十项行动计划，加大强农惠农富农政策力度，巩固和发展粮食增产、农业增效、农民增收、农村发展好势头。新增农业适度规模经营面积300万亩，扩大设施农业、设施渔业面积。加快农业科技创新与推广，加强农田水利建设，提升农业机械化水平，增强农业综合开发生产能力。创新农业生产经营体制，发展农民专业合作和股份合作，加快农产品流通体系建设。

加强绿色生产，从源头上确保农产品质量安全。深化农村土地使用制度改革，完善农村土地承包经营权流转机制，充分尊重群众意愿，严格执行各项政策。严守耕地保护红线，严格土地用途管制，依法推进农村土地综合整治。启动实施新一轮农村实事工程。

积极推进城乡发展一体化。坚持以工促农、以城带乡，大力推进城乡规划、产业布局、基础设施、公共服务、就业社保、社会管理“六个一体化”，完善和创新城乡发展一体化体制机制，促进公共资源均衡配置。深化户籍制度改革，有序推进农业转移人口市民化。

着力提高城镇化质量和城市现代化水平。扎实推进城镇化，进一步提高规划水平，促进大中小城市和小城镇协调发展，推动城镇化向质量提升转变。提升中心城市综合功能，发挥中小城市承接外部要素和对内带动作用，小城镇重点解决生活集中和生产集约问题。加快南京都市圈和宁镇扬同城化建设，提高苏锡常都市圈联动发展水平，增强徐州都市圈核心城市辐射带动作用。

(五) 更高层次促进区域协调(略)。

(六) 大力推进生态文明建设(略)。

(七) 坚定不移深化改革扩大开放。加强整体设计，尊重基层创造，鼓励先行先试，务求改革开放取得新的突破(略)。

(八) 扎实推动文化强省建设。坚持社会主义先进文化前进方向，激发文化创造活力，充分展现江苏文化魅力(略)。

(九) 加强和创新社会管理。大力推进社会管理创新工程，加强社会管理法律法规、体制机制、工作能力、人才队伍和信息化建设，全面提高社会管理科学化水平(略)。

(十) 切实保障改善民生。深入实施民生幸福工程，扎实办好民生实事，加快“六大体系”建设，让发展成果更多更公平惠及全省人民。

多渠道增加城乡居民收入。深入实施居民收入七年倍增计划，突出做好农民、企业职工、中低收入者和困难家庭等重点群体增收工作，着力增加城乡居民工资性收入，大力提高经营性收入，多渠道增加财产性收入，稳步增加转移性收入。推进收入分配公平，提高农民在土地增值收益中的分配比例，努力缩小城乡之间、社会不同群体之间收入分配差距。切实加大 12 个重点县(区)和 6 个集中连片地区扶贫开发力度。

完善就业服务体系。实施更加积极的就业政策，扩大就业渠道，推动实现更高质量的就业。着力做好高校毕业生、农村转移劳动力、城镇就业困难人员和城乡退役士兵等重点群体的就业工作，确保城镇新增就业 100 万人以上，新增转移农业劳动力 25 万人以上。实施就业技能提升行动计划，提高劳动者就业能力。激发全社会创业热情，大力推进创业型城市建设，促进创业带动就业。完善城乡统一的就业失业登记管理办法。积极稳妥推行企业工资集体协商制度，构建和谐劳动关系。

加强城乡社会保障体系建设。稳定社会保险主要险种参保率，社会保障卡覆盖人数达到 3000 万人以上。整合城乡居民社会养老保险制度，继续提高企业退休人员基本养老金、城乡居民养老保险基础养老金、城乡低保、农村五保户供养和优抚对象待遇水平。推进城乡居民大病保险试点。采取综合有效措施，进一步提高城乡居民医疗保障水平。完善和落实被征地农民社会保障制度。加强保障性住房建设和管理，切实改善困难群体居住条件。加强社会养老服务体系建设，做好老龄人口服务工作，重视精神关爱。完善社会救助体系，加强法律援助和司法救助。支持发展公益慈善事业。

办好人民满意的教育。坚持教育优先发展，加大教育投入，确保国家对财政教育支出增长的法定要求得到有效落实。全面实施素质教育，提高教育质量，促进教育公平。切实办好学前教育，促进义务教育优质均衡发展，提高高中教育发展水平，切实减轻学生过重的课业负担。大力发展现代职业教育，推动高等教育内涵发展，支持发展特殊教育，完善终身教育体系。鼓励引导社会力量兴办教育。着力建设高素质教师队伍。

提高人民健康水平。健全全民医保体系，提高人均卫生资源水平，完善公共卫生事件应急和重大疾病防控机制，加强基层医疗卫生服务机构标准化建设，继续做好乡镇卫生院债务化解工作。加强基层医疗队伍建设，提高医务人员业务水平。加快中医药事业发展。做好人口和计划生育工作，重视出生缺陷防治，全面提高出生人口素质，完善计划生育利益导向机制。倡导健康文明的生活方式，广泛开展全民健身活动，推动群众体育和竞技体育全面发展，办好 2013 年亚青会，筹备好 2014 年青奥会。

2.《关于推进体制机制改革创新进一步增强农业农村发展活力的意见》(节选)

(2013 年 3 月 7 日，中共江苏省委，江苏省人民政府)

2013 年全省“三农”工作的总体要求是，全面贯彻党的十八大精神，坚持以邓小平理论、“三个代表”重要思想、科学发展观为指导，围绕“抓生产保供给、抓增收惠民生、抓统筹促协调、抓改革增活力”的工作目标，以推进城乡发展一体化为总要求，以实施农业现代化工程为总抓手，以促进农民增收为中心任务，加大强农惠农富农政策力度，加大农村改革创新力度，加大农村实事兴办力度，进一步增强农业农村发展活力，全力巩固发展“三农”工作好形势。全年粮食产量 670 亿斤以上，农业增加值增长 4%，农民人均纯收入实际增长 10%左右。

一、完善重要农产品供给保障机制，加快构建现代农业产业体系

组织实施十项行动计划，深入推进农业现代化工程，加快构建现代农业产业体系，确保粮食和重要农产品有效供给。

二、完善农村基本经营制度，加快构建新型农业经营体系

毫不动摇地坚持和完善农村基本经营制度，大力创新农业生产经营体制机制，培育和壮大新型农业生产经营组织，加快构建集约化、专业化、组织化、社会化相结合的新型农业经营体系。

三、完善城乡公共资源均衡配置机制，加快构建农村公共服务体系

深入实施城乡发展一体化战略，坚持把基础设施建设和社会事业发展重点放在农村，持续兴办农村实事，着力构建城乡一体的公共服务体系，促进城乡基本公共服务均等化。

四、完善农业农村发展推进机制，加快构建支持保障体系

解决好农业农村农民问题，是全党工作的重中之重。要认真落实这一要求，加强对“三农”工作的组织领导，引导社会各方关心支持，为农业农村发展提供有力保障。

3.《省政府办公厅关于印发江苏省新一轮农村实事工程实施方案的通知》(节选)

(2013 年 3 月 14 日，江苏省人民政府办公厅)

农村教育培训工程

一、农业技术培训

(一)目标任务。

1. 农业专项技术培训。每年培训 100 万人，加快农业新技术、新品种、新模式的推广应用，提高新技术应用覆盖面。

2. 农业职业技能培训。每年培训 10 万获证农民，提高农业专业化生产和服务人员的职业技能与服务水平，培养一批农业生产经营者。

3. 农民创业培训。每年培训 5 万获证农民，其中，开展农业信息技能培训 3 万人，提高农民创业能力，培养农业创业致富带头人。

4. 农机行业职业技能培训。每年培训 2.6 万名获证农机人员，提高农机操作水平。

(二)推进措施。

1. 农业专项技术培训。组织农民培训讲师团成员结合关键农时季节，进村开展面对面、手把手的现场指导、田间培训、畜牧场培训，每村培训不少于 50 人，全年培训不少于 2 次，将新品种、新技术、新产品、新信息及时送进千家万户、送到田间地头，解决农民生产技术问题。

2. 农业职业技能培训。实行集中授课与实践考察相结合，集中培训不少于 24 学时，实践考察 30 学时，组织学员到附近有关产业基地、农民专业合作组织、农业企业进行观摩考察学习。

3. 农民创业培训。实行集中授课、生产实践和跟踪服务三段式培训。集中培训时间不少于 30 学时，生产实践 40 学时，组织学员考察学习，邀请农业产业领域创业成功人士现身说法，有条件的地区可以进行跟班见习和顶岗实习。跟踪服务阶段安排教师年内专访 1 次学员，并根据其创业需求进行指导服务。农业信息技能培训采取集中培训、分散辅导与个人自学相结合的形式，集中培训时间 20 学时，提高农民计算机操作水平，掌握收集农产品信息和发布信息的能力。

4. 农机职业技能培训。及时制定培训计划，认真组织培训实施。深入基层、深入农户、深入田间地头，推动培训教师、培训器材和培训课堂“三进村”。通过校企、校社、校校合作，调动社会各方力量共同参与技能培训。

(三)组织保障(略)。

(四)经费安排。省财政每年安排专项经费，用于农业技术培训。2013 年，省财政安排经费 1 亿元，其中，农业专项技术培训补助 2000 万元，农业职业技能培训补助 5000 万元，农民创业培训补助 2000 万元，师资培训和教学资源媒体开发补助 250 万元。安排农机职业技能培训经费 1800 万元，对取得《职业资格证书》的农机人员予以奖补。

二、乡镇企业经营管理人员培训(略)

三、对获得职业技能培训鉴定证书的农村劳动力进行奖补(略)

四、农村退役士兵免费职业教育和技能培训(略)

4.《关于在全省推行“政社互动”推动社会管理创新意见的通知》(节选)

(2013 年 11 月 21 日，苏政办发〔2013〕181 号)

关于在全省推行“政社互动”推动社会管理创新的意见

为更好地转变政府职能，深化基层群众自治，加强基层政权建设，推动基层社会管理创新，实现政府行政管理与基层群众自治的有效衔接和良性互动(以下简称“政社互动”)，根据国家相关法律法规和中央有关文件精神，结合江苏实际，现就在全省推行“政社互动”、推动社会管理创新提出如下意见。

一、充分认识推行“政社互动”的重要意义(略)

二、推行“政社互动”的指导思想、基本原则

(一) 指导思想。深入贯彻党的十八大精神，以邓小平理论、“三个代表”重要思想、科学发展观为指导，紧紧围绕“两个率先”总目标，着力理顺基层群众自治组织与基层政府及其职能部门的权责关系，进一步规范政府行政行为，增强社会自治功能，构建社区、社会组织和社会工作专业人才“三社联动”机制，努力实现基层政府职能转变、基层群众自治组织活力增强、居民群众广泛受益等多方共赢局面。

(二) 基本原则。

——坚持党政主导，扩大群众参与。坚持党的领导、严格依法办事和充分发扬民主有机统一，把握正确发展方向，加快政府职能转变，充分发挥各级政府在推进“政社互动”中的主导作用，构建党委领导、政府负责、社会协同、公众参与、法治保障的工作体系。

——坚持以人为本，强化服务管理。围绕科学发展宗旨，以增进民生幸福为出发点，把创新基层社会管理与满足居民群众需求紧密结合起来，大力提升城乡社区为民服务水平，促进社会和谐稳定。

——坚持依法自治，发展基层民主。深入推进城乡居民自治，健全城乡社区党组织领导的充满活力的基层群众自治机制。不断完善符合国情省情、尊重群众合理意愿的基层民主制度，提高群众自我管理、自我教育、自我服务水平。

——坚持因地制宜，实施分类指导。按照经济社会发展水平，根据各地所处区位、资源和工作基础等条件，注重从实际出发，积极稳妥、循序渐进，因地制宜、分步实施，分类指导、确保实效。

三、推行“政社互动”的主要任务

(一) 总体目标。2013 年年底前，各市结合本地实际，选择 1 至 2 个县(市、区)开展试点。2014 年至 2015 年，全省逐步推开。力争 2017 年全省实现“政社互动”全覆盖。

(二) 明晰权责边界(略)。

(三) 实行依法履职(略)。

(四) 创新考核方式(略)。

四、强化制度保障

(一) 健全依法行政制度。基层政府要深入贯彻《国务院依法行政实施纲要》和《国务院关于加强市县政府依法行政的决定》精神，实施依法行政，努力打造服务型政府。健全行政决策制度体系，完善重大行政决策论证、听证制度，行政决策实施情况跟踪、评估和反馈制度，建立依法行政绩效管理和问责制度，规范政府行政行为。基层政府要在推行“政社互动”工作中发挥主导作用，对委托给基层群众自治组织和社会组织承担的社会管理与公共服务事项，严格按照“权随责走、费随事转”的原则，实行政府购买服务，确保人员到位、投入到位、工作到位和责任到位。

(二) 完善基层群众自治机制。进一步完善民主选举、民主决策、民主管理和民主监督制度。积极采用民意调查、民情恳谈、民事协商等有效形式，组织和动员城乡居民广泛参与“政社互动”，增强群众自我管理、自我教育、自我服务的能力。坚持扩大基层民主，及时总结和推广有利于基层民主发展的实践经验，健全利益诉求表达和矛盾纠纷调处化解机制，引导群众以合法理性的方式表达利益诉求，维护自身权利。

(三) 深化“三社联动”机制。加快形成以城乡社区为平台、社会组织为载体、社会工作专业人才为支撑的“三社联动”机制，整合各类资源，增强社区综合服务管理效能，以“三社联动”实践成果，助推“政社互动”深入开展。进一步加强城乡社区综合服务中心(站)建设，深化城乡社区管理体制改革，实现“一委一居一站一办”全覆盖。积极扶持、培育和发展贴近城乡居民需求的公益慈善、文体娱乐和社区服务等各类社会组织，引导社会组织有效承接政府及相关部门面向社区的公共服务事项。强化社会工作专业人才队伍建设，大力开发社会工作岗位，提升社会工作专业人才综合素质和实务能力。

(四) 完善政策扶持机制。加大对推行“政社互动”、建立“三社联动”机制的政策扶持力度。认真落实村级“四有一责”建设行动计划，为推行“政社互动”创造条件。各级政府要尽快出台购买社会组织服务目录，进一步完善经费保障机制，逐步形成政府财政补贴、福彩公益基金支持和社会资金资助的多元化投入格局。积极落实国家对社会组织的各项税收优惠政策，加大金融支持力度。深入推进社会组织管理体制改革，降低准入门槛，对行业协会商会类、科技类、公益慈善类、城乡社区服务类等四类社会组织进行直接登记，促进社会力量广泛参与社区服务。完善社会工作专业人才培养、选拔、使用、激励机制。

五、加强组织领导

(一) 落实工作责任(略)。

(二) 加强协调配合(略)。

(三) 积极探索完善(略)。

(四) 营造良好氛围(略)。

5.《实施苏北地区重点中心镇建设工程行动计划的通知》(节选)

(2013 年 11 月 19 日，苏政办发〔2013〕177 号)

实施苏北地区重点中心镇建设工程行动计划

中心镇是推进城镇化和城乡发展一体化的重要节点，是发展县域经济的重要载体。为贯彻落实省委、省政府关于加快苏北发展的决策部署，组织实施好苏北地区重点中心镇建设工程，根据《省政府关于扎实推进城镇化促进城乡发展一体化的意见》(苏政发〔2013〕1 号)、《省政府关于支持苏北地区全面小康建设的意见》(苏政发〔2013〕90 号)和苏北发展协调小组第九次会议精神，制定本行动计划。

一、总体要求

(一) 指导思想(略)。

(二) 基本原则(略)。

二、建设目标及实施步骤

(一) 建设目标。

通过实施重点中心镇建设工程，提高发展质量，增强产业发展、公共服务、吸纳就业、人口集聚功能，带动苏北地区小城镇承载能力明显提升、经济实力明显增强、人口规模明显扩大、城镇面貌明显改善。到 2015 年，在苏北地区建成一批工业商贸强镇、文化旅游名镇和生态宜居城镇。

——综合实力进一步增强。苏北地区重点中心镇产业结构逐步优化，经济实力不断增强，镇级公共预算收入稳步增长，农民人均纯收入和城镇居民人均可支配收入高于当地平均水平，主要经济指标提前达到或超过全面小康标准；重点中心镇集聚功能进一步提升，能够有效吸纳农业人口就近就地城镇化，辐射带动周边农村地区发展。

——规划设计满足发展需要。城镇性质和规模根据交通区位、资源禀赋、产业基础、环境保护、功能定位等因素合理确定，总体规划得到修编完善，重点区域和重点地段的控制性详细规划按实施需要编制，重要地段、主要街区规划设计能够满足建设发展需求，各类建设项目有规可依、按规实施。

——人居环境水平显著提升。以规划设计为指导，通过实施镇容镇貌建设整治，镇区整体环境及景观风貌得到全面改善，小城镇自然和人文特色得到保护和彰显。镇区实现净化、绿化、美化，内部道路平整，主要街道照明设施齐全，绿化覆盖率达 35%以上，人均公园绿地面积达 7 平方米以上，生活污水处理设施覆盖率达 90%以上，集中式饮用水源地水质达标率达 95%以上，镇村生活垃圾集中收运率达 90%以上。

——城镇功能不断完善。镇区教育、医疗、文化、就业、社保、养老等公共服务设施功能齐全、规模适宜、布局合理，综合承载能力不断提高，居民生活更加便利、舒适、安全。

(二) 实施步骤。

1.规划设计及方案制定阶段(至 2014 年 3 月)。根据当地建设需求，完成相关规划设计编制或完善工作，并依据规划设计制定实施方案。部分已完成规划设计的重点中心镇，力争 2013 年年底前完成方案制定工作。

2.项目实施阶段(2014 年 3 月至 2015 年 9 月)。根据经批准的方案，组织实施建设整治项目，各项工程于 2015 年第三季度前完成。部分地方基础条件较好、组织实施能力较强的重点中心镇，可先期启动建设整治，力争提前完成任务。

3.项目验收及完善提升阶段(2015 年 10 月至 12 月)。省组织对建设工程项目进行全面检查验收。完成建设整治任务、通过验收的重点中心镇，根据验收意见做好有关项目整改、完善和提升工作，确保取得预期成效。

三、重点任务

(一) 完善重点中心镇规划设计。加强省级重点中心镇规划编制，强化法定规划编制及重要地段规划设计，着重提高规划的科学性和可操作性。统筹考虑地理区位、交通条件、产业基础、功能定位等因素，明确总体发展思路，合理确定小城镇镇区规模和空间布局，50 个左右重点中心镇完成新一轮总体规划(规划期至 2030 年)修编，并经法定程序批准实施。根据各镇近期实际建设整治需求，编制或补充完善镇区重要地段和主要街区详细规划、整治规划编制以及城市设计、重要公益性公共建筑设计等。充分利用地形地貌，科学确定城镇空间布局，保持小城镇亲切宜人的空间尺度，重点挖掘中心镇空间特色、景观特色、地方特色，通过精心规划设计，形成具有时代感和地方特点的小城镇风貌景观，提高小城镇建设品位，塑造鲜明小城镇特色。引导重点中心镇建设和农业现代化示范镇建设有机结合，优化产业布局，夯实发展基础。

(二) 实施镇容镇貌整治改造。开展镇区主次干道综合整治，推进建筑立面改造、综合管线配套、道路交通设施建设。强化新建小区的规划布局、建筑设计和景观建设，整治商业街区，创造宜居环境。根据规划设计方案，对镇区主要街道两侧的现有建筑及相关设施进行逐步改造，具体包括建筑风貌整治与改造、街巷整治、管线改造、店牌店招协调以及市政设施小品增添等，注重保护富有地方特色的城镇街道空间，保护有价值的传统建筑及其环境，在建筑形式、建筑工艺、建筑材料等方面继承发扬当地的传统风格，做到特色鲜明、整洁美观。

(三) 加强基础设施及公共服务设施建设。按照区域资源和设施共建共享原则，统筹规划、合理布局镇区各项基础设施和公益性公共服务设施，满足人民群众不断提高生活质量、完善公共服务体系的要求。因地制宜建设与小城镇经济社会发展相适应的基础设施，进一步完善路网、水网、电网，加强通讯、排水、污水和垃圾处理等基础设施建设，保障正常运行。推进企业入园进区，完善园区环保设施，加大化工生产企业专项整治力度，消除环境隐患；依托农业园区发展现代农业，改善重点中心镇生态环境。加强镇区河道截污、清淤、活水、生态修复和长效管理，消除黑臭现象。优化公共服务，推进便民服务、文体活动、科技服务、社区服务等公益性公共服务设施建设，改善城镇整体功能，提高综合承载能力，为吸引投资、发展产业、集聚人口、改善民生创造良好环境。

(四) 提升景观绿化美化水平。加强镇区公园、公共绿地、道路绿化、滨河绿化等绿地系统建设，形成层次丰富的镇区绿化景观，有效提升镇区绿化及重要公共活动空间景观效果。充分考虑交通可达性和居民利用效率，选择适宜地点建设镇区公园；利用闲置地、边角地等建设小游园；强化道路、河道两侧绿化，确保苗木成荫效果良好。利用步行系统、绿化带和有特色的人文景观等创造景观轴线，将公园、绿地、广场、公共活动中心等开放空间与周围的自然、人工要素连通，构筑小城镇人居环境可持续发展的生态基础。

(五) 推进规范管理和服务。积极开展镇区环境综合整治，依法拆除违法建设和违章搭建；加强主次干道、集贸市场、居住小区、公共活动场所的日常保洁和垃圾收运，生活垃圾做到日产日清，垃圾收集运输密闭化；整治占道经营、乱堆乱放、乱贴乱画、车辆无序停放等行为，促进镇区环境整洁、卫生、美观。健全长效管理制度，做到经费、人员、责任“三到位”，落实设施维护、河道管护、绿化养护、垃圾收运、环境保洁等队伍，做到运行有效、管护到位、群众满意，使重点中心镇建设管理逐步走上规范化、制度化、长效化轨道。

四、保障措施

(一) 加强组织领导。实施苏北地区重点中心镇建设工程是省委、省政府作出的重要决策，时间紧、任务重，各有关地区和部门要高度重视，精心组织，扎实推进。省住房城乡建设厅牵头负责重点中心镇建设工程的推动实施和督促指导等工作；省国土资源厅负责指导做好重点中心镇建设用地政策的落实；省水利厅负责推进水利设施建设、河道清淤疏浚等工作；省环保厅负责指导加强环境保护和生态建设；省公安厅负责完善和落实重点中心镇落户配套政策；省财政厅负责研究制定工程实施的资金支持和奖补政策。各相关市、县(市、区)人民政府要把重点中心镇建设列入重要议事日程，建立组织协调机制和目标责任制，做到有领导分工牵头，有专人具体负责，有目标任务考核，及时协调解决工程实施中遇到的困难和问题，确保各项工作任务扎实有效推进。

(二) 加大资金投入。从改善和提升苏北地区重点中心镇整体功能出发，落实支持重点中心镇建设经费。按照“渠道不变、管理不乱、统筹安排”的原则，整合各级对乡镇建设、交通、水利、环保、民政、商贸、旅游等各类补助资金，重点向苏北地区重点中心镇倾斜。重点中心镇土地出让净收益、城镇基础设施配套费等收入，除国家和省规定有明确用途外，全部用于镇区建设发展。省级城镇基础设施建设引导资金加强对苏北地区重点中心镇的投入，对其中按规定要求完成规划编制的，省财政一次性给予 30 万元奖励。在加大财政投入的同时，要积极鼓励社会力量以多种方式参与重点中心镇建设、经营和管理。

(三) 保障建设用地。各地修编土地利用总体规划，要充分考虑重点中心镇建设发展需要，合理布局、统筹安排。重点中心镇的基础设施、社会事业建设等项目，由各地政府在当地土地利用年度计划和城乡建设用地增减挂钩指标中统筹考虑、优先保障。符合独立选址条件的基础设施建设项目用地，由省国土资源厅优先予以安排。通过城乡建设用地增减挂钩节余的用地指标和存量用地挖潜节约的土地，要优先保障重点中心镇重大项目和建设发展需要。

(四) 完善配套政策。继续深化户籍管理制度改革，加快放宽重点中心镇落户条件，完善农业转移人口和外来人口在城镇就业、社保、教育、医疗、住房等配套政策。对申请落户小城镇的农民，妥善处理好土地承包权、宅基地使用权和农村集体资产所有权与利益分配权。扩大重点中心镇行政管理体制改革试点，增强发展动力和活力。

(五) 强化工作指导。选择不同地区、不同类型的重点中心镇开展技术研讨，形成示范，总结推广，探索苏北地区重点中心镇规划建设管理的有效途径。省组织专家队伍深入实地开展技术服务，对各重点中心镇规划设计及建设整治工程进行全方位技术把关和全过程跟踪指导，制定项目验收相关标准，确保建设能够依规划、依标准推进。各地要进一步加强乡镇建设、管理、服务机构建设，结合需求有针对性地开展基层技术人员培训，不断提高基层的规划、建设、管理业务能力。

6.《关于印发全省实施农业现代化工程十项行动计划工作任务分工方案的通知》(节选)

(2013 年 3 月 14 日，苏政办发〔2013〕18 号)

全省实施农业现代化工程十项行动计划工作任务分工方案

为全面贯彻实施《省政府关于印发全省实施农业现代化工程十项行动计划的通知》(苏政发〔2013〕10 号)，推动各项工作落实，对十项行动计划工作任务分工如下。

一、粮食丰产增储行动计划

稳定发展粮食生产，未来 5 年新增粮食产能 30 亿斤，2017 年，全省粮食综合生产能力稳定在 680 亿斤左右。2013 年，粮食总产稳定在 670 亿斤以上，力争实现“十连增”。扩大粮食储备规模，到 2017 年，全省地方粮食储备增加到70亿斤，成品粮油储备5亿斤。2013年，全省地方粮食储备65亿斤，成品粮油储备2亿斤。

(一) 推进亩产吨粮县创建(略)。

(二) 深入推进“三改一创建”活动(略)。

(三) 大力开展农业社会化服务(略)。

(四) 积极培育粮食生产新型主体(略)。

(五) 改善粮食仓储设施条件(略)。

(六) 完善粮食储备支持政策(略)。

二、绿色蔬菜基地建设行动计划

以“菜篮子”工程蔬菜生产基地建设为重点，全面推进蔬菜生产规模化、设施化、标准化、组织化，提升全省蔬菜生产能力和产品质量安全水平。到2017年，建设提升150万亩永久性蔬菜基地，全省蔬菜播种面积稳定在2200万亩以上，设施农业面积比重达到18%以上；城市蔬菜自给率提高10个百分点以上，其中叶菜类自给率达80%以上。2013年，启动建设100个左右的“菜篮子”工程蔬菜基地，新建100个园艺作物标准园。

(七) 建设一批永久蔬菜基地(略)。

(八) 推进设施装备优化升级(略)。

(九) 创新蔬菜生产经营机制(略)。

(十) 加快先进技术集成推广应用(略)。

(十一) 强化蔬菜产品质量监督管理(略)。

三、畜牧水产业提档升级行动计划

大力发展畜牧业规模养殖，2017年，全省大中型规模养殖场新增生猪养殖1000万头，畜牧业规模养殖比重达到90%以上，85%以上的大中型规模养殖场达到标准化生产水平。2013年，全省大中型规模养殖场新增生猪养殖150万头，畜牧业规模养殖比重达到85%，30%以上的大中型规模养殖场达到标准化生产水平。加快现代渔业建设步伐，2017年，全省渔业总产值增加到2400亿元，高效渔业比重超过85%，设施渔业比重30%。2013年，全省渔业总产值1950亿元，高效渔业比重72%，设施渔业比重18%。

(十二) 优化畜禽规模养殖结构(略)。

(十三) 加快畜禽品种创新与畜牧技术推广(略)。

(十四) 推进畜牧业转型升级(略)。

(十五) 改善渔业基础设施条件(略)。

(十六) 推进现代渔业示范建设(略)。

(十七) 强化水产品质量安全监管(略)。

四、农业产业化经营推进行动计划

到 2017 年，全省县级以上农业龙头企业达到 6500 家，其中，国家级和省级龙头企业分别达到 90 家、700 家，规模以上农产品加工业产值与农业产值之比提高到 1.9∶1。2013 年，省级农业龙头企业数量突破 500 家，规模以上农产品加工业产值与农业产值之比达到 1.4∶1，省级以上龙头企业年销售额增长 10%，带动农户数增长 8%。

(十八) 创建“一村一品”专业示范村镇(略)。

(十九) 扶持龙头企业和加工集中区建设(略)。

(二十) 建设出口农产品示范基地(略)。

五、农田水利基础设施建设行动计划

推进农田水利设施建设，到 2017 年，全省建设旱涝保收农田 300 万亩，全省旱涝保收田占耕地面积比重达到 75%。2013 年，新增旱涝保收田面积 100 万亩。加快农业资源综合开发，未来 5 年，建设高标准农田 500 万亩，实施土地治理 600 万亩，开发治理农业资源 400 万亩。2013 年，建设高标准农田 100 万亩。积极推进高标准基本农田建设，2015 年前，建成和认定高标准基本农田 2365 万亩。

(二十一) 加快农田水利设施建设(略)。

(二十二) 加大农业综合开发力度(略)。

(二十三) 实施国家新增千亿斤粮食产能规划(略)。

(二十四) 推进高标准基本农田建设(略)。

六、农业机械化推进行动计划

到 2017 年，全省农业综合机械化水平提高到 83%以上，其中，粮油生产机械化水平 90%，高效设施农业主要生产环节综合机械化水平 70%，苏南、苏中地区基本实现农业生产机械化，苏北有条件地区基本实现农业生产机械化。2013 年，全省农业生产综合机械化水平达到 78%。

(二十五) 加大农机化发展政策扶持(略)。

(二十六) 推进农机科技创新推广(略)。

(二十七) 加强新型农机服务体系建设(略)。

(二十八) 提升农机质量和安全水平(略)。

七、农业科技创新推广行动计划

到2017年，全省农业科技进步贡献率达到68%，全省农业劳动力持证率达到30%。2013年，全省农业科技进步贡献率63%，全省农业劳动力持证率达到16%。

(二十九) 加强农业科技推广服务体系建设(略)。

(三十) 加快农业科技创新转化应用步伐(略)。

(三十一) 健全农业科技人才队伍(略)。

(三十二) 加大新型职业农民培养力度(略)。

(三十三) 完善农业科技推广服务机制(略)。

(三十四) 加快为农信息服务平台建设(略)。

八、农民增收及农村扶贫开发行动计划

深入实施农民收入倍增计划，建立健全财政支农投入稳定增长机制和强农、惠农、富农政策体系，加快形成农民收入快速增长的长效机制，确保农民人均纯收入年均实际增长10.4%，低收入农民收入增幅高于全省平均水平2至3个百分点，农民收入增幅高于城镇居民收入增幅，到2017年，实现农民收入翻番。加快新一轮扶贫开发步伐，大力实施脱贫奔小康工程，到2015年，全面完成人均年纯收入4000元以下的农村低收入人口脱贫任务和经济薄弱村“新八有”目标。

(三十五) 着力增加农民工资性收入(略)。

(三十六) 积极增加家庭经营性收入(略)。

(三十七) 多渠道增加农民财产性收入(略)。

(三十八) 持续增加农民转移性收入(略)。

(三十九) 进一步增加经济薄弱村资产性经营收入(略)。

(四十) 加大“五方挂钩”帮扶支持(略)。

(四十一) 健全考核奖励机制(略)。

九、农业经营机制创新行动计划

到2017年，全省农户入社率80%以上，农业适度规模经营面积比重达到80%，苏南、苏中、苏北地区村级经营性收入分别达到75万元、35万元、20万元以上。2013年，全省新增入社农户60万户，新增农业适度规模经营面积300万亩，村均集体经济收入增长10%。

(四十二) 推进农民专业合作社规范发展(略)。

(四十三) 发展农业适度规模经营(略)。

(四十四) 发展壮大村级经济(略)。

(四十五) 推进农村经济综合改革(略)。

十、农业生态环境建设行动计划

未来5年，全省新增造林240万亩，新增森林抚育面积750万亩。到2017年，农业清洁生产基本普及，大中型规模畜禽场畜禽粪便无害化处理与资源化利用率达到87%以上，农作物秸秆综合利用率92%以上。2013年，全省新增造林面积60万亩、森林抚育面积150万亩，大中型规模畜禽场畜禽粪便无害化处理和资源化利用率超过83%，秸秆综合利用率达到85%。

(四十六) 深入推进造林绿化(略)。

(四十七) 开展生态循环农业示范创建活动(略)。

(四十八) 加强农业面源污染综合治理(略)。

(四十九) 加快建设河畅水清的农村河网水系(略)。

(五十) 大力发展休闲观光农业(略)。

附录三　2013年江苏省乡村治理发展大事记

✧2013年2月25日，江苏省人民政府发布《省政府关于扎实推进城镇化促进城乡发展一体化的意见》。

✧2013年3月14日，江苏省人民政府办公厅发布《省政府办公厅关于印发全省实施农业现代化工程十项行动计划工作任务分工方案的通知》。

✧2013年3月14日，江苏省人民政府办公厅发布《省政府办公厅关于印发江苏省新一轮农村实事工程实施方案的通知》，指出施新一轮农村实事工程，从关系广大农民切身利益的事情做起，切实解决农民群众饮水、教育、医疗、出行、环境、文化、保障等方面的问题。

✧2013年3月26日，江苏省住房城乡建设厅发布《省住房和城乡建设厅关于印发〈江苏省2012年农村危房改造试点工作考核方案〉的通知》。

✧2013年3月29日，江苏省人力资源和社会保障厅发布《江苏省人力资源和社会保障厅关于做好城乡居民大病保险有关工作指导意见的通知》。

✧2013年4月2日，江苏省人民政府办公厅发布《省政府办公厅关于印发江苏省"十二五"城乡生活垃圾无害化处理设施建设规划的通知》。

✧2013 年 4 月 12 日，江苏省农业委员会办公室发布《关于开展“美丽乡村”创建活动的通知》。

✧2013 年 7 月 19 日，江苏省人民政府办公厅发布《关于进一步加强政府性债务管理的通知》(苏政办发〔2013〕137 号)，提出了控制政府债务风险的 8 条举措。

✧2013 年 7 月 31 日，江苏省水利厅发布《省水利厅关于开展 2013 年省政府投资水利建设项目后评价工作的通知》。

✧2013 年 8 月 7 日，江苏省人民政府发布《省政府关于支持苏北地区全面小康建设的意见》。

✧2013 年 9 月 6 日，江苏省人民政府办公厅印发《当前全省政府信息公开重点工作安排》。

✧2013 年 9 月 18 日，江苏省人民政府发布《省政府关于加快黄河故道地区农业综合开发促进农业农村经济发展的意见》。

✧2013 年 9 月 18 日，江苏省人民政府令第 93 号，《江苏省征地补偿和被征地农民社会保障办法》，旨在维护被征地农民和农村集体经济组织的合法权益，保障被征地农民的生活和长远生计，规范征地补偿安置工作。

✧2013 年 9 月 23 日，江苏省水利厅发布《省水利厅关于公布 2013 年度第一批省级水利风景区的通知》。

✧2013 年 9 月 26 日，江苏省人民政府办公厅印发《贯彻落实省政府关于扎实推进城镇化促进城乡发展一体化意见实施方案的通知》。

✧2013 年 10 月 10 日，江苏省新闻出版局发布《江苏省新闻出版局关于开展城乡公共阅报屏(栏)和报刊亭建设情况普查暨示范项目推荐工作的通知》。

✧2013 年 10 月 21 日，江苏省水利厅发布《关于江苏省水利工程建设安全生产管理规定的通知》。

✧2013 年 10 月 23 日，江苏省科技厅发布《省科技厅关于组织申报第六批江苏省农业科技型企业的通知》。

✧2013 年 10 月 23 日，江苏省科技厅发布《省科技厅关于组织申报第三批江苏省科技型农业专业合作社的通知》。

✧2013 年 10 月 24 日，江苏省住房城乡建设厅发布《江苏省住房和城乡建设厅关于征集村庄生活污水治理适宜技术的通知》。

附录四 调查问卷与访谈提纲

一、问卷调查

《乡村治理中乡镇政府职能》调查问卷

尊敬的先生/女士：

您好！

首先请原谅打扰了您的工作和休息！

我们目前正在进行一项有关农村公共产品的研究，为了解农村居民对农村公共产品的满意程度，我们展开了此次调查，希望得到您的支持和帮助。

本调查表不用填写姓名和工作单位，各种答案没有正确、错误之分。您只需要按自己的实际情况在合适的答案上打“√”或者在________上填写。请您在百忙之中抽出一点时间填写这份调查表。

祝您全家生活幸福！

南京农业大学公共管理学院课题组

A1、您的性别为(　　)

(1)男　　(2)女

A2、您的受教育程度为(　　)

(1)小学以下　(2)小学　(3)初中　(4)高中　(5)中专　(6)大专及以上

A3、您的年龄为_______岁

A4、您的职业为(　　)

(1)务农　(2)打工　(3)村干部　(4)乡镇干部　(5)个体户

(6)退休人员　(7)其他

A5、您的月收入为(　　)

A.500 元以下　B.500~1000 元　C.1000~1500 元

D.1500~2000 元　E.2000~2500 元　F.2500~3000 元　G.3000 元以上

A6、您的收入在当地属于什么水平(　　)

A.很低　B.低　C.中等　D.高　E.很高

Bl、您认为本地乡镇政府的工作重点是什么?

(1)维护地方稳定　(2)提供公共服务　(3)发展地方经济

(4)贯彻政策法规　(5)其他

B2、税费改革后，你认为乡镇政府的工作主要转移到哪些事务上了?(可多选)

(1)筹措保证乡镇工作运转的经费　　(2)发展经济

(3)化解各种矛盾纠纷、维护社会稳定　(4)完成计划生育任务

(5)防洪抗旱、森林防火、安全生产

B3、您认为当前村委会最主要的职能是什么?(可多选)

(1)调解民间纠纷,协助维护社会治安　(2)办理本村公共事物和公益事业

(3)向人民政府反映村民的意见要求和提出建议　(4)管理集体财产

(5)发展经济，带领群众致富　(6)促进乡村文化建设

(7)执行上级行政机关的命令和决议，完成上级交办的任务

B4、你认为目前乡镇政府与村委会的关系是:

(1)领导与被领导　(2)指导与被指导

(3)即领导又指导　(4)双边互动、合作治理　(5)不清楚

B5、你认为村委会是否应该无条件服从乡镇政府的决定:

(1)是　(2)不是　(3)应分情况

B6、乡镇政府与村两委关系紧密的原因是:

(1)村两委的工资由乡镇政府发放

(2)政策执行

(3)具有项目上的共同利益

(4)私人感情好

(5)合作为村民服务

B7、你认为村两委关系如何?

(1)好　(2)一般　(3)矛盾较大

B8、你认为村庄事务的决策模式是:

(1)村庄公共事务的决策模式是乡镇政府和乡镇党委指示

(2)村庄公共事务的决策模式是两委共同决定

(3)村庄公共事务的决策模式是村委会开会决定

(4)村庄公共事务的决策模式是村支部开会决定

(5)村庄公共事务的决策模式是村民代表大会开会决定

(6)村庄公共事务的决策模式是村民理事会或其他组织决定

(7)村庄公共事务的决策模式是村两委邀请村民代表共同决定

访谈提纲(一)

一、访谈目的

1. 了解该村村委会换届选举的程序等基本情况，以及乡镇政府在村委会选举过程中的参与程度。

2. 了解该村村委会的财政独立程度，比如使用权、管理权、审批权的权限分配。

二、访谈方式

面对面的交流

三、访谈对象

1. 普通村民

2. 村委会成员

四、访谈者

杨溶榕、何一枫、陈卓

五、访谈要求

1. 详细了解访谈内容

2. 对于是否可以录音和照相要事先询问访谈对象

3. 访谈过程中对主题的把握、对时间的控制

4. 访谈过程中注意对访谈对象的互动

5. 访谈时注意自己的表情和语速、说话要清晰和明了

6. 访谈中遇到不清楚的地方要及时提问，避免主观编造和添加

7. 访谈结束时表示感谢

六、访谈内容

(一) 村委会选举部分

基本资料：性别、年龄、学历水平、职业

主要问题：

1. 村委会换届的时候，乡镇有没有派人来指导工作?

2. 村选举的时候有没有选举委员会?

3. 选举委员会一般是怎么产生的?

4. 选举委员会一般都是哪些人？

5. 候选人一般是怎样提名的？个人提名还是联名提名？个人的话一般是谁提名？

6. 选举的候选人一般都是哪些人？

7. 选举的候选人要不要得到乡镇领导的同意？

8. 正式候选人的任职条件是怎样确立的？

9. 候选人会进行竞选演讲吗？一般都有哪些人会去听？

10. 谁主持选举？

11. 选举的过程中，乡镇领导会不会到场？

12. 选举开始的时候，乡镇领导会到场讲话吗？

13. 村民在选举开始前会不会因为支持的人选而分派别？

14. 选举日一般能有多少村民到场？

15. 票数是当场统计还是之后统计？票数会公布吗？

16. 有没有村党支部的领导通过选举当了村委会的领导？

17. 你们一般选举的当选、评判标准是什么？

18. 如果选举是无效，会进行重新选举吗？

19. 村委会对于乡镇的决定是坚决执行、选择性执行，还是不理睬？

20. 村委会有没有只接受村民的指导监督， 就不接受乡镇府指导和监督的情况？

(二) 财政部分

基本资料：性别、年龄、学历水平、担任职务、工龄

主要问题：

1. 你们村里的财产有哪些来源？(来源途径：集体收入、财政补助等)

2. 你们村里的财产是由乡镇政府来管的吗？

3. 村里面如果要使用大笔资金，需要经过怎样的程序？容易发下来吗？

4. 村里的公共服务建设是乡镇拨款，还是村里自己解决？

5. 村委会成员的工资来源？

6. 村委会的财产使用明细是公开的吗？

7. 乡镇会管村民的生产经营状况吗？

8. 乡镇会不会强硬规定地里种什么和种多少？

9. 乡镇会不会强硬要求村民经营什么和达到多大的量？

10. 村委会会管村民的生产经营状况吗?

11. 村里面会不会强硬规定地里种什么和种多少?

12. 村里面会不会强硬要求村民经营什么和达到多大的量?

七、访谈要携带的器材

1. 本子、笔记个人相关证件(学生证、身份证)

2. 手机(用于录音及照相)

3. 访谈资料

访谈提纲(二)

访谈对象：淮安市楚州区仇桥镇政府、徐州邳州官湖镇政府、龙运村村干部、河金村村干部、句容后白镇李家桥村村委会干部、句容郭庄村村委会干部。

提纲：

1. 一般来说，村在治理过程中，镇政府的态度和观点是什么?

2. 在什么情况下，村会来找镇政府? 镇政府会主动干预村级事务吗?

3. 针对不同村，镇政府的职能会有哪些区别?

4. 乡镇政府在经济上是否支持村级治理?

5. 在村干部选举中乡镇政府是否会进行控制?

6. 在农田水利设施建设中镇政府是否发挥作用?

7. 上级出台一个政策，你们是怎么执行呢?

8. 乡镇经费来源问题。是来自上级拨款，还是从村里搜刮?

9. 村民有需求是找村里还是找镇里? 原因是什么?

10. 村民对低保、医保、养老保险有什么态度? 是否积极参与?

11. 计划生育政策是否可以得到村民的有效支持? 执行力度怎么样?

12. 镇政府希望村里治理实现一个什么状况? 是镇政府介入，还是村自由发展?

二、村级正式组织中人员访谈提纲

(一) 新民村访谈提纲

1. 新民村村委会成员的年龄、性别、构成、家庭状况如何，村委会的主要职责主要是哪些?

2. 新民村村委会每年度的常规工作和中心工作有哪些，主要处理哪些乡镇交办的政务和村庄的村务？

3. 新民村村委会在取消税费之后处理政务和村务的过程中，和取消税费之前有什么区别，主要表现在哪些方面？

4. 新民村村民监事会、议事会的人员构成情况是怎样的，产生方式是什么样的，所产生的现实影响如何，存在哪些方面的问题？

5. 新民村村民代表和党员代表是如何产生的，在村庄治理中扮演什么角色，主要的职责和作用是什么，存在哪些方面的问题？

6. 新民村小组长的设置结构是怎样的，又是如何计酬的，他们在村庄治理过程中发挥了哪些作用，合村并居之后他们的作用是否有变化，有哪些变化？

7. 新民村村民代表大会和村民大会多长时间举行一次，会议的议题主要涉及哪些方面，能达到预期的效果吗，存在哪些方面的问题？

8. 新民村合并村居的状况是怎样的，当时的补偿标准和具体程序是如何进行的，在推进的过程中存在哪些方面的问题？

9. 新民村的新型住宅小区在管理上有哪些主要的措施，管理的现状是怎样的，在管理中存在哪些方面的问题？

10. 新民村新型居住小区与原来的传统村庄有哪些方面的区别，在哪些方面上有优势，是否存在一些方面的劣势和不足之处？您对小型小区最满意和最不满意的地方是什么？

11. 新民村村民在选举村委会主任和村党支部书记的过程中，是一起进行的，一起进行的原因是什么，在选举的过程中，有多大比例的村民能够参与，是否存在贿选的现象？

12. 新民村村民选举的过程中，是否存在家族因素的影响，近房头在选举的过程中会支持本房支的人员吗？是否会积极支持本房支的人当选村民代表或党员代表，党员代表或村民代表在村庄的房支结构中处于什么角色，起到什么作用？

13. 新民村的集体经济收入主要有哪些，主要的开支方向是什么，未来在集体经济收入上的主要措施和规划有哪些，在发展集体经济的过程中，存在哪些方面的问题？

14. 新民村村民理财小组的构成人员是哪些，是选举产生的还是指定产生的，理财小组的主要职责是什么，在具体操作过程中能达到财务公开的效果吗？

15. 新民村土地流转的总体状况是怎样的，自发流转和政府推动的流转各自的情况如何，土地流转产生的影响和后果是怎样的？

16. 新民村的农业基础设施建设现状如何，哪些方面是亟需的，哪些方面需要政府或村级组织出面进行投入或组织，实际的投入或组织效果如何，原因是什么，您认为在农业公共服务方面存在哪些方面的问题？

17. 在新民村村庄社会管理中，村级组织的主要功能体现在哪些方面，在综合治理、纠纷调节、公共服务提供等方面的实际效果如何，是否能达到预期的目的？

18. 新民村村委会日常需要完成哪些上级交办的事务，上级的检查考核及达标活动每年有多少，这些检查考核或达标活动对村级组织产生了什么影响？

19. 新民村在招商引资方面有哪些具体任务指标，这些任务指标能完成吗，有哪些奖惩措施，这些招商引资的任务对村级组织的相关行为产生了哪些影响？

20. 新民村村委主要领导属于哪种类型的领导，是老实人还是强人，乡镇支持他进行村庄治理吗，他主要在哪些方面具有当选和领导的优势和条件？

(二) 新民村主要访谈人员目录

编号	姓名	性别	年龄	职务	访谈时间、地点	备注
1	宋某某	男	51	新民村所在镇党委书记	2013.5.4，镇办公楼	
2	王某某	女	36	乡镇驻新民村干部，副镇长	2013.5.5，镇办公楼	
3	贺某某	男	28	副镇长，负责组织人事工作	2013.5.5，镇办公楼	
4	魏某某	男	49	镇城管大队队长	2013.5.6，镇办公楼	
5	许某某	女	42	镇农经服务中心主任	2013.5.7，镇办公楼	
6	李某某	男	58	镇综治办副主任	2013.5.8，镇综治办	
7	施某某	男	36	镇派出所所长	2013.5.9，镇派出所	
8	王某某	男	38	镇办公室主任	2013.5.9，镇办公楼	
9	李某某	男	41	镇国土所所长	2013.5.10，镇国土所	
10	江某某	男	43	镇人事科干事	2013.5.11，镇办公楼	
11	马某某	男	56	新民村主任、村支部书记	2013.5.12，村委会	
12	赵某某	男	49	新民村副主任、会计	2013.5.12，村委会	
13	王某某	女	53	新民村妇女主任	2013.5.13，妇女主任家	

续表

编号	姓名	性别	年龄	职务	访谈时间、地点	备注
14	曹某某	男	35	新民村治调主任	2013.5.13，治调主任家	
15	史某某	男	49	新民村一组组长，党员代表	2013.5.14，组长家	
16	洪某某	男	48	新民村二组组长，党员代表	2013.5.14，组长家	
17	曹某某	男	37	新民村三组组长，党员代表	2013.5.15，组长家	
18	杨某某	男	51	新民村村民代表	2013.5.15，代表家	
19	马某某	男	52	新民村合村并居中的拆迁户	2013.5.16，村民家	
20	李某某	男	63	新民村原主任	2013.5.17，村民家	
21	王某某	男	65	新民村基督教会负责人	2013.5.17，村民家	
22	李某某	男	54	新民村三来一加负责人	2013.5.18，村民家	
23	张某某	男	53	新民村村民，村医	2013.5.18，村民家	
24	韩某某	男	74	新民村村民，小学退休教师	2013.5.19，村民家	
25	胡某某	女	37	新民村村民，来小区购买住宅	2013.5.19，村民家	
26	曹某某	女	36	外嫁女回村购住宅居住	2013.5.20，村民家	
27	马某某	男	48	新民村村民，种粮大户	2013.5.20，村民家	
28	曹某某	男	53	新民村村民，小区清洁工	2013.5.21，村民家	
29	马某某	女	57	新民村村民，务农	2013.5.22，村民家	
30	李某某	男	46	新民村流转土地种植户	2013.5.22，村民家	
31	赵某某	男	26	新民村务工返乡待业青年	2013.5.23，村民家	
32	史某某	女	39	新民村村民	2013.5.24，村民家	
33	李某某	男	53	新民村村民	2013.5.25，村民家	
34	朱某某	女	64	新民村村民	2013.5.25，村民家	

(三) 花园村访谈提纲

1. 花园村村干部的人数、年龄、结构等总体情况是怎样的，被选举出来的干部和事务性干部的具体职责和作用是什么，有哪些区别？

2. 花园村村干部是否实行了职业化，主要表现在哪些方面，职业化对村级组织和花园村农村社区产生的影响是什么？

3. 花园村村级组织实行坐班制吗？如果实行坐班制，在为村民提供公共服务方面具有哪些新的方式，产生了什么样的作用，存在什么样的问题？

4. 花园村为村民提供的公共服务，主要涉及哪些方面，具体的服务程序和服务流程是怎样的？

5. 花园村设置了哪些监督村级组织的其他组织形式，这些组织形式产生的作用如何，这些组织在发挥作用的过程中，存在哪些方面的问题？

6. 花园村的村民党群议事会人员构成情况是怎样的，在实际运行过程中产生了什么样的作用，对村庄治理有哪些方面的影响，还存在哪些方面的问题？

7. 花园村所在的市县对村级组织的责任审计是如何规定的，责任审计在实际运行中主要是如何进行的，产生的影响是什么，存在哪些方面的问题？

8. 花园村所在的乡镇所推动和实施的“网上村委会”产生原因是什么，产生了什么样的影响和作用，存在哪些方面的问题？

9. 花园村的集体经济发展状况如何，这些集体经济收入主要来自于哪些方面，主要的开支方向是什么，这些开支对村庄治理和村民福利产生了什么样的影响，花园村的集体经济发展存在哪些瓶颈和问题？

10. 花园村村庄经济分层情况是怎样的，经济分层是否对村庄治理产生了重要影响，经济分层是否具有向政治分层转换的趋势，具体的影响和存在的问题分别是什么？

11. 花园村的“在村”企业总体状况是怎样的，村级组织和这些企业之间的关系是怎样的，存在哪些方面的关联或矛盾，这些企业对村级组织和村庄的治理产生了哪些方面的影响？

12. 花园村有哪些合作组织，这些合作组织的具体状况如何，这些合作组织对村级组织和村庄治理产生了哪些方面的影响，存在的问题是什么？

13. 花园村所在的乡镇是如何为农业发展提供公共服务的，具体的运作过程是怎样的，土地股份合作社的实际运行过程如何，所产生的效益如何，农业发展模式的创新性主要体现在哪些方面，是否还存在一些方面的问题？

14. 花园村的党务公开、村务公开做了哪些工作，具体效果如何，村民满意度如何，在实际的运行过程中，存在哪些方面的问题？

15. 花园村的社会管理功能主要体现在哪些方面，社会管理具有哪些创新方式，这些创新方式产生的实际效果如何，存在哪些方面的问题？

16. 花园村的社会福利主要体现在哪些方面，这些福利对村庄公平和村庄弱势群体产生了什么样的作用，具有哪些方面的影响？

17. 花园村所在的市县所推动的“率先基本实现现代化”对花园村产生了

哪些方面的影响，花园村的村级组织在其中做了哪些方面的工作，这些工作产生了什么样的影响，存在的问题表现在哪些方面？

18. 花园村在村庄政治舞台上活跃的是否主要是经济精英，如果是的话，这些经济精英对村庄政治产生了什么样的作用，具有哪些方面的影响，存在哪些方面的问题？

19. 花园村的村民选举状况如何，村民参与选举的积极性如何，在选举的过程中是否存在贿选的行为，派性在村庄选举中是否起到了作用，村民选举主要存在哪些方面的问题？

20. 花园村是否表现为“富人治村”，如果是“富人治村”，这种治村的主要力量对村庄产生了什么样的影响，是否值得大力推动，是否有需要警惕的问题？

(四) 花园村主要访谈人员目录

编号	姓名	性别	年龄	职务	访谈时间、地点	备注
1	魏某某	男	28	镇纪委工作人员	2013.9.5，镇纪委	
2	王某某	男	43	镇农业服务中心负责人	2013.9.5，镇大楼	
3	顾某某	男	53	村书记	2013.9.6，村委会	
4	马某某	男	45	村主任	2013.9.6，村委会	
5	高某某	男	35	村副书记	2013.9.7，村委会	
6	高某某	男	37	村副书记	2013.9.8，村委会	
7	黄某某	男	57	村副主任	2013.9.8，村委会	
8	徐某某	男	51	村副主任兼会计	2013.9.9，村委会	
9	钱某某	男	28	花园村事务性管理人员	2013.9.10，村委会	
10	黄某某	男	39	花园村事务性管理人员	2013.9.10，村委会	
11	陆某某	女	39	花园村事务性管理人员	2013.9.11，村委会	
12	郑某某	男	42	花园村事务性管理人员	2013.9.12，村委会	
13	焦某某	男	38	花园村事务性管理人员	2013.9.13，村委会	
14	徐某某	男	47	花园村事务性管理人员	2013.9.13，村委会	
15	王某某	男	26	花园村事务性管理人员	2013.9.13，村委会	
16	陈某某	男	24	花园村事务性管理人员	2013.9.14，村委会	
17	陈某某	女	54	花园村事务性管理人员	2013.9.15，村委会	
18	王某某	男	55	花园村家庭农场承包户	2013.9.15，村委会	
19	高某某	男	42	花园村小型企业主	2013.9.16，村民家	

续表

编号	姓名	性别	年龄	职务	访谈时间、地点	备注
20	李某某	女	45	花园村在服装企业上班职工	2013.9.17，村民家	
21	王某某	男	36	花园村某五金企业销售经理	2013.9.18，办公室	
22	王某某	男	47	花园村某在村企业总经理	2013.9.19，办公室	
23	徐某某	男	59	花园村某贫困户	2013.9.20，村民家	
24	单某某	男	39	花园村某商铺租赁户	2013.9.20，商店	
25	韩某某	男	43	花园村家庭农场物资供应商	2013.9.21，商店	
26	王某某	男	42	花园村党群议事会成员	2013.9.22，村民家	
27	高某某	男	49	花园村村民监事会成员	2013.9.23，村民家	
28	魏某某	女	38	花园村村民理财小组成员	2013.9.24，村民家	
29	张某某	男	59	花园村村民，低保户	2013.9.24，村民家	
30	李某某	男	65	花园村村民，打零工	2013.9.25，村民家	

三、《江苏省大学生“村官”现状》调查问卷

《江苏省大学生“村官”现状》调查问卷①

亲爱的大学生村官朋友：

您好！为深入了解当前我省大学生村官在基层的工作、生活状况和大学生村官政策实施的效果，以促进大学生村官自身更好地发展，并向政府及相关单位提供实践依据，我们组织了这次大学生村官现状调研，希望得到您的配合与支持。我们尊重您的个人隐私，此次调查采取无记名形式，您的回答只用于进行研究的统计分析，不会给您个人带来任何不利影响，保证对您的有关信息严格保密。请您根据实际情况填写，答案无对错之分。衷心地感谢您对我们调研的大力支持!

《江苏乡村治理发展报告》课题组

2013 年 7 月

① 该调查问卷来源于王兆萍《大学生村官工作长效机制研究》（经济科学出版社，2012）一书中，并略有修改。

一、基本资料

性别_______　年龄______　学历（专、本、研究生）________(注：本科学历的，请注明属于一本、二本或三本；研究生学历的，请注明毕业于“985”、“211”、部属或省属高校)

婚姻(已婚、未婚)_______　籍贯_______

入职时间(年、月)_______　专业(文科、理科、工科)________(请填写具体专业)

家乡所在地_______市_______镇_______村

任职地_______市_______县_______镇(乡)

二、入职前职业准备状况

(1) 您之前有过农村生活经历吗？(　　)

A. 有过　B. 没有过

(2) 家里是否支持您的选择？(　　)

A. 理解并支持　B. 不支持但理解

C. 不理解也不支持　D. 不太支持

E. 反对

(3) 报考“村官”是基于下列哪些原因？（　　）(任选两项)

A. 正常职业选择

B. 先就业再择业

C. 考研、考公务员加分或其他

D. 为农村做出贡献

E. 在建设新农村中实现自身价值，得到锻炼，获得社会经验

F. “村官”的待遇还不错

(4) 您是通过下列哪种途径了解到大学生村官这一政策的？(　　)(任选两项)

A. 新闻媒体(电视、网络、报纸杂志)

B. 校园或社会招聘信息

C. 学校老师介绍

D. 身边同学、朋友

E. 亲戚

(5) 入职前是否进行过农村相关知识培训？(　　)

A. 是　B. 否

三、在职期间工作、生活状况

(6) 您做大学生"村官"多长时间了？(　　)

A. 6 个月　B. 6 个月~1 年　C. 1~2 年

D. 2~3 年　E. 3 年以上

(7) 您在村(镇)里担任何种职务？(　　)

A. 村支部书记　B. 村书记助理　C. 村主任

D. 村主任助理　E. 村副书记　F. ______

(8) 您对目前的工资待遇满意吗？(　　)

A. 很满意　B. 比较满意　C. 一般

D. 不太满意　E. 很不满意

(9) 您每周的工作日为几天？(　　)

A. 七天　B. 六天　C. 五天

D. 四天　E. 少于四天

(10) 您能够融入农村并被村民接纳吗？(　　)

A. 能马上被接纳　B. 经过较短时间就被接纳

C. 经过很长时间才被接纳　D. 目前还没有被接纳

E. 根本不可能被接纳

(11) 您目前所从事的具体工作是什么？最多选两项。(　　)

A. 协助村干部做村务决策　B. 编写村务报告、总结等材料

C. 整理村委文件、看报、接电话　D. 无明确具体职责

E. 几乎没有事做，每天看报喝茶　F. 宣传政策法规，指导村民致富

(12) 您感觉在下列哪方面发挥了最大作用？(　　)

A. 发挥专业特长，传授实用技术　B. 宣传先进知识、文化理念

C. 提供致富等多种信息　D. 参与村(社区)务管理

E. 活跃村民、社区居民文化生活　F. 其他

(13) 您认为能将大学所学知识应用于农村实际中吗？(　　)

A. 全部能用上　B. 大部分能用上

C. 一半能用上　D. 大部分不能用上

E. 完全用不上

(14) 工作中您的意见被采纳程度如何？(　　)

A. 全部被采纳　B. 大部分被采纳

C. 采纳一部分　D. 几乎不被采纳

E. 完全不被采纳

(15) 如何看待您现在的村官生活?(　　)

A. 非常充实　B. 比较充实

C. 一般　D. 比较单调乏味

E. 很无聊，想离开

(16) 政府是否对大学生“村官”实行定期培训、考核？(　　)

A. 是　B. 否

(17) 您认为大学生“村官”工作环境(　　)，生活条件(　　)

A. 较好　B. 一般　C.较差

D. 很差　E. 很好

(18) 您对工作付出与收入的满意度的看法是什么？(　　)

A. 勉强接受　B. 较满意　C. 较不满意

D. 不满意　E. 很满意

(19) 您所认识或了解的大学生“村官”有没有中途辞职的？(　　)

A. 没有　B. 极个别现象

C. 有相当一部分　D. 不清楚

(20) 您认为在农村基层工作中遇到的主要障碍是什么？(　　)(任选两项)

A. 听不懂农村的地方方言

B. 对农村缺乏了解，无法开展工作

C. “两委”班子成员不配合

D. 村民对大学生“村官”不重视

E. 与上级领导沟通不足

F. 其他

(21) 工作中遇到的最难处理的关系是哪种关系？(　　)

A. 与农村宗族势力的关系　B. 与原“两委”班子成员的关系

C. 与一般村民的关系　D. 与乡镇等领导的关系

E. 其他

(22) 按由高到低顺序，就您个人而言以下的工作条件最满意的是哪三项？(　　)，最不满意的是哪三项？(　　)

A. 经济收入　B. 福利待遇　C. 升迁机会　D. 工作自主性

E. 发展前景　F. 工作条件　G. 同事关系　H. 上下级关系
I. 社会地位　J. 生活条件　K. 住房条件　L. 居住环境
M. 生活乐趣　N. 政策落实

(23) 您与同事的工作关系如何？(　　)
A. 融洽　B. 较融洽　C. 一般
D. 较紧张　E. 紧张

(24) 您的工作是否得到了领导及同事的认可？(　　)
A. 很不认可　B. 不认可　C. 一般
D. 认可　E. 很认可

(25) 您个人认为自己目前的工作状态怎么样？(　　)
A. 精神饱满，干劲十足　B. 按部就班，照令行事
C. 工作琐碎，十分无聊　D. 浮于表面，无所事事
E. 其他

(26) 您认为大学生“村官”最急需培训哪些内容？(　　) (最多选两项)
A. 新农村建设的形势和任务
B. 如何做一名合格大学生“村官”
C. 创业致富技能
D. 农村实用技术
E. 群众工作方法
F. 信息技术
G. 涉农法律法规
H. 推进农村经济、文化建设的知识
I. 创业教育
J. 与农民沟通的能力

(27) 与当地“村官”相比，您认为自己的工作优势在于(　　)(任选两项)
A. 文化程度高，学习能力强
B. 头脑灵活，获取有用信息能力强
C. 具有开拓创新精神
D. 有市场经济意识，能做项目创业
E. 富有朝气与活力，工作积极性高
F. 具有良好的组织能力和管理意识

G. 能够传播先进科技、文化知识与新思想

H. 与村民无利益关系，更易获取信任与支持

I. 其他

(28) 与当地“村官”相比，您认为自己的工作劣势在于？(　　)(任选两项)

A. 缺乏工作经验

B. 缺乏对农村尤其是所在村的了解

C. 解决农村问题的实用办法少

D. 当地人际资源缺乏，群众基础不足

(29) 您认为要做好“村官”工作，要具备哪些能力？(　　)(任选三项)

A. 政治觉悟高，能领会、贯彻落实上级领导精神，争取上级部门支持

B. 善于学习、掌握新事物并加以应用

C. 善于沟通，善做群众思想工作

D. 容易适应环境的变化，待人处事周到

E. 有较强的心理承受力

F. 有扎根基层留在当地的决心

G. 不论是大事，还是日常的琐碎工作，都有潜心做好的态度

H. 有较强的创新意识和创业能力

I. 遵纪守法，公正无私，身体力行发挥带头示范作用

(30) 您周围的人对你在基层工作的看法如何？(　　)

A. 扎根农村，值得称赞

B. 农村太艰苦，不应该选择当“村官”

C. 能当“官”很为你自豪

D. 大学毕业去当“村官”大材小用

E. 无所谓

(31) 您现在对当初选择做大学生“村官”的评价是什么？(　　)

A. 实现了自身的价值，当初的选择是正确的

B. 不后悔当初的选择，但没有做出应有的成绩，感到愧疚

C. 后悔当初的选择，觉得浪费了时间和精力

D. 反正是来“镀金”的，无所谓

E. 其他

(32) 对从事“村官”职业以来工作和生活状况的总体感觉如何？(　　)

A. 感觉还不错

B. 与原来想象反差比较大，感到不太适应

C. 比较消沉郁闷

D. 说不清

(33) 你愿意从事大学生“村官”的最长年限是(　　)

A. 一年　B. 二年　C. 三年　D. 四年

E. 五年　F. 六年以上

(34) 您认为现阶段对大学生村官的考核合理吗？(　　)

A. 合理　B. 不合理　C. 无所谓

(35) 你对近期恋爱的看法如何？(　　)

A. 暂时不考虑，因为工作不稳定，身份不确定

B. 应该考虑，但在基层工作接触的有相当学历、文化层次的人有限

C. 无所谓

D. ＿＿＿＿＿＿

(36) 你对近期是否结婚的打算是(　　)(有恋爱对象者填写)

A. 打算结婚，以后两人共同扎根农村

B. 打算结婚，任职期满后离开农村

C. 不打算结婚，对现在的恋爱关系缺乏信心

D. 不打算结婚，现在的经济状况无法养家

E. ＿＿＿＿＿＿

四、对任职期满后的打算和想法

(37) 您任期满后，对出路的第一选择是(　　)，第二选择是(　　)

A. 在农村创业，发挥更大作用　B. 考公务员

C. 续签，继续做“村官”　D. 考研读书深造

E. 自主择业　F. 自主创业

G. 还没有考虑清楚

(38) 如果留任村干部，您希望政府解决哪些问题？(　　)(任选两项)

A. 给予事业编制和待遇　B. 享受当地住房优惠政策

C. 当地招考公务员给予倾斜　D. 给予创业优惠政策

E. 给予较多的培训学习机会　F. 其他

(39) 如果自主创业，您会进城就业还是留下创业？(　　)

A. 进城工作　　B. 在农村创业

C. 看政府的政策

(40) 你觉得大学生“村官”期满后如果选择自主创业，阻力是什么？(　　) (任选两项)

A. 缺乏资金　　B. 鼓励及相关优惠政策还不够

C. 技术问题　　D. 具体资源和环境限制

E. 缺乏有效的项目　　F. 信心和勇气不足

G. 经营管理能力　　H. 创业经验和知识　　I. 其他

(41) 你是如何看待大学生“村官”出路问题的？(　　)

A. 如何出去还是靠自己的努力，即干得好自然就能流得动，任何行业都是如此

B. 国家有必要为大学生“村官”解决出路问题

C. 即使解决出路问题，也不能全部解决，必须要有一少部分人被淘汰

D. 在公平、公正、公开的环境下竞争择优

五、对“村官”和“村官”工作的看法

(42) 您对大学生“村官”发展前景的看法是(　　)

A. 说不准，迷茫　　B. 一般，说不上好

C. 坏　　D. 好，有信心　　E. 不好，失望

(43) 您对于大学生“村官”这个称谓(　　)

A. 喜欢，倍感自豪　　B. 接受，名副其实

C. 无所谓，称呼而已　　D. 不喜欢，感觉别扭

(44) 您认为“村官”是否受村民欢迎？(　　)

A. 很欢迎　　B. 部分欢迎　　C. 一般　　D. 不满意

(45) 在您心目中，大学生“村官”的总体群体形象是(　　)

A. 创新进取　　B. 踏实肯干　　C. 得过且过　　D. 华而不实

E. 身在曹营心在汉　　F. 其他

(46) 您认为农村需要什么样的大学生“村官”？(　　)(任选两项)

A. 有一定的专业知识

B. 勤奋刻苦、有工作激情和奉献精神

C. 管理组织协调能力强

D. 学习和实践能力强，尤其善于从实践中学习

E. 创新创业，带领致富能力强

F. 对环境适应能力强

(47) 您认为大学生“村官”面临的主要问题有哪些？按严重程度由高到低任选四项(　　)

A. 薪资、待遇太低

B. 合同到期后的出路问题

C. 难以适应农村生活、工作方式，农村实用性技术不足，不能解决生产问题

D. 生活单调，娱乐少，没有朋友内心孤独

E. 处理与当地干部、居民人际关系的能力不足

F. 县(市、区)、镇(街道)政府的重视和支持力度

G. 条件不好，不利于发挥自身能力

H. 理想与现实差距太大，心理上一时调整不过来

(48) 您认为“村官”工作(　　)

A. 很繁重　　B. 较繁重　　C. 一般

D. 较轻松　　E. 很轻松

(49) 您认为，大学生不会考虑续签当“村官”可能出于下列哪些原因？(　　)

A. 城乡差距大，担心到基层容易，离开难

B. 自身素质方面缺乏经验，难以开展工作

C. 自身的价值得不到实现，大材小用

D. 难以适应农村复杂的环境和文化，难以得到基层干部、群众的理解支持

E. 政策不够完善，“村官”始终要面临再次就业问题

F. 不想把青春年华奉献在农村、社区

G. 受其他“村官”的事例影响

H. 家人朋友不支持

I. 其他

(50) 您觉得目前大学生“村官”最大的问题是什么？(　　)

A. 对农村工作不熟悉，无法完成工作

B. 年轻浮躁，过于理想化

C. 缺乏耐心，不能够安心工作

D. 原本太养尊处优，吃不了苦

E. 其他

(51) 三年农村工作对您今后的成长道路意味着什么？(　　)

A. 有意义

B. 没什么意义

C. 现在看不清楚，有得有失

(52) 您认为大学生“村官”制度是否有存在的必要？(　　)

A. 有　　B. 没有

(53) 您后悔做或曾做大学生村官吗？(　　)

A. 后悔　　B. 不后悔

本次调查问卷结束，非常感谢您的大力支持与配合！